문제적 텍스트
롤랑/바르트

Roland Barthes by Graham Allen
Routledge Critical Thinkers
ⓒ 2003 Graham Allen
All Right reserved.

Korean translation edition ⓒ 2006 LP Publishing Co.
Authorized translation from English language published by Routledge,
an imprint of the Taylor & Francis Group, UK
Arranged by Bestun Korea Agency, Seoul, Korea.
All rights reserved.

이 책의 한국어 판권은 베스툰 코리아 에이전시를 통해
저작권자와 독점 계약한 도서출판 앨피에 있습니다.
저작권법에 의해 한국 내에서 보호를 받는 저작물이므로
어떠한 형태로든 무단 전재와 무단 복제를 금합니다.

문제적 텍스트
롤랑/바르트

그레이엄 앨런 지음 | 송은영 옮김

Roland Barthes

앨피
book

■ 옮긴이의 글

스스로 '텍스트'가 된 이론가

왜 '아직도' 바르트인가?
민족·인종·세계화를 둘러싼 갈등이 심화되고 있는 오늘날 이런 질문이 나올 법도 하다. 최근의 상황은 분명 롤랑 바르트가 활동했던 1950~1970년대와 달라졌으며, 그의 이름이 한국에서 가장 많이 회자되던 1980~1990년대와도 달라졌기 때문이다. 그래서 이런 의문을 품는 것은 일견 타당해 보이지만, 그건 어디까지나 냉소가 아닌 진지한 물음이야 한다. 롤랑 바르트를 둘러싼 담론의 부침은 한국 지식인들의 사유 향방을 가장 단적으로 보여주는 상징적 흔적이기 때문이다. 따라서 이 질문에 답하는 것은, '지금' 한국 지식인들이 불과 몇 년 전까지도 사유의 도구로 사용했던 이론 및 관점들이 오늘날 어떻게 이어지고 혹은 단절되었는지 되돌아보게 해줄 것이다.

바르트가 한물갔다는 '착각'
롤랑 바르트는 한때 한국에서 푸코, 데리다 등과 함께 가장 주목받던 이론가이자 사상가였다. 바르트는 프랑스 구조주의와 탈구조주의라는 사상적 흐름 속에서 새로운 철학적 사유의 가능성과 문화적 다양성의 전거를 발견하고, 그것을 한국의 지성에 도입하려는 사람들에게 가장 매력적인 텍스트 가운데 하나였다. 그의 사유는 기호의 자명성에 담긴 이데올로기적 내포를 추적하고자 했던 사람들에게, 그리고 그러한 작업을 문화적 영역 안에서 수행하려고 하던 사람들에게 가장 매력적인 토대가 되어주었다. 2000년대 들어 바르트에 대한 관심은 확실히 예전만 못해졌다. 그러나 이는 비단 바르트에게만 해당되는 사항은 아니다. 푸코와 데리다도 바르트보다는 낫지만, 1990년대만큼 이론과 실천의 영역에서 영향력을 발휘하지 못하고 있다. 어쩌면 이는 '사회가 변화했다.'는 생각 때문일 것이다.

이 책에 인용된 콜린 맥케이브의 주장처럼, 바르트의 텍스트가 "소비에트 기획의 최종적 실패, 제2차 세계대전의 정치적 해결이 붕괴되는 현상에 대한 감각이나 내셔널리즘이 다시 새롭게 중요해진 상황을 반영"하지 못한다는 생각이 존재하고 있는 것이다.

분명 냉전 체제의 종말에 따른 내셔널리즘의 부흥과 전쟁 및 테러의 위협, 세계화가 몰고온 경제적 동요와 불안 같은 오늘날의 시대 상황에 비쳐볼 때, 바르트가 천착했던 문제들은 이제 한물간 것처럼 보인다. 그러나 바르트의 이론을 두고 시의성 운운하는 것은 명백한 착각이다. 바르트의 이론은 지금 한창 유행 중인 문화 연구나 담론 비판으로서의 내셔널리즘 이론, 인종주의 비판 등 가장 혁신적인 이론들의 기저에 명백히 존재하기 때문이다.

낯설게 보면 낯설지 않은 것이 없나니…
롤랑 바르트는 문학과 문화 텍스트에 대한 담론적 연구와, 대중들의 일상생활 및 문화에 대한 이데올로기적 분석 등으로 현재 진행되고 있는 이론들의 방법론적 기초를 닦아놓았다. 바르트에게 '걸린' 문학·문화 텍스트는, 예외없이 전통과 현대를 넘나드는 담론과 약호·관습의 장으로 돌아가야 했다. 이는 지금까지도 문화 연구 및 모든 사회 실천적 이론에서 쓰이는 방법론이자, 이 이론들의 발전을 지지하는 디딤대이다. 다만 그의 문화 분석과 텍스트 이론이 너무나 자명한 것으로 우리의 지식과 이론 체계에 '스며들어' 있어서 이를 의식하지 못할 뿐이다.

사실, 한 사상가(이론가)의 현재적 의미를 시의성으로만 파악하는 것보다 어리석은 일은 없다. 각 시기마다 사회 흐름과 역사의 요청은 끝없이 변하는데 그때마다 새로운 주제와 유행을 좇는다면, 그건 이론을 포기하는 행위다. '진정한'(바르트는 이 말을 싫어하겠지만) 이론적 사유는 시대적 맥락과 취급 대상이 달라진다 해도 그 실천적 힘에는 변함이 없는 게 아닌가. 그런데도 새로운 이론에만 환호하는 것은, 언젠가 폐기처분될 주제들을 끊임없이 재생산하는 것에 불과할 것이다.

바르트가 고민했던 아방가르드 문학과 부르주아 이데올로기의 대립 같은 주제는 더 이상 신선하지 않다. 그러나 그가 사용했던 방법은 '유통기한'이 아직도 많이 남아 있다. 프랑스의 19세기 프티부르주아 역사가 미슐레를 바르트가 어떻게 분석했는지 생각해보자. 바르트는 '역사는 객관적 사실의 서술'이라고 믿었던 역사학의 기본 전제를 뒤집고, 미슐레의 '문학적인' 역사 서술 방식을 문제 삼았다. 모든 창작과 연구의 원동력이 되는 '낯설게 보기'로써, 역사 서술에 문학적 특성이 내재돼 있다고 보는 가장 현대적인 인식의 증거를 발견한 것이다.

이는 바르트가 과거 역사와 현재의 관계를 바라보는 방법론이다. 그리하여 프랑스의 저술가 라 브뤼예르La Bruyère를 분석하며, "우리 세계에서 그의 세계를 분리시키는 모든 것, 그리고 이 거리가 우리 자신에 관해 가르쳐주는 모든 것을 강조해야" 하며, "우리의 관심을 끌지 못하는 라 브뤼예르의 모든 것을 논의해보면, 적어도 그의 작품의 현대적 의미를 깨닫게 될 것"이라고 말했다.(『Critical Essays』(1972), 223). 즉, 거리를 발견한다는 것은 낯설음과 동시에 은폐되어 있던 현재성을 발견하는 과정이라는 것이다.

역사의 타자성이 곧 현재성을 내포하고 있다는 바르트의 이 변증법적 방법론으로, 우리도 롤랑 바르트를 바라볼 수 있다. 바르트는 전위적인 아방가르드 문학을 사랑했지만, 미슐레 같은 보수적 역사가와 라신, 등 가장 고전적인 작가들을 다루었다. 바르트가 연구 대상으로 선택했던 이들은 당시에도 가장 진부하고 철 지난 연구대상들이었다.

그러나 그는 고전적 문학작품의 보수성이나 부르주아적 이데올로기를 대놓고 비판하고 공격하지 않았다. 오히려 고전 작가들의 작품을 가역적으로 독해하는 방법을 발견하고, '텍스트성'과 '에크리튀르'(글쓰기)라는 가장 급진적이고 현대적인 이론을 만들어냈다. 바르트의 이러한 작업은 오늘날의 문학과 문화 사유가 시대 상황과 급진적으로 관계 맺는 방식을 되돌아보게 한다.

경계와 사랑의 글쓰기

무엇보다 바르트의 글쓰기는 부정의 글쓰기가 아닌 '사랑의 글쓰기'다. 바르트가 고전적 작가들의 문학작품이 부분적으로 '쓸 수 있는

scriptible 텍스트'임을 깨달을 수 있었던 것은, 그가 그 텍스트들을 사랑하기 때문이다.

바르트는 자신의 이론적 사유가 자라난 자리가 "전위의 후위"라고 고백한 바 있다. 바르트는 이 책에도 인용된 1971년 《텔켈》 지와의 인터뷰에서 "나의 역사적 위치는 …… 전위의 후위에 있는 것이다. 전위가 되려면 무엇이 죽어 있는지를 알아야 한다. 후위가 되려면 그것을 아직도 사랑해야 한다. …… 나는 내가 글을 쓰는 곳이 바로 이 지점이라고 생각한다."(Res : 263)고 말했다. 무언가 잘못되었다고 말하는 데 비판과 공격만이 능사는 아니다. 사람들에게 롤랑 바르트가 매력적으로 느껴지는 것은, 급진적 비판도 텍스트에 대한 사랑에서 흘러나올 수 있음을 그의 글쓰기가 보여주기 때문이다.

이 책의 저자 그레이엄 앨런은 바르트의 이 말을 "문화적 경향과 역사적 경향 사이에 있는 자신의 위치에 대한 확인"으로 해석한다. 바르트가 가장 급신적인 위치에서 문화를 사유하면서도, 동시에 역사와 전통의 관습을 사랑하는 자신을 의식하고 있다는 것이다. 실제로 바르트는 푸코처럼 과거의 역사로 거슬러 올라가 권력의 역사적 기원을 파헤치거나, 데리다처럼 기존 철학사를 비판·해체하고 그 위에 자신의 철학을 세우지 않았다. 바르트는 언제나 '경계'에 있었고, 이 경계의 글쓰기는 현재와 과거를 하나의 시야 안에 포괄하며 넘나든다는 점에서 최근의 비평적 글쓰기 경향과 깊이 연관돼 있다.

'안'에서 안을 살피는 방식

더 중요한 점은, 바르트는 전통 관념과 이데올로기를 부정하기 위해 그

'바깥에서 비판하기보다 그 '안에서 은폐·배제돼 있던 타자를 분석·발견하는 방식을 취했다는 것이다. 흔히 탈구조주의와 텍스트 이론은 세상에 존재하는 모든 것이 텍스트이며, 의미의 부재가 낳는 유희일 뿐이라고 말하는 이론으로 오인된다. 그래서 지적이고 엘리트주의적이며 허무적인 이론적 유희인 양 잘못 알려져 있다. 그러나 텍스트 이론은 무엇보다도 자기 역사와 사회에 대한 철저한 반성의 산물이다.

바르트의 텍스트 이론은 전통을 부정하기 위해 전통 안에서부터 해체의 계기를 발견하고, 스스로 내파하게 만드는 자발적인 의식의 산물이다. 즉, 역사와 구체성이 사상된 이론이 아니라, 오히려 역사에 대한 근원적 반성이자 가장 극단화된 자기회의이고 반성적인 자기의식인 것이다. 바르트는 사유란 지식의 축적이나 확인이 아님을 알고, 자기 자신에게서 철저하게 떨어져 나오는 방법을 스스로 시험한다. 그래서 바르트는 콜레주 드 프랑스의 취임 강연 말미에 니체의 표현을 빌어 "'망각'에 자신을 내맡기려 한다."고 말했다. '탐구'란 "배운 것을 잊어버리는 것, 망각이 우리에게 스며들어 있는 지식, 문화, 신념의 침전물에 선사하는 예측 불가능한 변화에 굴복하는 것"이며, 그것이 바로 '지혜sapientia'라고 강조하면서 바르트는 강연을 끝맺는다. 즉 우리가 이미 지닌 지식과 신념, 자기애에서 어떻게 탈출할 수 있는지, 어디까지 다르게 사유할 수 있는지 보여주는 과정이 그의 이론이었다.

문학의 관점에서 봐도, 바르트의 이론은 철학이 철학의 바깥을 사유할 수 있게 된 것만큼이나, 문학도 문학 바깥에서 문학을 바라보는 눈을 가져야 한다는 걸 보여주었다. 이 때문에 문학의 신성한 힘을 옹호하려는 이들에게 공격을 받기도 한다. 그의 이론이 문학과 철학, 비평과 이론의 굳어져 있던 경계를 해체하는 데 큰 역할을 한 건 분명하다. 그러나 그는 전통적인 문학성과 심미성을 무조건 공격한 것이 아니라, 그 가치들의 의미와 영역을 새롭게 재창출해낸 것이다. 이를 '문학의 자발적인 죽음'으로 보느냐, 아니면 문학의 역할과 가치를 쇄신·확장한 것으로 보느냐에 따라 바르트에 대한 평가는 달라질 수밖에 없다.

이데올로기 비판은 자기비판으로 돌아온다
이는 미국의 영향 아래 탈구조주의를 포스트모던 문화의 이론적 근거쯤으로 치부하는 국내 일부 지식인들의 관점을 다시 생각하게 한다. 그들 주장대로, 포스트모더니즘이 초월적 중심이라는 존립의 근거를 잃어버린 개인 주체들이 파편화된 자기 세계를 정당화시키는 도구에 불과한가? 이 중심이 사라진 시대, 원본의 독창성이 없어진 시대의 또 다른 중심은 나 자신인가? 그러나 실상 이런 새로운 '중심'이란 건, 바르트도 지적했다시피 그 자신만의 고유성이 아니라 우리 몸과 정신에 수십 년간 각인되고 축적된 체험과 추억들의 무질서한 집합체일 뿐이다.

바르트의 텍스트 이론이 목표로 하는 것은, 이렇게 무한히 흩어진 개인들의 자기정당화나 자아의 공고화가 아니라 그것을 부수는 것이다. 그가 평생 동안 쉬지 않고 진행한 현대 문화 이데올로기 비판은, 당대 이데올로기 비판이라는 점에서 사회에 대한 비판이기도 하지만, 평생 고전적 취향과 당대 프랑스인의 문화적 기호를 향유하던 자기 자신에 대한 비판이기도 했다.

유사한 함정에 빠질 위험은 문학과 역사 연구 분야에 여전히 존재한다. 최근 한국 문학과 역사학은 담론 비판이라는 자기비판적 사유를 또 다른 도그마로 대체할 조짐을 보이고 있다. 근래 한국 근대 문학과 역사 연구자들은 당대 문화와 역사를 넘나들며 문학과 문화 텍스트 및 이데올로기를 분석·비판하는 작업을 활발히 하고 있는데, 이런 연구로 밝혀낸 텍스트성의 일부를 다시 하나의 객관적 사실로 환원시키는 실증주의로 귀환하거나 또 다른 이념적 신념 체계를 공고히 하는 데 이용하는 함정에 종종 빠진다. 자신이 비판하는 도그마에 동화되는 것, 이는 바르트가 가장 경계했던 것이다.

삶으로 이론을 증거하다

바르트는 이론가로서 책무를 다하기 위해 언제나 자기 이론과 실천을 고정된 장소에 머물게 하지 않았다. 이 때문에 '일관된 이론적 체계를 세운 이론가'로 남지 못했다. 바르트는 언제나 자기 이론이 현실에 동화되지 않도록, 자기 지식과 판단이 자기 안에서 굳어지지 않도록 끊임없이 변신하는 길을 택했다. 그의 이론에 존재하는 유일한 일관성이란, 이 끝없이 변화를 추구하는 태도이며 자신을 내파하려는 철저한 자기비판이다. 바르트는 자신의 삶으로 이를 보여주었다.

롤랑 바르트의 삶과 사유 궤적은 지나가버린 과거이지만, 동시에 미래에 실현되어야 할 잠재성을 내포한 하나의 텍스트이다. '문제적 텍스트', 그것은 바로 롤랑 바르트 자신인 셈이다.

2006년 4월
송은영

차 례

■ 옮긴이의 글 _ 스스로 '텍스트'가 된 이론가

왜 바르트인가?
"모든 현대 이론은 바르트로 통한다!" 19
골칫거리 사상가 20
어딘가 다른 곳에서 말하기 24
바르트로 통하는 너무 많은 '문' 25

01_ 문학, 문제는 형식
사르트르의 영향, '앙가주망' 33
글쓰기, 문학, 스타일 41
글쓰기의 영도 48

02_ 비판적 '거리' 두기
19세기 부르주아 역사가 미슐레의 글쓰기 61
아방가르드 : '누보 로망'과 브레히트 연극 67

03_ 기호학과 탈신화화

순진한 얼굴의 신화 벗기기, 『신화론』　　77
'자연'인 체하는 문화적 산물　　82
소쉬르의 영향 : 기호학과 구조주의　　89
기호학과 신화　　92
기호학, 언어학, 패션　　98

04_ 구조주의와 새로운 비평

신·구비평의 격돌, '피카르 사건'　　113
서사의 구조주의적 분석　　117
서사 체계 안에 존재하는 '언어학적 인간'　　124

05_ 탈구조주의와 저자의 죽음

과학을 넘어, 새로운 기호학　　132
데리다와 기호의 해체　　137
텅 빈 기호의 제국　　143
탈구조주의 선언, 저자의 죽음　　147

06_ 텍스트와 텍스트성

바흐친, 크리스테바, 상호텍스트성 157
『S/Z』의 텍스트적 분석 164
작가적 텍스트와 독자적 텍스트 172
누가 말하고 있는가? 176

07. 중립적 글쓰기 - 쾌락·폭력·소설

독사/파라독사, 권력적 언어/비권력적 언어 183
에크리방스/에크리튀르, 폭력/중립 188
쾌락 / 쾌락주의 193
주체가 상실되는 쾌락주의적 텍스트 199
소설적 텍스트 『사랑의 단상』 206
사랑에 빠진 주체의 상상-목록 207

08. 음악과 사진, 영화

육체의 언어, '목소리의 씨앗' 217
사진의 지시대상 문제 223
바르트가 말하는 '영화적인' 것 230

15

09. 카메라 루시다 - 불가능한 텍스트
    제3의 의미 혹은 둔한 의미, '푼크툼'   239
    소통 불가능한 '개인적인' 이론   243
    불가능에 도전하는 '육체의 텍스트'   248

바르트 이후
    대체 불가능한 사람   257
    사르트르의 죽음에 묻힌 바르트의 죽음   258
    롤랑 바르트의 영향   262
    기의 없는 기표로 남다   267

바르트의 모든 것
    바르트가 쓴 책   275
    바르트에 대한 책들   288
    인터넷 자료   294

- 참고문헌 296
- 찾아보기 304

왜 바르트인가?

■ 일러두기

• 바르트의 저작은 대부분 영어로 번역되어 있다. 이 책에서 자주 인용되는 바르트의 책들(영어 번역본)은 본문에 약어로 표기했다. 해당 저서의 자세한 서지 사항은 책 뒤쪽 〈바르트의 모든 것〉 참조

BSW *Barthes : Selected Writings*(1982)
CE *Critical Essays*(1972)
CL *Camera Lucida : Reflections on Photography*(1981)
CT *Criticism and Truth*(1987)
ESe *Elements of Semiology*(1984)
ESi *Empires of Signs*(1982)
ET *The Eiffel Tower and Other Mythologies*(1979)
FS *The Fashion System*(1983)
GV *The Grain of Voice : Interviews, 1962~1980*(1985)
IMT *Image-Music-Text*(1977)
In *Incidents*(1992)
LD *A Lover's Discourse : Fragments*(1978)
M *Michelet*(1987)
MY *Mythologies*(1972)
NCE *New Critical Essays*(1980)
OR *On Racine*(1964)
PT *The Pleasure of the Text*(1975)
RB *Roland Barthes by Roland Barthes*(1977)
Res *'Responses : Interviews with Tel Quel'*(1998)
RF *The Responsibility of Forms*(1985)
RL *The Rustle of Language*(1986)
SC *The Semiotic Challenge*(1988)
SFL *Sade/Fourier/Royola*(1976)
SW *Sollers Writer*(1987)
S/Z *S/Z*(1974)
TT *'Theory of the Text'*(1981)
WDZ *Writing Degree Zero*(1984)

원어 표기 인명이나 지명은 외래어 표기용례를 따랐다. 단, 널리 알려진 이름이나 표기가 굳어진 명칭은 그대로 사용했다. 본문에서 주요 인물(생몰연대)이나 도서, 영화 등의 원어명은 맨 처음, 주요하게 언급될 때 병기했다.

출처 표시 주요 인용구 뒤에는 괄호를 두어 저자 이름과 해당 도서의 출간 연도, 쪽수 순으로 출처를 표시했다. 상세한 서지 사항은 책 뒤 〈참고문헌〉 참조

도서 제목 도서 제목은 원 제목을 번역 표기하는 것을 원칙으로 했으나, 국내에 번역 출간된 도서는 그 제목을 따랐다.

옮긴이 주 옮긴이 주는 [ ]로 표기했다.

Roland Barthes

"모든 현대 이론은 바르트로 통한다!"

롤랑 바르트Roland Barthes는 현대 문학이론과 문화론에서 매우 중요한 인물이다. 그의 저작은 구조주의, 기호학, 탈구조주의, 문화 연구, 정신분석적 문학비평 등 매우 다양한 이론적 경향과 실천에서 영향력을 행사해왔다. 바르트는 현대 문학이론과 문화론의 토대를 확립한 몇 안 되는 인물 중 한 사람이다. 오늘날의 이론을 이해하려면, 바르트의 저작을 알아야 하고 또 그것을 끌어들여야 한다.

그 외에도 바르트는 '저자의 죽음'을 선언하고, 상호텍스트성 이론과 그 실천을 강조했으며, 광고·자동차와 건물 디자인 그리고 우리가 해마다 소비하는 유행품에서 찾아낼 수 있는 문화적 기호체계에 대한 연구를 발전시킨 것으로도 유명하다. 롤랑 바르드는 대학의 학과와 수업 과정 안팎에서 많이 읽히는 대중적 이론가로서, 이제 주류로 자리잡은 문학·예술·문화생활 이론들에 스며들어 있다. 오늘날 예술과 사회과학을 공부하는 대부분의 학생들은, 비록 바르트가 쓴 글을 한 자도 읽지 않았다 하더라도 이미 그 사상의 영향을 받고 있다고 해도 과언이 아니다.

골칫거리 사상가

롤랑 바르트는 1915년 11월 12일 셰르부르Cherbourg에서 루이 바르트 Louis Barthes와 앙리에트 뱅제Henriette Binger의 아들로 태어났다. 해군 장교였던 아버지 루이 바르트는 롤랑 바르트가 첫 돌을 맞기 전 1차 대전에서 작전 수행 중 사망했다. 바르트는 어머니와 친할머니인 베르트 바르트Berthe Barthes, 그리고 바르트가 평생 동안 음악을 사랑하는 데 영향을 미친 이모 알리스Alice와 함께, 바욘느에서 유년 시절을 보냈다. 1924년 어머니와 함께 파리로 이사한 후에도, 바르트는 기회가 있을 때마다 프랑스와 스페인의 남서쪽 국경 부근에 위치한 바욘느로 되돌아갔다.

바르트의 전기 작가인 루이-장 칼베Louis-Jean Calvet는 이렇게 쓰고 있다. "그는 자신이 파리지앵도 아니며 노르만인은 더더욱 아니라고 생각했다. 그는 언제나 스스로 바스크나 가스코뉴 사람이라고 생각했다."(Calvet 1994 : 12)〔바욘느Bayonne가 속한 바스크Basque 또는 가스코뉴 Gascogne 지역은 피레네 산맥 주변의 프랑스 남부 지역을 뜻한다. 2차대전 이후에도 분리 독립 요구를 했을 만큼 바스크인들은 프랑스나 스페인과 다른 독자적인 인종·언어·관습을 유지하고 있다. 바르트가 자신을 바스크인·가스코뉴인이라고 생각했다는 것은, 그가 평생 동안 지배문화의 압력에서 벗어나려 했다는 사실과 잘 부합한다.〕

바르트의 청년기에는 서로 연관된 두 가지 사실, 곧 너무나도 총명하고 장래가 촉망되는 학생이었다는 것과 1934년 이후 건강이 악화되었다는 것이 두드러진다. 바르트는 1934년부터 1947년까지 폐결핵 때문에 건강 악화가 반복돼서 고통을 받았다. 당시 결핵은 격리된 요양소에서 오랫동안 치료를 받아야 하는 질병이었으므로, 바르트는 학업을 계속 이어가지 못하고 중단할 수밖에 없었다. 오랜 요양 생활 때문에, 결국 바르트는 프랑스 학자들이 일반 대학에서 자리를 얻기 위해서는 반드시 통과해야 하는 교수자격시험을 치를 수가 없었다. 결과적으로 전문 학자로서 바르트의 이력은, 국제적으로 유명한 다른 학자들과 달리 순탄하거나 꾸준하지 못했다.

1940년대 후반부터 1960년대 초까지 루마니아와 이집트, 파리의 여러 기관에서 단기 교사나 연구원 자리를 전전하던 바르트는 1962년 비로소 대학에서 인정받아 안정된 자리를 얻는다. 고등사회과학원 EPHE 연구직에 임명된 것이다. 그러다 1976년 콜레주 드 프랑스 Collège de France의 기호학 교수로 임명되면서, 마침내 프랑스 학교제도라는 기성의 영역 안으로 입성했다. 콜레주 드 프랑스가 고등사회과학원보다 더 오래되고 존경할 만한 기관이라는 점, 그리고 둘 다 학위를 수여하는 일반 대학의 범주에서 벗어나 있다는 점은 기억해 둬야 한다.

고등사회과학원과 콜레주 드 프랑스, 이 두 기관은 모두 대학 졸업자들을 교육하고 가장 혁신적인 형태의 연구에만 전념하는 곳으로, 결국 학자로서 바르트의 이력은 학위수여기관 바깥의 순수 연구를 하는 환경에서 만들어졌다고 할 수 있다. 그러므로 젊은 시절의 좋지 않았던 건강이 바르트의 학자 이력에 결정적인 영향을 끼쳤다고 보는 것은 옳지 않다. 바르트의 경력이 입증하듯, 그가 걸어간 길은 소르본느 대학 같은 학위수여기관 형태의 권력을 의도적으로 피해 가는 경향이 있었다.

투베에 있는 결핵 요양소

바르트는 너무나도 총명한 학생이었으나, 19세 무렵부터 건강이 악화되어 이후 10여 년간 요양소를 오가야 했다. 폐결핵 때문이었다. 당연히 학업을 제대로 이어가기 어려웠고, 프랑스 대학 임용에 필수적인 교수자격시험도 치르지 못했다. 그 결과, 30대부터 40대 후반까지 루마니아와 이집트 등지를 떠돌며 불안정한 생활을 했다. 이러한 병력과 이력은, 이후 바르트의 학자 이력과 더 나아가 연구 성향에도 큰 영향을 미쳤다.

흔히 바르트가 콜레주 드 프랑스의 문학 기호학 교수직을 받아들인 것을 두고, 프랑스 학계와 지성계가 그의 탁월한 위상을 뒤늦게 인정한 것이라고 본다. 그러나 바르트 자신은 물론, 바르트를 선출했던 측 모두 이를 인정하는 동시에 유보적인 태도를 취했다. 취임 수락 연설에서 바르트는 자신에게 정당한 자격이 없음을 암시하며, 자신을 일러 '학문, 학자정신, 엄격성, 훈련된 창의력이 군림하는 기관'에 들어가는 '명백히 불순한 동료'라고 했다.(BSW : 458) 그는 콜레주 드 프랑스에 임명되었다는 사실 자체가 자신이 일생 동안 글을 쓰면서 싸워왔던 것들(권력, 기성 질서, 이데올로기적 규범, 전통적 가치들)과 협력하는 것임을 알고 있었고, 바르트 본인은 물론 그의 선출을 지지했던 사람들도 이 점을 불편하게 여겼다.

예컨대 루이 장 칼베가 바르트의 전기에 소개한 미셸 푸코Michel Foucault의 글을 보자. 푸코는 바르트의 선출을 옹호하는 글에서 바르트의 지각을 '유행'으로 설명하고, 이를 당대의 '유행, 열광, 취향,' 심지어 '과장'과 결부시키고 있다. 동시에 푸코는 바르트의 저작이 '가장 심층적이고 풍요로운 문화현상의 존재'를 드러낸다고 했다.

"이 목소리, 오늘날 대학 바깥에서 들려오는 이 소수의 목소리, 이것이 현재의 역사를 형성하고 있지 않은가? 그리고 우리는 이를 환영해야 하지 않을까?"(Calvet 1994 : 212-13)라고 푸코는 덧붙인다. 이 진술은 명백히 바르트뿐 아니라 푸코 자신과도 연관되어 있다. 푸코가 바르트의 위상을 '대학 바깥에서 …… 들려오는' 목소리라고 평가한 것은 시사적이고, 정확한 지적이다.

어딘가 다른 곳에서 말하기

롤랑 바르트는 그의 개인적 삶이 그러했듯, 지성의 목소리를 따라 언제나 기성 규범과 권력적 지위의 바깥에서 글을 쓴 이론가였다. 아슬아슬한 경계의 목소리라 할 바르트의 저작은 언제나 일반적으로 용인되는 권력적인 사상과 견해들에, 그리고 '상식적'이거나 국가후원기관의 허가를 받은 사상과 견해들에 의문을 제기한다. 진부하게 들리겠지만, 바로 이 때문에 때로는 이유가 있지만 때로는 근거 없이 '골칫거리 사상가'라는 꼬리표를 달게 된 것 같다.

언제나 돌변하는 바르트의 목소리는, 이론은 담론적 실천이라는 것을 일러주고 상기시킨다. 이론적 텍스트의 작가로서 바르트가 보여주는 실천은 언제나 변화하고 또 변화한다. 이론가 바르트는 하나의 연구 방식과 사상이 정착되고 일반적으로 수용되어 전문적·제도적 실천에 동화된다고 느낄 때마다, 자신의 담론과 실천을 어딘가 다른 곳으로 이동시켰다. 대부분의 현대 이론가들과 마찬가지로 그에게도 이론의 담론적 실천이란, 이미 받아들여진 사유들에 대한 도전이자 불가피하게 언어를 지배하는 관습성에 의문을 제기하는 것이었기 때문이다.

이론의 근본 목적 중 하나가 모든 언어 사용의 독단성과 문화적 특수성을 상기시키는 것이라면, 이론은 안정적이며 보편적으로 타당하고 무시간적으로 존재하는 언어들을 공격해야 한다. 그런데 언어이론이 공식화·관습화되어 문제 제기를 초월해버린다면, 이러한 공격은 불가능해질 것이다. 결과적으로 이론이란 그 언어가 대학과 전문화된 문학 세계, 현대 매체 등 제도와 문화 내부에서 드러나는 동화와 견고화 과정에 저항한다는 점을 확인시켜줘야 하는 것이다.

바르트는 아주 진지한 이론가인 동시에, 대중 독자들의 관심을 이끌어낸 텍스트를 창조한 작가이기도 하다.『신화론』이나『사랑의 단상』,『카메라 루시다』는 대학 수업 과정이나 학자들 간의 논쟁에만 한정되지 않는 독자층을 얻어냈다. 하지만 그렇다고 해서 텔레비전이나 잡지, 신문 광고의 대중 수용자들을 위해 학문적 연구를 '통속화'시키는 최근의 학자들과 바르트를 혼동해서는 안 된다. 바르트는 대중추수주의자popularist가 아니라, 오히려 일반적으로 용인되는 사상들의 파괴를 감행하는 이론가였기 때문이다.

어떤 사상이 학문적 규율을 갖춘 전문 영역에 속하는가, 아니면 대중문화에 속하는가 하는 것은 바르트에게 중요하지 않았다. 이론가로서 바르트는 자연적이거나 상식적인 것, 왈가왈부할 수 없는 것처럼 보이는 모든 관념들을 전복하고자 했다. 비판과 문제제기를 통한 이러한 실천은, 이른바 '이론'의 가장 특징적인 모습이자 최소한의 의무이다. 바르트는 이 점을 자신의 저작들에서 실제로 보여주었다. 그것도 능숙하게, 그리고 매우 세련되게 형식화된 스타일의 글로 말이다. 바르트는 문화적·지성적 삶의 모든 측면에 관심을 가진 이론가였으며, 그의 저작은 다른 이론가들이 좀처럼 획득하지 못한 직접성과 적절성을 갖추고 있다.

바르트로 통하는 너무 많은 '문'

롤랑 바르트의 저작 속으로 들어가는 입구는 매우 다양하다. 문학에 관심 있는 독자들은 「저자의 죽음」이나 「서사의 구조주의적 분석 입문」부터 읽기 시작하고, 사진에 관심 있는 독자들은 흔히 「이미지의 수사학」이나 그의 마지막 저서인 『카메라 루시다』부터 읽기 시작한다. 문화 분석이나 문화 연구를 하는 학생들은 당연히 『신화론』이나 「제3의 의미」부터 읽을 것이며, 문학사에 관심이 있는 학생이라면 『글쓰기의 영도』나 「사실효과」 같은 글부터 읽기 시작할 것이다.

그러나 바르트가 관심을 가졌던 이처럼 다양한 분야 중에도, 아직 충분한 호응을 일으키지 못한 분야가 많다. 바르트가 연극과 공연에 대해 쓴 책들은 마땅히 받았어야 할 관심을 받지 못했고, 동성애자로서 그가 글쓰기를 연구하며 채택한 복잡하고 심오한 이론 방식은 현대 독자나 '퀴어 이론'(queer=homosexual) 실천가들에게 아직도 거대한 도전의 원천으로 남아 있다. 이처럼 바르트는 독자들의 관심을 받아 마땅한 다양한 면모를 지니고 있으나, 독자들이 서로 다른 위치에서 다른 관심과 선입견을 갖고 접근하기 때문에 다양하게 읽히지 않고 있을 뿐이다.

이 책은 바르트의 주요 사상들 위주로 각 장을 구조화하여, 각기 다르게 바르트를 읽는 독자들을 돕고자 했다. 하지만 바르트가 작가로서, 교사이자 지성인으로서 거쳐 갔던 각각의 단계를 이해하는 것도 중요하므로, 각 장들은 일종의 연대기 형식을 취했다. 1·2장에서는 바르트의 초기 단계를 다루고, 3·4장에서 기호학과 구조주의를 거쳐, 5·6장에서는 탈구조주의적 단계로 나아갈 텐데, 마지막 7장부터 9장에서는 바르트의 후기 글에서 나타나는 쟁점들을 다룬다. 이렇게 바르트의 핵심적 아이디어들을 연대기적 순서에 따라 제시하면, 독자들

1977년 1월 7일, '콜레주 드 프랑스' 기호학 교수직 취임 연설
변방에서 떠돌던 바르트가 드디어 프랑스 학교제도라는 기성 영역에 입성했다. 그의 나이 61세 때였다. 그러나 콜레주 드 프랑스는 소르본느 대학 같은 일반적인 학위수여기관이 아니었다. 그럼에도 바르트는 취임 연설에서 '자신은 정당한 자격이 없는 불순한 동료'라고 말했다. 실제 콜레주 드 프랑스에 임명되었다는 사실 자체가, 바르트가 평생 싸워왔던 것들과 타협하는 것이었다.

이 각기 개별적으로 이해할 수도 있는 중요한 개념들 간의 관계를 파악할 수 있다는 이점이 있다.

예컨대 1장에서 분석할 '참여commitment(앙가주망)'라는 개념은 다른 중요한 개념들과 마찬가지로 이 책의 뒷부분 전체에서, 특히 바르트가 평생 동안 천착한 주제였던 '문화가 급진적 혹은 전위적 개념과 표현양식들을 동화시키는 방식'에 대한 분석에서 반복된다. 또한 이 책을 처음부터 끝까지 다 읽고 나면, 상호텍스트성이나 쾌락주의적 철학에 대한 관심처럼 바르트의 글쓰기 이력에서 특정 순간에 나타나는 개념들도 그의 전 저작에서 명백하게 나타나는 더 넓고 지속적인 주제들 안에서 맥락화시킬 수 있을 것이다.

이 책을 읽는 독자들의 관심과 동기는 제각각이므로, 어쩌면 책을 순서대로 읽지 않는 게 더 좋을 수도 있다. 예를 들어 기호학과 구조주의를 다룬 3·4장부터 시작할 수도 있고, 사진과 음악을 다룬 8·9장부터 읽을 수도 있다. 하지만 바르트가 작가이자 지성인으로서 거쳐 갔던 여정을 훑어본다면, 구체적인 사유와 쟁점들을 이해하고 맥락화하는 데 큰 도움이 될 것이다.

각 장에서 바르트의 주요 사상을 짚어본 뒤에는, 바르트의 영향력을 개괄한 〈바르트 이후〉와 바르트의 주요 텍스트들을 간략하게 정리한 〈바르트의 모든 것〉을 덧붙였다. 〈바르트의 모든 것〉을 참고하면, 본문에 소개된 바르트 저작들의 전체적인 형태와 그 지형도를 그려볼 수 있을 것이다. 특히 이 부분은 여러 면에서 요긴하게 활용할 수 있다. 바르트는 기가 질리고 압도당할 만큼 많은 책을 썼는데, 바르트의 책을 읽다가 다른 책을 참고해야 할 때 이 내용들은 큰 도움이 될 것이다. 여기에 바르트의 텍스트를 해석한 글들의 목록도 포함시켜, 더 깊이 있는 연구를 하고자 하는 독자들을 배려했다. 이 목록이 철저하지는 않지만, 작가이자 사상가로서 바르트의 업적이 지닌 현재적 중요성과 그의 작품들이 이끌어낸 논의의 다양성을 입증해줄 것이다.

01

문학,
문제는 형식

이 장에서는 바르트가 처음 출판한 책 『글쓰기의 영도 *Le Degré Zéro de l'é criture*』(영어 제목 '*Writing Degree Zero*') (1953)와, 이 책이 마르크스주의 이론 및 실존주의 철학과 그 이론에서 받은 쌍생적 영향관계를 다루고자 한다. 바르트의 첫 저서는 이 철학과 이론들의 영향을 부단히 받았는데, 특히 장-폴 사르트르Jean-Paul Sartre(1905~1980)의 책에서 큰 영향을 받았다. 바르트의 초기 저작을 이해하고, 그럼으로써 그의 가장 중요한 사상들을 이해하는 발판을 마련하려면, 우선 사르트르의 주요 문학이론과 문학사적 업적을 살피고, 바르트가 그것을 어떻게 발전시키고 수정해나갔는지 들여다봐야 한다.

사르트르의 영향, '앙가주망'

롤랑 바르트가 비평계에 등장한 1950년대의 프랑스 사회와 문화는 2차대전이 유발한 긴장과 갈등에 여전히 휩싸여 있었다. 이 시기를 다룬 공식적 역사에서는 종종 한 가지 문제가 제기되는데, 한 역사가는 그 문제를 이렇게 표현한 바 있다. '전후 프랑스의 현대화는 나치 점령기의 '오점'을 씻어내려는 프랑스 사회의 시도가 아닌가?'(Ross 1995) 이는 다시 말해 프랑스가 전적으로 파시즘이라는 악마의 희생양인가, 아니면 어떤 의미에서 협력자(비시Vichy 정부의 형태로)인가를 되묻고 있다. 이 양가성이 현대화를 향한 추동력과 합쳐지고, 여기에 프랑스의 아프리카 식민지인 알제리의 독립투쟁 같은 식민통치기의 과거가 다시 찾아오면서, 1950년대 프랑스 사회는 혼란스러웠다.(알제리는 8년간의 전쟁 이후 1962년 4월 프랑스에서 완전히 독립했다.)

방금 말한 양가성과 함께 전 지구적 갈등도 발생했다. 미국과 소련의 냉전이 '뜨겁게 달아오른' 1950년대, 사회적·문화적 삶의 해방에 기여했던 프랑스의 급진적 지식인·작가·사상가들은 '인간의 땅'이라는 것을 찾을 수가 없었다. 그들은 미국식 자본주의를 지지하는 정부를 받아들일 수 없었으며, 소련의 영향을 받은 마르크스주의의 질식할 듯한 엄격성과 1956년 러시아의 헝가리 침공이 상징적으로 보여주는 정치적·인간적인 수준도 불편했다.

실존주의 이제 유서 깊은 철학적 전통이 된 실존주의는, 수많은 형식과 변형들을 복잡하게 거느리고 있다. 이 용어와 관련된 저자들마다 차이점이 많지만, 기본적으로 실존주의는 세계 내 인간의 실존에 집중하는 철학이라 할 수 있다. 실존주의는 윤리학과 논리학 또는 다른 보편적 원리의 토대를 세우는 데 관심이 있는 주류 철학을 거부하고, 우선 인간의 실존과 그들이 처해 있는 세계 내의 개별적 인간에게 열려 있는 가능성을 생각한다.(Langiulli 1997 : 1-30) 프랑스에서 실존주의는 철학·문학·예술 분야에서 나타났으며, 특히 1940~1970년대 초까지 큰 영향을 끼친 사르트르의 글과 결부되어 있다. 사르트르의 실존주의는 '실존이 본질에 선행한다'는 철학적 견해를 취한다. 그는 인간에게는 잠재성 있는 존재가 될 자유, 즉 거짓된 생각과 삶의 양식에서 벗어나 이성적으로 될 수 있는 자유가 있다고 주장한다. 우리가 무엇을 생각하고 어떻게 살아야 하는지를 선택할 수 없다고, 즉 '본질'이 '실존'에 선행한다고 주장한다면, 그것은 '자기기만'이 이러한 긴장과 양가성이 가장 생생하게 살아 있는 곳이 바로 사르트르의 작품이었다. 철학자·소설가·극작가이자 문학비평가로서 1930년대부터 1970년대까지 프랑스 지성계의 거목이었던 사르트르는, 사상사에 수많은 기여를 했지만 그중에서도 특히 실존주의로 알려진 철학과 문학 운동의 주도적 인물이었다. 사르트르의 『문학이란 무엇인가?*What is Literature*』(1947)는 실존주의 철학의 토대 위에서, 이 제목이 제기하는 문제에 대답하려는 시도였다. 1975년의 인터뷰에서 바르트는 "사르트르가 나를 현대 문학으로 이끌었다."(GV : 327)고 말했다. 따라서 바르트의 초기 저작을 이해하려면, 다른 무엇보다 바르트의 학문적 여정의 토대를 마련해준 이 텍스트를 봐야 한다.

다.(Sartre 1956) 전후 실존주의는 계속된 공포와 '한계 상황 속의 인간의 체험을 통해 등장한다.(Solomon 1988 : 178-9) 홀로코스트를 겪고 나서 어떻게 인간에게 자신을 창조할 자유가 있다고 주장할 수 있는가? 히틀러와 다른 파시스트들의 체제가 대량학살을 저지른 이후, 어떻게 인간이 '존재할 자유'를 깨닫고 행동할 책임이 있다고 주장할 수 있는가? 실존주의는 이 질문에 종종 '부정'의 개념으로 대답한다. 최악의 환경에서도 인간에게는 주위의 세계를 부정하고 그 세계의 거짓과 악, 부조리를 인식할 수 있는 자유가 있다. 사르트르, 알베르 카뮈Albert Camus(1913~1960), 시몬느 드 보바르Simone de Beauvoir(1908~1986) 같은 작가들의 실존주의 문학은, 외적으로 견고하고 끈질긴 자연 또는 사회 세계와 마주한 개인들이 제한된 형식으로나마 자신들의 사유할 자유와 자신들이 대면한 세계의 부조리를 인식하게 되는 상황을 보여준다.

『문학이란 무엇인가?』는 문학을 작가와 독자 사이의 교환으로 설정한다. 작가는 독자가 진정으로(사회적으로 미리 프로그램화된 방식이 아니라) 읽을 자유를 요청해야 한다고 요구하고, 반대로 독자는 작가가 이 요구를 독자에게 요청해야 한다고 요구한다.(Sartre 2001 : 41) 사르트르는 작가들이 "자유로운 인간이 이 자유를 자신이 대면하는 대로 느끼게" 써야 한다고 주장한다.(Sartre 2001 : 47) 이러한 글쓰기 모델은 작가(그리고 독자)가 자신과 다른 사람들의 인간적 자유를 말하고 요구할 수 있는 앙가주망engagement(참여) 개념에 의존하고 있다.

하지만 사르트르는 참여와 자유라는 실존주의적 언어가 유토피아적이지는 않다 해도 최소한 이상주의적이라는 것을 잘 알고 있었다. 사회가 개인들이 순응하고 '거짓 믿음'을 실천하게끔 상당한 압력을 행사하기 때문이다. 『문학이란 무엇인가?』의 상당 부분은 이 문제, 곧 무엇이 자유와 작가의 참여를 제한하는지에 관심을 두고 있으며, 이에 접근하기 위해 상호 연관된 두 가지 연구방식을 취한다. (작가와 독자 간의 관계 변화라는 관점에서 본) 문학의 발전사 및 전후 프랑스에서 작가의 위상에 대한 재고가 그것이다.

사르트르는 프랑스 문학사 전체를 다루지만, 주된 관심은 그중에서도 문학이 최근 200년 동안 어떻게 변화해왔는지에 맞춰져 있다. 사르트르는 이 시기에 부르주아지라는 특정 사회계급이 지배적 우위를 획득하게 되는 과정과 문학의 발전을 연결짓는다.

사르트르에 따르면, 프랑스혁명(1789) 이전의 부르주아지 작가들은 자신의 계급 구성원들을 위해서, 그리고 그들을 향해서 글을 쓰고 참여했다. 부르주아지들의 증가한 권력 욕망은 더 평등한 사회를 향한

장-폴 사르트르
사르트르는 바르트가 비평계에 등장한 1950년대, 프랑스 지성계를 대표하는 사상가였다. 바르트의 첫 저서 『글쓰기의 영도』역시 사르트르의 책 『문학이란 무엇인가?』에 큰 영향을 받았다. 나중에 바르트는 "사르트르가 나를 현대 문학으로 이끌었다."고 말했다.

욕망의 표현처럼 보였기 때문에, 부르주아지를 위한 그리고 그들을 향한 프랑스혁명 이전의 글쓰기는 참여의 관념과 조화를 이룰 수 있었다. 그러나 프랑스혁명 이후 반세기 사이에 부르주아지 작가들은 정치적·문화적으로 점점 우세해진 새로운 독자들과 대면하게 되었

부르주아지 부르주아지는 원래 도시에서 장사하는(상업에 종사하는) 사람을 가리키는 용어였다. 카를 마르크스와 프리드리히 엥겔스의 저작에서 부르주아지는 프롤레타리아와 대립하는 존재로 규정된다. 후자가 자본주의 아래서 힘들게 살아가는 노동 계층이라면, 전자는 자본의 소유자, 즉 생산 수단(공장, 거대 기업)을 소유하고 임금을 지불하는 사람을 말한다. 사이먼 블랙번Simon Blackburn〔영국의 현대 철학자로, 『옥스포드 철학사전』의 저자〕은 이러한 정의가 '관리하는 일을 하거나 지적인 노동을 하는 중간의 중산층'을 배제하고 있다고 말한다.(Blackburn 1994 : 47) 그러나 적어도 프랑스에서는 이 단어가 매우 중요해져서, 노동계급과도 구분되고 현재 소수에 불과한 귀족과도 구분되는 모든 범위의 사람들(자본가, 전문직 종사자, 지식인, 교사, 다양한 규모의 상인들)을 포함하게 된 것이 사실이다. 사실 이 단어의 지시대상이 확대된 것은 프랑스에서 근대 자본주의적(상업적, 소비주의적, 상업지향적) 집단이 출현하게 된 상황과 맞물려 있다. 때로 이 단어를 원래 마르크스주의가 정의했던 대로 기억하고자 하는 작가들은 부르주아와 프티부르주아를 구분한다. 프티부르주아는 영국에서 '하층 중산계급'이라 불리는 집단과 같은 의미다. 그러나 사르트르와 바르트 같은 작가들이 사용하는 부르주아라는 용어는 사회의 한 계급만을 가리키지 않는다. 이들에게 부르주아 문화라는 말은 (상업주의와 소비주의라는 부르주아적 가치에 토대를 둔) 현대 프랑스의 지배적 문화를 의미한다. 사르트르와 바르트에 따르면, 전후의 프랑스는 부르주아 계급과 이 계급의 가치에 지배되고 있다는 의미에서 부르주아적이다.

다. 현대의 작가(사르트르는 현대의 명망 있는 작가들은 모두 부르주아라고 주장한다.)는 자신이 직접 속해 있는 계급의 독자들을 위해 글을 쓰려고 하지 않는데, 그것은 프랑스혁명기로 후퇴하는 것이자, 현재 권력을 소유한 계급에 순응하는 것이며, 사회적·문화적 억압의 수단이 되기 때문이다.

이러한 의미에서 현대의 작가들은 소외되어 있다. 현대 작가는 인간과 사회의 자유에 대한 참여를 표현하고 싶어하는데, 그 자유란 언제나 평등하고 계급 없는 사회의 가능성을 의미한다. 그러나 그들은 엄밀하게 말해 자신의 독자들(문자 해득력이 있는 부르주아 대중)을 위해 글을 쓰고자 하지 않는다. 이러한 상황을 토대로, 사르트르는 현대 문학사가 문학이 점진적으로 독자를 공격하고 소통 불능 전략을 채택하는 역사라고 보았다. 사르트르의 이러한 주장은 사실 아방가르드 문학 사상에 대한 철저한 비판이다.

사르트르가 보기에, 현대 프랑스 문화사에 나타난 아방가르드 문학

아방가르드 '아방가르드'라는 단어는 '전위', 앞에 있는 사람, 전투가 시작되기 전에 앞서서 나가는 사람을 나타내는 군사 용어에서 비롯되었다.(Cuddon 1991 : 74) 문학과 예술 일반과 관련시켜 볼 때, 이 단어는 19세기에 이르러 기존의 재현 양식에 급진적으로 도전하는, 혁신적 형식을 지닌 예술 형식을 지칭하게 되었다. 아방가르드 운동은 상징주의, 초현실주의, 다다이즘, 그리고 제2차 세계대전 이후의 누보 로망을 포함한다. 일반적으로 비평에서는 아방가르드 예술 형식을 급진적 정치 구호나 동기와 연관시키지만, 예술작품이 형식적으로 급진적이라고 해서 반드시 정치적 동기와 영향까지 급진적인 것은 아니다.

형식은 진정한 문학적 참여의 표현이라기보다 소외(작가 자신의 문화와 독자에 대한 증오와 혐오)의 표현이다. 당시 환경에 대한 사르트르의 설명을 살펴보면, 사실 이 상황은 매우 가망 없어 보인다. 참여하고자 하는 작가는 부르주아 문화의 형식 자체를 사용할 수 없고, 아방가르드 문학의 기술을 사용하면 일반 대중과 소통 불능 관계에 빠져버리게 된다. 게다가 냉전이라는 정치적 풍토는 현대 작가들이 아무런 선택도 할 수 없게 만들어버렸다. 사르트르는 서구식 자본주의를 받아들일 수도 없었지만, 소련식 공산주의와 그것이 프랑스에서 재현된 형식(PCF : 프랑스 공산당)에도 의구심을 품었다. 사르트르는 마르크스주의에서 많은 영향을 받았음에도 불구하고, 『문학이란 무엇인가?』에서 경직된 이데올로기의 지시에 순종하는 모든 지식인들과 작가들을 매우 미심쩍어하면서 프랑스 공산당을 바라보았다. 사르트르는 현대 작가에게는 선택 가능한 글쓰기 형식이나 정치적 충성의 대상이 없다면서, "우리는 역사 바깥으로 추락하여 황야에서 말하고 있다."고 썼다.(2001 : 205)

  그러나 이처럼 작가의 여건과 위상에 대해 역사적이고 현재적인 진단을 내렸음에도 불구하고, 사르트르는 실존주의를 재확인하는 것으로 『문학이란 무엇인가?』를 끝내버린다. 사르트르는 이렇게 엄혹하게 보이는 상황에서도 우리는 아직 더 나은 세계에 대한 참여를 실천할 수 있으며, 작가들은 자기 자신과 독자들의 자유를 위해 도전할 수 있다고 주장한다. 그래서 사르트르는 서슴지 않고 "인간은 날마다 창조되어야 한다."고 썼던 것이다.(2001 : 226)

  사르트르가 『문학이란 무엇인가?』에서 했던 주장을 검토하는 것은,

이 책이 롤랑 바르트의 중요한 초기 저작인 『글쓰기의 영도』가 씌어진 맥락을 형성하기 때문이다. 바르트의 책은 사르트르의 연구에서 발견되는 많은 주제와 생각들을 반영하고 있지만, 참여라는 관념에는 근본적으로 동의하지 않는다. 사르트르는 낙관적이지만, 그의 텍스트에는 어떤 글쓰기가 진정 참여를 구성하는지 실제적인 감이 존재하지 않는다. 이 점을 생각해보면, 문제의 핵심이 드러난다. 사르트르의 분석에는 형식 문제에 대한 관심이 빠져 있는 것이다. 바르트는 과연 그답게 바로 형식―작가가 생산하는 글쓰기의 종류―의 관점에서 사르트르의 주장을 수정하고 비판한다.

글쓰기, 문학, 스타일

바르트의 『글쓰기의 영도』는 상호연관된 두 부분, 곧 이론적인 부분과 역사적인 부분으로 나뉜다. 두 번째 부분은 사르트르가 제시한 프랑스 문학사에 대한 대안을 제시하고 있는데, 이 역사적 설명방식은 언어·스타일, 그리고 바르트가 말하는 에크리튀르 écriture (글쓰기)의 관계에 대한 이론적 분석을 토대로 제시된다.

바르트가 언어·스타일·글쓰기에 다시 비판적 관심을 두는 이유는, 참여 개념을 이해하는 맥락을 재규정하기 위해서이다. 바르트는 사르트르의 주장에서 보았듯 참여가 작가의 선택과 관련되긴 하지만, 작가는 이 선택의 자유를 실행하는 한계 범위에 주의해야 한다고 지적한다. 작가들은 언어 내부에 존재하고 그곳에서 선택한다. 더 중요한 것은, 작가가 이미 존재하는 형식·관습·장르·약호들로 구성된 문학언어 내부에 존재한다는 점이다. 작가들이 자신의 문학언어를 새롭게 만들어낼 수만은 없다. 작가들은 모두 이미 확립된 문학언어와의 투쟁을 통해 작품을 창조해낸다.

바르트의 주장은 에크리튀르(글쓰기)를 언어 및 스타일과 구분하는 데서 시작한다. 언어와 스타일은 선택의 영역이 아니다. 예컨대 '1850년대나 1950년대의 프랑스어'와 같이 특정한 시간에 주어진 특정한 민족언어를 작가가 결정할 수는 없다. 그것은 작가에게 일종의 '자연'이자 '저항하는 매개체'로 존재한다.(WDZ : 11-12) 이런 의미에서 언어는 작가에게 제시된 매개체이자, 작가가 헤엄치는 법을 배워야 하는 바다이다. 스타일은 이와 좀 다르다. 바르트는 스타일이 작가의 육체에서 비자발적으로 나오는 것이라고 주장한다. 다시 말해 스타일은 작가의 개인사와 개성이라는 '자연'에서 나온다는 것이다. 그런 점에서 본다면 스타일도 언어와 마찬가지로 작가가 선택할 수 있는 것은 아니다.(WDZ : 14) 바르트는 이런 식의 언어와 스타일 개념에 반대하여, 제3의 개념인 에크리튀르를 도입한다.

에크리튀르 개념은 바르트의 모든 학문적 여정과 구조주의의 출현에, 특히 1960년대 프랑스 지성계에서 탈구조주의적 사유가 등장하는 데에 중요한 역할을 했다. 1971년 《텔켈Tel Quel》 지와의 인터뷰에서 바르트는, 에크리튀르 개념이 자신이나 다른 이론가들의 저작에서 중요한 역할을 했을 뿐 아니라, 1950년대 초와 1970년대 초 사이에 이 단어에 다른 의미가 부여되었다고 말하고 있다.(Res : 263-4) 이제 이 책에 수없이 등장할 에크리튀르 개념을 살펴보자.

『글쓰기의 영도』에서 글쓰기(에크리튀르)는 작가가 선택하고 참여하는 활동적 측면을 표상하기 위해 사용되었다. 여기서 글쓰기는 이른바 형식이라든가 작가가 특정 집단과 공유하고 있는 일련의 약호와 관습들을 염두에 둔 것이다. 『글쓰기의 영도』 서장에는 이러한 의미의 글쓰기를 보여주는 생생한 사례가 제시되어 있다.

혁명가 에베르Hébert는 자신의 신문 《아버지 뒤셴Le Père Duchéne》의 기사를 쓸 때마다, 서두에 반드시 약간의 비속어를 사용했다. 이 부도덕한 말들은 실제로는 아무 의미가 없다. 그러나 매우 중요하기도 하다. 왜? 그 기사들이 혁명의 전반적인 상황을 표현하고 있기 때문이다. 이것은 더 이상 의사소통이나 표현으로 기능하지 않는 글쓰기 양식의 사례다. 이 양식은 역사인 동시에 우리가 차지한 자리이기도 한 언어를 넘어서는 그 무엇을 보여준다.(WDZ : 3)

사르트르는 참여의 문제를 엄격한 의사소통 모델 안에서 바라보았다. 그에게 참여의 글쓰기란 메시지, 세계의 이미지, 그리고 인간의 현재와 미래의 의미를 전달하는 것이다. 독자와 소통할 메시지를 다루지 않는 문학의 참여 형식에 대해 말하는 것은 사르트르에게 무의미하다. 사르트르는 수많은 현대 문학작품에서 참여의 부재를 뚜렷이 보여주는 기호를 발견하며, 그 작품들이 이러한 방식으로 독자와의 소통을 거부하는 것도 발견한다. 바르트는 이와 같은 사르트르의 주장을 부정하며, 글쓰기는 바로 형식의 측면에서 하나의 '반反소통'이라고 주장한다.(WDZ : 19)

바르트의 글쓰기 개념은 메시지나 내용의 외부 또는 그 너머에서의 소통과 관련된다. 자크 에베르Jaques Hébert(1757~1794)의 글쓰기가 혁명적 정치에 참여할 수 있는 것은, 형식을 통해 전달되는 관념이 아니라 공격적이고 도전적인 욕설이라는 형식 자체를 통해서이다. 이러한 종류의 글쓰기, 즉 전달되는 관념의 내용이 아니라 그 관념들이 전달되는 방식과 밀접하게 연관된 글쓰기야말로 의미있는 것이다.

하지만 에베르의 독특한 시작 문구가 단순한 스타일의 문제가 아니라는 데 주의해야 한다. 만약 그 욕설들이 에베르 스타일의 일부라면, 그것은 작가 개인으로서 에베르의 고유한 특성을 의미할 뿐이며, 그럴 경우 에베르는 욕설쟁이 작가에 불과할 것이다. 그러나 에베르가 욕설로 글을 시작하는 것은, 욕설을 넘어선 어떤 것을 의미하며, 그 말들은 사회·역사·언어 그 자체에 대한 어떤 유용한(혁명적인) 태도와 연관된다.

바르트의 글쓰기 개념은 사르트르의 실존주의적 문학 연구와, 역사 안에서 글쓰기의 이데올로기적 기능을 강조하는 마르크스주의적 논의 사이의 연결 가능성을 더 크게 보여준다.(Res : 252) 다시 말해, 일단 글쓰기를 작가의 이데올로기적 참여의 표현으로 이해하기 시작하면, 모든 시기를 통틀어 작가들이 각자 차별화된 표현 형식들을 선택함으로써 서로 다른 정치적·사회적 현실에 응답해온 방식을 파악할 수 있게 된다. 이것이 바르트가 말하는 '문학의 기호'를 읽을 수 있는 문학사의 양식이자, 문학 형식이 사회적·이데올로기적 의미와 선택들을 전달하는 방식일 것이다.

예를 들어, 어떤 소설가가 구두점이나 단락도 없이 단일한 목소리로 된 일인칭 서사 같은 리얼리즘 소설을 쓰기로 했다고 상상해보자.

바르트의 글쓰기 이력의 시작

바르트는 1947년 8월 1일, 《콩바Combat》지에 〈글쓰기의 영도〉를 기고하며 본격적인 저술가로서 첫발을 내딛었다. 사르트르의 사상은 바르트에게 큰 영향을 끼쳤지만, 바르트는 『글쓰기의 영도』에서 사르트르가 주장한 '소통의 글쓰기'를 부정했다. 오히려 글쓰기는 형식의 측면에서 하나의 '반反소통'이라는 것이다. 바르트의 글쓰기 개념은 메시지나 내용의 외부 혹은 너머에서 일어나는 소통과 관련이 있다.

이 작가는 형식과 글쓰기의 층위에서 매우 중요한 선택을 내린 것이며, 이 점이 작품의 의미에 근본적으로 영향을 미친다. 소설가들이 혁명적 메시지를 전달하고 싶어하는 것은 당연하다. 소설가들은 모두 사회에 근본적 변화가 일어나야 할 필요성을 전달하고 싶어한다. 그들은 이러한 변화가 여성해방을 통해서 일어날 수 있다고 믿을 수도 있다. 만일 모든 소설가들이 거의 동일한 사회적·정치적 신념을 지닌 페미니스트들이라고 해도, 그들이 어떤 형식과 글쓰기를 선택하는지에 따라 작품의 의미는 근본적으로 달라질 것이다. 독자들 역시 서로 다른 형식의 소설들을 똑같은 방식으로 읽지 않는다. 이 형식들은 그 형식이 수용되어 의미를 생성하는 방식에 불가피하게 영향을 미치는 다른 견해나 관점들과 연관돼 있다.

이 가설적 예는 선택과 참여에 대한 중요한 논쟁을 불러일으킨다. 작가들이 다양하게 분화되어 있는 글쓰기 양식을 선택할 수 있다는 것은 분명 사실이지만, 작가들이 이 글쓰기 양식들을 창조하지는 않는다. 사회적으로 중요한 글쓰기, 그럼으로써 사회적·정치적으로 참여하는 글쓰기 양식은 작가의 선택에 우선하여 이미 존재하고 있다. 에베르의 욕설은, 혁명가처럼 특수한 상황(정치적 출판물에서 사설의 시작 부분)에서 그러한 종류의 언어와 이미 연관되어 있는 사람들에게만 의미를 전달한다.

바르트는 참여를 글쓰기에 연관시키면서, 글쓰기가 여전히 제약받고 있으며 자유의 가능성을 무한하게 제공하지는 않는다고 재빠르게 지적한다. "작가에게는 문학적 형식의 무시간적 저장고에서 글쓰기 양식을 선택할 자유가 없다. 역사와 전통의 압력 아래에서 비로소 작가가 선택할 수 있는 글쓰기 양식이 성립한다. 거기에 글쓰기의 역사가 있다."(WDZ : 16) 이는 『글쓰기의 영도』 전체 논지 중에서도 가장 중요한 주장이며, 또한 구조주의적이거나 탈구조주의적인 그의 이후 저작과 이 책을 연결시키는 중요한 특징이기도 하다.

바르트는 작가가 선택할 수 있는 글쓰기의 양식을 '자유와 기억' 사이의 진동으로 묘사한다.(WDZ : 17) 우리가 이미 보았듯이, 작가의 자유는 바로 글쓰기 형식을 선택하는 데 있다. 그러나 글쓰기의 모든 형식은 이전에 사용된 흔적인 '사후 이미지'를 내포하고 있다. 다시 에베르의 예를 떠올려보자. 바르트는 에베르가 사용한 욕설이 혁명적 정치행위에 대한 참여를 소통시키려는 것이라고 말한다. 그러나 다른 측면에서 보면, 어떤 작가가 계속 이러한 말투를 사용할 경우 이 글쓰기 양식의 의미는 변해버릴 것이다. 즉, 단지 그런 부류의 작가가 늘상 하는 말이나 혹은 완전히 보편적으로 인정된 약호나 관습 같은 글쓰기의 뻔한 측면이 되어버릴 것이다. 다시 말해 글쓰기는 작가 안에서 선택과 참여를 체현하기 위해 애쓰지만, 언제나 일종의 상투어가 되거나 작가를 손쉽게 분류하는 도구가 될 위험성을 지니고 있다. 바르트는 이 과정을 '점진적 견고화'(WDZ : 6)이자 '구체화의 극적 현상'(WDZ : 5)이라고 표현한다.

바르트는 글쓰기가 항상 '문학'〔근대 이후 안정된 개념과 제도로 공고화된 본격 문학 전체를 가리키기 위해 사용된 대문자 문학Literature을 가리키는 개념으로, 개별적이고 구체적인 문학작품을 가리키는 소문자 문학 literature과 구별된다. 이 책에서는 대문자 문학을 편의상 '문학'으로 표시한다.〕으로 응고된다고 주장한다. 혹은 '순문예Belles-Lettres'(WDZ : 33)

로 응고된다고 할 수도 있는데, 이는 바르트가 어디선가 사용했던 매우 전통적인 명칭이다. 왜 언어가 『글쓰기의 영도』에서 그렇게 부정적으로 형상화되어야 했는지 이해하기 위해, 바르트가 이 책에서 이와 병행하여 다룬 현대 문학사에 대한 주장으로 옮겨가보자.

글쓰기의 영도

문학사에 대한 바르트의 설명은, 앞에서 이야기했듯 사르트르의 『문학이란 무엇인가?』에서 제시된 설명을 벗어난다. 물론 바르트도 사르트르처럼 문학사의 기초를 부르주아 작가가 부르주아 사회 및 문화와 맺었던 관계의 출현과 지배·몰락에서 찾고, 또한 전환점을 통해 즉 '이전'과 '이후' 패턴을 통해 역사를 설명한다.

그러나 바르트는 사르트르가 프랑스와 유럽 전역에서 새로운 혁명이 일어난 전환점으로 설정한 해를, 1789년에서 1848년으로 이동시킨다. 또 사르트르와 유사하게 전환점 이전에는 부르주아 작가들이 자기가 속한 사회·독자들과 자신을 동일시했으나, 1848년 이후 부르주아 문화와 사회 지배가 공고화되며 점차 주변환경에서 소외되어 있다고 느끼기 시작하면서, 더 이상 자신의 언어와 의식을 사회와 공유한다는 확고한 자신감을 가질 수 없게 되었다고 주장한다.

여기까지는 바르트가 사르트르의 역사적 주제를 재연하는 것처럼 보인다. 하지만 바르트는 이렇게 소외되어 자유를 추구하게 된 상황에 대해 문학이 아무 책임이 없는 것은 아니라고 강조한다. '문학'은 현대 사회의 다른 모든 것들과 마찬가지로 부르주아지의 소유물이다.

1953년 『글쓰기의 영도』를 출간할 무렵의 바르트

바르트는 부르주아 문화와 사회 지배가 공고해지며 부르주아 작가들이 소외감을 느끼기 시작했다는 지점에서는 사르트르와 견해를 같이하지만, 이렇게 된 데에는 문학의 책임도 있다고 주장한다. 현대 사회의 다른 모든 것과 같이 '문학'도 부르주아지의 소유물이고, 현대 문학은 모든 형식의 글쓰기를 진공청소기처럼 빨아들인다는 것이다. 이는 사르트르의 낙관주의와 다른 견해이다.

'문학'은 자기 목적을 위해 자신 안으로 모든 문화적 실천을 빨아들이고 재작동시키는 권력의 제도이자 장소이다.

이 책에서 바르트의 주장은, 1920년대 이후 프랑크푸르트 학파로 알려진 독일 마르크스주의 이론가나 지식인 그룹의 주장과 가깝다. 이 운동의 주도적 사상가 중 한 명인 테오도어 아도르노Theodor Adorno(1903~1969)는 자신이 명명한 현대 '문화산업'을 언급하며, 이 산업이 자본주의 사회가 모든 인간의 실천을 상업주의와 상품화의 과정에 순응시키는 방식을 의미한다고 했다. 현재 우리 사회를 돌아봐도, 최신의 급진적 음악 형식이나 새로운 정치 행동은 광고 캠페인이나 대중매체의 논쟁, 상업영화나 텔레비전의 내용과 스타일로 어질어질할 만큼 빠르게 바뀌어 재현되고 있다. 이러한 상황은 프랑크푸르트 학자들의 현대 사회 분석이 타당하다는 것을 입증한다. 이와 비슷하게 바르트의 『글쓰기의 영도』에서도, 현대 문학은 모든 형식의 글쓰기를 불가항력적으로 진공청소기처럼 빨아들인다고 보았다.

바르트는 1850년대 이후 작가들이 '문학', 즉 부르주아 '문예Letters'로 흡수되는 데 저항해온 일련의 전략들을 열거하며, 이러한 관점을 확장하여 설명한다. 바르트가 제시하는 첫 번째 사례는 귀스타브 플로베르Gustave Flaubert(1821~1880)로, 그는 정확히 1840년대와 1850년대의 전환기에 창작활동을 한 작가이다. 바르트는 글쓰기 개념이 '고된 노동'이나 공들이는 장인술로 변화한 현상을 가리켜 글쓰기의 '플로베르화Flaubertization'라고 명명하였다. 이는 플로베르 같은 작가들이 제 자신을 노동자이자 장인이라고 생각함으로써 부르주아 '문학'의 점증하는 소외감을 치유하려 했다는 것이다. 하지만 이러한 전략이 항상 고된 노동과 인내심을 스스로 강조해온 부르주아의 문화적 가치와 지배문화에 얼마나 쉽게 흡수되는지는 명확하다.

현대 작가의 상황에 대한 바르트의 비관적 진단은 여기서부터 나타난다. 그의 판단은 우리가 자유를 선택할 수 있다는 사르트르의 준엄한 낙관주의보다, 현대적 존재의 부조리에 대한 카뮈의 감각과 더 밀접하게 연결돼 있다. 예컨대 카뮈는 『시지프스의 신화 *The Myth of Sisyphus*』에서 자유를 향한 현대인의 투쟁을, 다시 굴러 떨어질 바위를 지하세계에서 산꼭대기까지 밀어 올리도록 저주받은 전설 속의 왕 시지프스와 비교했다. 마찬가지로, 고된 노동이라는 플로베르적 전략은 그것이 현대 작가들이 부르주아 문학에서 소외된 상황을 치유하는 것을 의미한다 해도, 부르주아 문학의 윤리 및 가치와 글쓰기를 더 강하게 연결시킬 뿐이다. 바르트가 보기에 현대 작가들은 자유로운 글쓰기를 창조하려고 계속 애쓰지만 결국 그 글쓰기가 부르주아 '문학'으로 추락하고 마는 것을 경험하는 시지프스의 형상과 같다. 바르트의 진단은 비관적이다. 그러나 글쓰기와 사회의 관계에 대한 감각은 사르트르보다 훨씬 더 철저하게 마르크스주의적이다. 만약 인간 사회의 역사적 상황이 소외되어 있다면, 글쓰기도 그 소외에 동참할 수밖에 없다.

바르트는 플로베르의 고된 노동 전략을 논의한 다음, 더 중요하고 광범위한 사례로 19세기 리얼리즘 소설의 출현을 언급한다. 리얼리즘과 자연주의(이제는 일상적으로 별로 사용되지 않는 용어)는 문학적 글쓰기의 소외를 정확하고 소박한 형식으로 치유하고자 했다. 오늘날 대학 수업에서도 여전히 사용되는 리얼리즘 소설에 대한 정의는 이러하다. '리얼리즘, 정교한 기술이나 구성에 구애받지 않는 글쓰기 형식.' 바르트의 주장은 바로 이 정의에서 확인된다.

19세기부터 현재까지 주도권을 쥐고 있는 리얼리즘 소설은 정의상으로 보아 문학성을 은폐한 채 소외된 형식의 글쓰기가 되어 있다. 그러나 동시에 리얼리즘 형식은 '좋은 글쓰기', '문학적' 글쓰기의 기준으로 확립되어 있기도 하다. 바르트는 리얼리즘 소설이 아직도 부르주아적 학교기관에서 특권적인 소설인 동시에, 소비에트 공산주의와 그 국제지부인 프랑스 공산당PCF에서도 공식적으로 인증받은 소설이라고 말한다.(WDZ : 58-61) 리얼리즘 소설은 결코 소외되지 않은 글쓰기 양식을 창조하지도 않을 뿐더러, 부르주아 문화와 안티 부르주아 문화 모두에게 '문학의 기호'가 된 것이다. 리얼리즘 소설의 관습들—3인칭('그', '그들')과 1인칭('나')의 사용, 특정한 시제나 형용사, 대상의 디테일에 대한 특별한 관심 — 은 모두 '사실 효과the reality effect'(바르트가 리얼리즘 비판에 이어서 쓴 글에서 논하는 개념이다.)를 구축하는 것이다.(「사실효과」를 보라. RL : 141-8) 이리하여 처음엔 사회 세계를 정확히 재현하기 위해 문학적 관습을 초월하는 시도로 창조되었던 글쓰기 양식은, 결국 현실의 환상을 창조하는 끈질긴 약호와 관습의 확립으로 귀결된다.

계속해서 바르트는, 부르주아 문학을 치유하기 위해 기획된 전략들이 19세기 후반에 훨씬 더 공격적인 특성을 지닌 전략으로 대체된다고 주장한다. 문학이 치유될 수 없다면, 문학은 살해되고 암살되고 완전히 부정되고 '탈구'되어야dislocated 한다. 수많은 현대 작가들에게, 글쓰기란 문학을 살해하려는 시도가 되었다. 이와 관련하여 바르트는, 글쓰기에서 모든 문학의 기호를 근절하려 했던 스테판 말라르메Stephane Mallarmé(1842~1898)의 시나 그의 추종자들에게서 발견되는 경향을 언급한다. 이들은 모든 관습 언어를 벗겨내어 서사와 시의 모든 약호들을 자유롭게 하려는 글쓰기를 추구하였다. 그러나 바르트는 이 글쓰기가 오직 '침묵'으로, 즉 '소통의 완전한 포기'로 귀결되는 혁명적 글쓰기라고 말한다.(RL : 63)

이 경향은 바르트의 책 제목과 연관된 또 다른 전략과 관련되어 있다. 바르트는 '미리 정해져 있는 언어에 속박되지 않는 무색의 글쓰기'를 생산하려고 하는 작가들에 대해 "이 글쓰기의 목표는 살아 있는 언어와 문학적 언어가 아니라 근본적인 말에 운명을 맡기고 '문학'을 넘어서는 것"이라고 말한다.(RL : 64) 바르트는, 거의 '스타일의 이상적 부재 상태'에 도달한 이러한 글쓰기의 예를 1942년 출간된 카뮈의 소설 『이방인L'Étranger』에서 찾는다. 바르트는 언어학적 관점에서 이러한 글쓰기를 '중립적'이고 '비활성적'인 글쓰기 혹은 글쓰기의 '영도'로 묘사하고, 이 글쓰기는 "전적으로 신뢰할 수 있다. 형식의 이차적 참여를 통해 역사에 압도당하지 않기 때문이다."라고 말한다.(RL : 64) 다시 말해, 이 글쓰기의 영도는 '문학'에 오염되지 않을 수 있다. 유명한 카뮈의 소설 시작 부분이다.

어머니가 오늘 죽었다. 혹시 어제였는지도 모르겠다. 고향에서 '어머니 돌아가심. 내일 장례식'이라는 전보를 받았다. 이 전보는 아무 의미도 없다. 어제였을 수도 있다.(Camus 2000 : 9)

1955년에 처음 발표된 「후기」에서 카뮈는 뫼르소라는 인물을, 거짓말하기를 거부한다는 이유로 사회의 아웃사이더가 된 사람으로 묘사했다. 계속해서 카뮈는 거짓말한다는 것의 의미를 이렇게 정의한다. "거짓말은 진실이 아닌 것을 말하는 것에 국한되지 않는다. 사실 거짓말은 진실 이상을 말하는 것이며, 인간의 마음에 대해 자신이 느끼는 것 이상을 말하는 것이다."(Camus 2000 : 18)

'거짓말'이란 단어가 '문학'이라는 말로 대치될 수 있다면, 이 구절은 바르트가 카뮈의 글쓰기에서 발견한 것을 탁월하게 정의하고 있다. '문학'이 글쓰기에 원하지 않는 의미와 관습적인 연상, 전통적 약호와 지배 이데올로기를 부여한다면, 카뮈의 중립적인 '무색의' 글쓰기는 이러한 덫과 부가적 의미들을 피해 나가는 듯하다. 카뮈의 글쓰기의 영도는 거짓말하기를 거부하며, '정직'해 보인다.(WDZ : 65)

그러나 바르트는 카뮈의 글쓰기의 영도를 충분히 설명해나가다가 교묘하게 이론적이고도 역사적인 주장을 하면서, 이러한 글쓰기가 하나의 순간 이상으로 발전할 수 없도록 만들어버린다. 사회(그리고 역사)가 족쇄에 묶여 있고 글쓰기가 자유로울 수 없다면, 이 글쓰기의 양식도 어쩔 수 없이 '문학과 지배 문화로 흡수되고 동화되리라'는 것이다.

불행하게도 무색의 글쓰기만큼 변덕스러운 것은 없다. 기계적 습관은 자유가 존재하는 곳에, 형식의 그물망이 점점 더 새로워지는 담론을 에워싸는 바로 그곳에서 생겨난다. 자신의 자리를 '고전적'인 것으로 받아들이는 작가는 독창적 창조의 노예적 모방자가 되며, 사회는 그의 글쓰기를 관

알베르 카뮈
'만약 인간 사회의 역사적 상황이 소외되어 있다면, 글쓰기도 그 소외에 동참할 수밖에 없다.'

현대 작가의 상황에 대한 바르트의 판단은 사르트르보다는 카뮈의 감각과 더 가깝다. 바르트는 카뮈의 소설 『이방인』에서 '문학'에 오염되지 않은 '스타일의 이상적 부재 상태', 곧 영도의 글쓰기 사례를 발견한다. 바르트가 보기에, 현대 작가들은 자유로운 글쓰기를 창조하려고 애쓰지만, 결국 그 글쓰기가 부르주아 문학으로 추락하고 마는 '시지프스'의 형상과 닮았다.

습에 불과한 것으로 강등시키고 그 작가를 다시 형식 신화의 포로로 만들어버린다.(WDZ : 65)

바르트의 말처럼 현재 카뮈의 『이방인』은 프랑스 바깥의 학생들에게 '명쾌함'의 고전적 예이자 '좋은' 프랑스 문학으로 암묵적으로 제시되고 있다. 부르주아 문화는 19세기 리얼리즘 소설을 동화시켰듯이 카뮈의 글쓰기도 동화(변용)시켰다.
따라서 바르트가 궁극적으로 주장하는 바도 비관적인 듯하다. 사회가 소외되어 있다면, 필연적으로 글쓰기도 소외된다. 현대 작가는 '비극적' 형상을 하고 있다. "아무리 자유로운 언어를 창조하기 위해 애쓴다 해도, 그것은 규격화되어 돌아온다. …… 따라서 글쓰기는 막다른 골목이다. 사회부터가 막다른 골목이기 때문이다."(WDZ : 72) 그러나 이러한 논지는 비관적이라기보다 '변증법적'이라고 하는 게 더 정확할 것이다.
글쓰기에 대한 바르트의 설명은, 자유를 관습과 전통의 갈등이라는 맥락에서 이해한다는 점에서 변증법적이다. 현대 세계의 작가는 자유를 선택할 수 없을 뿐 아니라, 자신의 언어에서 숨막히는 전통의 흔적을 없애버릴 수도 없다. 하지만 그들이 자유로운 언어에 대한 추구를 그만둔다면, 어떤 의미에서든 더 이상 작가가 아닐 것이다. 바르트는 이 상황을 이렇게 표현한다.

문학적 글쓰기는 역사의 소외와 역사의 꿈을 동시에 지니고 있다. 글쓰기는 필연적으로 계급의 분할과 떼려야 뗄 수 없는 언어의 분할을 증언한

다. 자유로서의 글쓰기는 이 분할에 대한 의식이자 이것을 이겨내고자 하는 노력이다.(WDZ : 73)

현대의 글쓰기에 대한 이 변증법적 설명은 바르트의 학문적 여정의 시작점으로서 아주 중요한데, 왜냐하면 이 주장이 역설적으로 바르트에게 비평가로서의 권력을 부여해주었기 때문이다. 다음 장에서 증명되겠지만, 『글쓰기의 영도』의 위상을 효과적으로 분석하려면, 결국 이 논지가 초래한 결과에 초점을 맞춰야 한다. 그것은 바르트가 현대의 문학가들뿐만 아니라 비판적 작가로서 바르트 자신을 위해 강조한 것이기 때문이다.

변증법 소크라테스Socrates의 철학에서 변증법은 대화를 통해 지식을 획득하는 방법이었다. 근대에 이르러 변증법은 변형되었는데, 이는 수로 헤겔이 변증법을 테제와 안티테제의 충돌이 야기하는 사상과 세계의 진보 방식이라고 정식화한 데에서 비롯되었다. 이 충돌은 새로운 것(제3항), 즉 종합을 만들어내며, 이것이 새로운 테제가 되어 새로운 안티테제와 대립하게 된다. 마르크스와 엥겔스, 그 후 계속된 마르크스주의 이론의 전통은 헤겔의 변증법을 수정하여 이 개념을 역사적·유물론적 이해에 적용시켰으며, 테제와 안티테제가 근대 역사의 상호 갈등하는 힘(자본주의와 프롤레타리아)이 되며 그 종합은 이 충돌이 궁극적으로 만들어내게 될 혁명적 질서라고 주장했다. 20세기의 철학과 이론은 마르크스주의로부터 많은 영향을 받았지만, 마르크스주의 진영의 세계 혁명 전망이 점차 비현실적으로 보이게 됨에 따라 변증법은 점점 더 의심스러운 개념이 되었다.

현대 작가와 참여의 글쓰기

이 장에서는 바르트가 형식에 대한 비판적 관심을 통해 사르트르의 문학적 참여 사상에 어떻게 응답했는지를, 『글쓰기의 영도』에 정의된 에크리튀르(글쓰기)를 중심으로 살펴보았다.

사르트르와 달리, 바르트는 문학의 형식 자체가 이데올로기적 매개체이자 사회적 참여를 소통시킬 수 있는 것으로 본다. 바르트는 또한 새롭고 급진적인 형식의 혁신이 부르주아 문화로 재빨리 흡수되는 방식도 날카롭게 의식한다. 『글쓰기의 영도』의 내용들은 결과적으로 볼 때 그의 이후 저작 전체에서 계속 울려 퍼지게 된다는 점에서 중요하다. 바르트에게, 참여하는 현대 작가란 글쓰기의 모든 형식과 양식이 결국 부르주아 '문학'으로 동화될 것이라는 점을 알면서도 진정한 글쓰기를 위해 노력하는 사람이다.

02

비판적 '거리' 두기

이제 바르트가 『글쓰기의 영도』에서 윤곽만 제시했던 주장들을 어떻게 발전시켰는지 좀 더 자세히 알아보자. 바르트는 1950년대 후반부터 1960년대 초반까지, 『글쓰기의 영도』에서 보여주었던 사상들을 현대 소설과 극의 영역에 적용시킨 여러 편의 에세이들을 출간하였다. 『글쓰기의 영도』의 맥락을 전제한 가운데, 바르트의 두 번째 저서인 19세기 프랑스 역사가 미슐레(Jules Michelet(1798~1874)에 대한 연구부터 살펴보자. 미슐레부터 살펴봄으로써, 바르트의 초기 저작에서 제시된 비판적·역사적 거리의 필요성을 전반적으로 강조할 수 있기 때문이다.

19세기 부르주아 역사가 미슐레의 글쓰기

『글쓰기의 영도』에서 바르트의 논지는, 특정한 글쓰기 양식이나 특정 문학 운동에 대한 옹호가 비평가로서 자신에게 아무 의미도 없었다는 것이다. 물론 가장 급진적인 글쓰기 양식을 옹호하는 그의 태도가, 공식적인 공산당 연대의 영향에서 벗어난 공공연한 마르크스주의 비평가(사르트르)를 지지하는 것처럼 보일 수도 있다. 그러나 이러한 비평적 태도는 바르트의 입장이 지닌 특성과 상충된다. 바르트가 첫 저서인 『글쓰기의 영도』에서 보여주고 있듯이, 일시적인 참여와 자유의 글쓰기 양식은 결국 모두 관습과 '문학'으로 몰락하기 때문이다.

『글쓰기의 영도』에 기초해 보면, 비평가의 참여는 하나의 글쓰기 양식에 한정되어서도, 특정한 문학 운동이나 지적 운동이 되어서도 안 된다. 오히려 비평가는 자유롭게 유동하며 글쓰기의 모든 양식과 운동에 언제나 적절히 참여하는 글쓰기를 해야 한다. 『글쓰기의 영도』에서 표현되었듯이, 자유는 진정한 글쓰기의 일시적 순간에, 즉 규범 문화에 아직 동화되지 않은 의미와 형식이 섬광처럼 빛나는 순간과 관계되기 때문이다. 따라서 비평가의 자유와 참여는, 고전적이든 현대적이든 아방가르드적이든 주류적이든 모든 종류의 글쓰기를 추구할 수 있는 능력을 갖춰야 한다.

앞 장에서 인용한 1971년 《텔켈》 지와의 인터뷰에서 바르트는 자신이 비평가로서 선택한 입장을 (특정 형식의 글쓰기에 대한 애정과 함께) 매우 개인적인 관점에서 말하는데, 여기서 핵심은 문화적 경향과 역사적 경향 사이에 자리잡은 자신의 위치에 대한 확인이다. "나의 역사적 위치는 …… 전위의 후위에 있는 것이다. 전위가 되려면 무엇이 죽어 있는지를 알아야 한다. 후위가 되려면 그것을 아직도 사랑해야 한다. …… 나는 내가 글을 쓰는 곳이 바로 이 지점이라고 생각한다."(Res : 263)

『글쓰기의 영도』 출판 이후 10년 동안 바르트가 비평가로서 낸 저작은(1957년 처음 출간된 『신화론』은 다음 장에서 다룰 것이다.), 공평하지는 않지만 아주 뚜렷하게 고전적·부르주아적·아방가르드적 주제들을 망라하고 있다. 예컨대 바르트가 요양소 시절부터 오랫동안 연구했던 결과를 담은 책 『미슐레 Michelet』를 보면, 역사가 미슐레는 『글

19세기 프랑스 역사가 쥘 미슐레

바르트는 『글쓰기의 영도』의 후속작으로 프티부르주아적 역사가를 다룬 『미슐레』를 내놓았다. 이는 일견 이상한 선택처럼 보인다. 바르트 자신의 표현대로, 미슐레는 "정치적으로 독창적인 견해가 없"는 인물이기 때문이다. 그러나 바르트는 미슐레를 역사가 아닌 '작가'로 읽는다. 미슐레가 역사를 글쓰기의 '테마'로 흡수하는 방식이 바르트의 관심사이다. 그리하여 바르트는 "중립적인 테마는 없다."는 결론에 이른다.

쓰기의 영도』의 주장과 반대되는 동기로 글을 썼던 사람처럼 보인다. 바르트에 따르면, "미슐레에게는 정치적으로 독창적인 견해가 없었다. 1840년경 프티부르주아들의 평균적 사고를 가졌을 뿐이다."(M : 203)

『글쓰기의 영도』를 쓴 다음 19세기 프티부르주아적 역사가를 주제로 선택한 것은 이상한 결정처럼 보인다. 하지만 바르트가 설명하듯이, 역사에 대한 지식을 얻기 위해 미슐레를 읽어서는 안 된다. 미슐레가 역사에 대해 알려주는 것은 거의 없다. 미슐레는 작가로 읽어야 한다. 역사 자체가 변했고 또 미슐레가 오랫동안 왕성히 글을 써내는 과정에서 그의 견해도 변했지만, 미슐레의 글쓰기는 (형식과 스타일의 층위에서) 변하지 않았다. 사실 바르트의 관심은 미슐레가 역사(역사적 사실, 역사적 담론의 표준적 자료들)를 글쓰기의 '테마'로 계속 흡수하는 방식을 보여주는 데 있다. 바르트는 "테마가 가치체계 전체를 좌우한다. 중립적인 테마는 없다. 세상의 모든 재료들이 유용한 사태와 유해한 사태로 구분된다."(ibid)고 말한다.

바르트가 책에서도 서술했듯이, 이 테마들은 매우 기이하다. 미슐레는 이 층위에서 중요한 시기와 역사적 운동 및 사건들을 몸의 언어, 즉 따뜻함, 건조함, 풍성함, 텅 빔 등 감각적인 범주로 나누어 작업한다. 바르트가 증명하듯이, 미슐레에게 제수이트파[이그나티우스 로욜라가 16세기 중반에 설립한 교파]들은 부정적으로 건조하지만, 독일은 긍정적으로 따뜻하다. 바르트는 이 범주들을 비판적으로 조명하며 상징적 논리 전체를 밝힌다. 예컨대 제수이트파는 건조하기 때문에 산업화나 미슐레가 인정하지 않는 다른 현대화의 형식들과 관련된다. 그에 반해 독일은 '민중the People'이나 여성의 월경 같은 긍정적 용어와 연관되는데, 이 용어들이 남자이자 작가로서 미슐레에게는 특유의 긍정적 현상이기 때문이다.

1972년 《아르크L'Arc》지에 실린 미슐레에 대한 에세이에서도, 바르트는 이 주장을 계속 견지하며 미슐레를 현대적 관점에서 역사가로 판단하는 것은 소용없는 일이라고 선언한다.(RL : 199-200) 그보다는 오히려 역사와 글쓰기 자체에 대한 미슐레의 글과 최근의 견해 사이의 거리를 인식하고 전경화시킬 필요가 있다는 것이다. 역사 담론 분야에서 바르트의 『미슐레』는, 매우 중요한데도 점차 잊혀져가는 한 프랑스 역사가의 낯설음과 거리를 보여주는 독창적 공헌이다.

하지만 바르트의 논지는 단지 미슐레 같은 작가들과 현재의 거리를 존중하는 데에 그치지 않는다. 바르트는 이 작가에 대한 거리를 인식해야만 비로소 현대 역사 이론과 실천에서 미슐레의 중요성을 판단할 수 있다고 주장한다. 사실 미슐레는 아주 중요한 인물이다. 그를 통해 역사적 글쓰기의 객관성에 문제를 제기할 수 있기 때문이다. 역사가 객관적이라는 주장에 대한 비판은, 구조주의나 탈구조주의, 신역사주의 같은 최근의 이론적 경향에서 두드러지는 특징이다.

미슐레를 역사가가 아닌 작가로 다루는 바르트의 연구는, 이러한 현대의 지적 경향에 선구적으로 기여했다. 바르트는 미슐레를 통해 한 19세기 역사가가 역사의 '문학적 자질'에 대한 최근의 여러 주장들을 예증하고 있음을 보여준다. 바르트는 미슐레 저작의 낯설음(거리)에 주목했기에, 결국 미슐레의 책에 내재해 있는 현재적 특성, 다시 말해 바르트 자신이 말하는 '언어, 스타일, 글쓰기'의 토대를 밝힐 수 있었던 셈이다.

『미슐레』에서 발견되는 거리 두기distancing의 과정은 바르트를 논쟁에 휘말리게 했던, 프랑스 고전주의 극작가 장 라신Jean Racine(1639~1699)에 대한 연구논문에도 나타난다. 라신의 비극은 프랑스 문학의 정통적 학문 전통에서 드라마적 글쓰기의 고전 양식으로 여겨지며, 영국 문학사에서 셰익스피어 희곡이 그렇듯 현재까지도 프랑스 문학의 전통으로 기능하고 있다. 바르트는 마르크스주의와 정신분석학, 그리고 다른 현대 비평이론이 담긴 세 편의 에세이를 묶어 『라신에 관하여On Racine』라는 책을 출간하였는데, 미슐레의 역사에서 거리를 찾아낸 것과 유사한 방식으로 여기에서도 라신의 드라마에 거리 두기를 시도한다.

우선 바르트는 라신에 대한 부르주아적 비평과 독해, 그중에서도 특히 라신의 글쓰기에 보편적인 무언가가 있다는 주장을 공격한다. 라신에게서 보편적 타당성과 의미를 찾아내는 평가들은 신화이며, 자신들의 가치와 욕망이 프랑스의 이 위대한 희곡에 반영되었다고 주장하려 하는 부르주아 문화의 시도에 불과하다는 것이다.

이 라신의 신화는 근본적으로 안전장치다. 이는 라신을 교화시켜 비극적 요소를 벗겨내고, 그를 우리 자신과 동일시하고, 라신과 우리를 모두 고전 예술의 고상한 살롱으로 몰아넣는 것이며, …… 부르주아적 연극론에 영원한 지위를 부여하려는 것이다.(OR : 149)

라신의 연극은 우리가 살고 있는 현대 세계를 향해 말하고 있지 않기에, 부르주아적인 현대 연극의 가치(심리학, 리얼리즘, 사회적 현실에 대한 개인의 투쟁)로 변형되어야만 낯설음과 거리 없이 볼 수 있다. 이에 대해 바르트는, 라신의 연극을 근대적 가치를 방어하는 신화로 이용하기보다, 그 낯설음과 거리를 포착하고 재현하려고 시도해야만 라신에게서 다시 배울 점을 찾을 수 있다고 주장한다. "우리가 라신을 지키고자 한다면, 라신에게 거리를 두어야 한다."(ibid)

아방가르드 : '누보 로망'과 브레히트 연극

이 시기(1953~1963) 바르트의 저작에서 발견되는 거리와 낯설음에 주목하면, 부르주아적·고전적 문학을 다룬 그의 저서를 더 급진적이고 아방가르드적인 문학 경향과 연관시킬 수 있게 된다. 바르트의 저서는 그중에서도 정치적으로 급진적인 베르톨트 브레히트Bertolt Brecht(1898~1956)의 연극과 알랭 로브그리예Alain Robbe-Grillet(1922~)의 소설과 연관된 '누보 로망Nouveau Roman'의 출현과 관련이 깊다.

바르트는 1954년 5월 파리 국제 페스티발에서 베를리너 앙상블이 무대에 올린 브레히트의 『억척어멈Mother Courage』을 보고(Calvet 1994 : 111), 이 연극에서 부르주아 연극의 함정을 성공적으로 피해 나가는 적절한 마르크스주의 연극을 발견했다. 브레히트 연극의 본질은 '심리학'에 대한 저항에 있다. 다시 말해 극의 인물과 관객의 손쉬운 동일시를 거부하는 것이다.

브레히트의 유명한 '거리 두기 효과Distancing Effect'('낯설게 하기 효과'라고도 불린다.)는, 관객이 현실 그 자체가 아니라 현실의 재현일 뿐인 연극을 보고 있다는 것을 절대 잊지 않게 하는 공연 스타일을 창조했다. 이렇게 브레히트의 연극은 관객과 배우 사이에 거리 두기 효과를 만들어내는데, 이는 바르트가 미슐레와 라신에 대한 저서에서 만들어내려 했던 독자와 텍스트 사이의 거리 두기 효과와 유사하다. 브레히트의 거리 두기 혹은 낯설게 하기의 목적은, 미슐레와 라신에 대한 바르트의 책과도 연관이 있다. 둘 다 관객들과 적극적이고 비판적인 계약을 만들어내려고 하기 때문이다.(CE : 34-5)

브레히트의 연극에서 관객들은 30년전쟁〔1618~1648년에 걸쳐 독일 신·구교의 갈등 때문에 일어난 종교전쟁〕당시 억척어멈의 투쟁을 보게 된다. 하지만 관객들은 주인공이 이렇게 힘든 시기에 자식을 잃고 어렵게 겨우 생계를 꾸려나가는 데 공감하는 대신, 억척어멈의 맹목성을 인식하게 된다.(CE : 34) 전쟁을 받아들이고 거기에 참여하는 데 맹목적인 억척어멈과 자신을 동일시하고 동정하는 것은 맹목성에 동참하는 것이 된다. 그녀는 전쟁을 불가피하고 당연한 것으로 받아들이기 때문이다. 억척어멈은 자기 자신에 대해서도, 그리고 사태가 달라질 수 있다는 사실에 대해서도 눈을 감으려 한다. 관객과 인물의 거리 두기(낯설게 하기)를 통해, 브레히트는 관객들이 동일시나 공감보다 더 많은 것을 느끼게 하고 있는 것이다. 브레히트는 관객들이 비판적으로 판단함으로써 역사 형성에서 자신만의 잠재적인 창조적 역할을 인식하도록 조장한다.

브레히트의 연극은 급진적이며, 따라서 부르주아 연극과 달리 연극 세계와 실제 세계를 혼동하게 만들지 않는다. 서로 거리를 두게 하는 것이다. 이를 통해 브레히트의 연극은 사회가 불가피하고 당연하다고 믿게 만드는 것들에 의문을 품게 한다. 마찬가지로 바르트가 '누보 로망'의 대변자 알랭 로브그리예를 옹호하는 것도, 그의 소설이 부르주아 소설의 전통적 기법과 가치들과 거리를 두고 있기 때문이다. 1964년 『비판적 에세이들Critical Essays』로 재출간된 글들에서, 바르트는 로브그리예의 작품에서 이야기, 서사적 시점, 은유, 묘사된 대상의 상징적 특성 등 소설의 규범적 특성들에 대한 저항을 찾아낸다.

로브그리예의 소설이 유명한 것은, 아주 세심하게 사물들을 묘사하고 있고 또 독자들이 이를 일반적인 상징적·은유적 테마로 번역할 수 없다는 데 기인한다. 예를 들면, 『질투Jealousy』(1957년 처음 출간)에서 단지 중립적 관찰자에 불과한 익명의 서사적 목소리가 보여주는 것은, 인물들의 행동이 거의 재현되지 않는 무의미한 세계이다. 소설의 무대가 되는 집(열대 바나나 플랜테이션)에 대한 묘사도, 으스러진 지네의 잔해에 대한 정성스러운 묘사도 아무 의미가 없어 보인다. 이 소설은 시각적('눈으로 보는') 층위를 제외하면 아무것도 읽을 게 없는 소설을 제시하는 효과를 낳는다.

로브그리예의 소설은 부르주아 문학의 기성 관점으로 번역되는('읽히는') 데 저항하며, 그 대신 사물 세계의 순수한 부정성과 무의미함을 제시한다. 로브그리예의 소설에서 인간은 주변의 사물(자연적이고 인공적인) 속에서 삶의 의미를 쉽게 찾아내지 못한다. 바르트는 "로브그리예는 사물에서 인간을 추방하기 위해 사물을 묘사한다."고 말한다.(CE : 94)

바르트의 로브그리예 읽기는 명백히 『글쓰기의 영도』에 제시된 주장의 확장이다. 순수하고 의미 없는 사물들을 제시하는 로브그리예의 소설은, 부르주아 '문학'의 한계에서 자유로운 소설적 글쓰기를 창조하려는 새로운 시도이다. 하지만 『글쓰기의 영도』에서 주장했듯이, 바르트는 로브그리예가 결국 순수하게 '객관적인' 문학(순수한 사물들의 문학)을 만들어내지 못하리라는 점도 알고 있다. 그것은 한순간일 뿐이다. 바르트는 "형식의 영도는 없다. 부정성은 언제나 긍정성으로 화한다."고 쓰고 있다.(CE : 92)

「로브그리예 학파는 없다There Is No Robbe-Grillet School」라는 에세이에서, 바르트는 자신이 로브그리예나 '누보 로망'과 관련된 다른 소설가들에 대해 긍정적인 에세이를 쓰기는 했지만, 이 글쓰기들도 아방가르드 문학이라는 꼬리표가 붙게 되면서 이미 부르주아 문학에 동화되고 있다고 했다. 바르트에 따르면, "이는 우리 비평과 모더니즘이 자신들의 운신의 폭을 넓히기 위해 사용해온 오래된 트릭이다. 부르주아 '문학'은 이 새로운 글쓰기에 아방가르드라는 세례명을 줌으로써, 새로운 것의 전율을 전통의 안정성과 효율적으로 섞어버리고 동화시킨다."(CE : 95)

1956년의 에세이 「누구의 연극이며 누구의 아방가르드인가?Whose Theatre? Whose Avant-Garde?」에서는 급진적 연극이라 해도 이 불가피한 동화 과정을 피할 수 없다고 암시한다. "일단 새로운 언어의 예리한 날이 무뎌지면, 부르주아지들은 자신들의 목적을 위해 그것을 편리하게 이용하고 전유하기 위해 아무런 반대도 하지 않는다."(CE : 68)

이 에세이들을 읽으면 바르트의 초기 저술들은 비관적인 것으로 보인다. 하지만 『글쓰기의 영도』에서 처음 제시된 주장과 관련시켜 이해하면, 급진적·부르주아적·고전적 글쓰기에 대한 바르트의 설명

20세기 프랑스 소설가 알랭 로브그리예
바르트의 로브그리예 읽기는 『글쓰기의 영도』에서 다룬 주제의 확장이다. 시나리오 작가이자 영화감독으로도 활동한 로브그리예는, 순수하고 의미 없는 사물들을 제시하는 소설을 쓴다. 그러나 로브그리예는 '결국' 순수하게 객관적인 문학을 만들어내지 못한다. 그의 글쓰기에 '아방가르드 문학'이란 꼬리표가 붙는 순간, 이미 부르주아 문학에 동화되기 때문이다.

은 변증법적이다. 그는 이 시기에 수많은 에세이들을 쓰면서 이 점을 강조하고자 했고, 이를 위해 급진적 글쓰기를, 해답을 제시하지 않고 의문을 제기하는 글쓰기로 분류했다.(CE : 150-61, 197-204)

  바르트에게 급진적 글쓰기란 설명하고 정당화하고 해답을 제시하는 것이 아니라 세계에 의문을 제기하는 것이다. 즉, 급진적 예술은 브레히트의 연극처럼 질문을 통해, 부르주아 문화를 진실하고 자연적인 것으로 받아들이게 하는 의미의 정체를 드러낸다. 세계에 의문을 제기하는 이 실천이 급진적 글쓰기를 비판의 형식으로 만들어준다. 바르트는 "사회는 여전히 소외되어 있다. 그러나 예술은 비판적이어야 한다. 예술은 가상을, '자연Nature'의 가상까지도 가차없이 잘라버려야 한다."고 쓴다.(CE : 75)

  비판적 글쓰기의 역할에 대한 바르트의 판단을 좌우하는 것은 문학적 글쓰기에 대한 이 언급이다. 다음 장에서 보게 되듯이, 이제 비판적 글쓰기는 문학의 가상뿐만 아니라 사회와 문화의 가상에 대해서도 근본적으로 의문을 제기해야 한다.

미슐레, 라신, 로브그리예의 글쓰기

이 장에서 우리는 바르트의 책 『미슐레』를, 프랑스 극작가 라신에 대한 그의 저서와 '누보 로망' 및 현대 연극(부르주아 연극과 브레히트 연극)에 대한 초기의 비판적 작업과 연관시켜 살펴보았다. 이미 보았듯이, 이 책들 사이의 연관성은 『글쓰기의 영도』에서 했던 주장이 확장된 결과이다. 바르트에게 참여하는 글쓰기란 부르주아적 가치가 지배하는 사회에서 부르주아 문화에서 스스로 자유로워지는 것이다. 그것은 소설에서는 리얼리즘, 연극에서는 심리학(동일시)이라는 지배적 관습에서 자유로워치는 것을 포함한다. 하지만 부르주아 문화는 아방가르드적 형식을 집요하게 동화시킨다. 바르트는, 현대 사회와 문화가 보편적·무시간적·자연적 의미를 지니고 있다고 믿게 하는 것들과 글쓰기 사이에 거리를 만들려고 하는 시도들에 관심을 기울임으로써, 이 난국에 대응하려 했다. 이 거리 두기는 현 시대의 다양한 글쓰기 양식을 형식으로 취할 수 있다. 그러나 이는 비평이 스스로 짊어져야 할 책임이기도 하다. 이는 급진적이고 아방가르드적인 형식뿐만 아니라, 고전적·부르주아적 형식을 비판적으로 연구함으로써 추구할 수 있는 것이다.

03

기호학과 탈신화화

Roland Barthes

이제 바르트의 주요 작품을 기호학과 구조주의의 측면에서 각각 다루어보자. 기호학과 구조주의가 촉발시킨 아이디어들은 1980년 바르트가 사망할 때까지 지속적으로 그의 저작에 영향을 미쳤지만, 좀 더 지배적으로 나타난 시기를 꼽는다면 『신화론』을 쓴 1950년대 후반부터 1960년대 후반까지라고 할 수 있다. 또한 기호학과 구조주의는 밀접하게 관련되어 있지만, 기호학과 우선적으로 관련된 저작과 근본적으로 구조주의적 특성을 지닌 (다음 장에서 다룰) 작품을 구별할 수 있다.

순진한 얼굴의 신화 벗기기, 『신화론』

먼저 바르트의 책 중에서 가장 영향력 있게 널리 읽힌 책 중 하나인 『신화론Mithologies』을 살펴보자. 이 책은 1953년부터 1956년까지 매달 《레트르 누벨르Les Lettres nouvelles》지에 실었던 기사들을 묶어 1957년 단행본으로 출간한 것이다.(영어판은 더 얇은 두 권의 선집으로 나와 있다.) '이 달의 신화'라는 제목으로 실린 바르트의 글들은, 수많은 주제를 풍부하게 망라하고 있다. 아마추어 레슬링의 암묵적 관습부터 광고의 언어까지, 여행 안내 책자부터 프랑스의 와인 애호까지, 매체에 나타난 아인슈타인 두뇌 이미지, 미국인 전도사 빌리 그레이엄Billy

Graham[1918~ . 미국 출신 목사로 신문·방송·해외 여행 등으로 세계적인 전도사업을 벌였으며, 한국도 방문한 바 있다.]의 파리 방문, 투르 드 프랑스Tour de France[1903년 시작된 세계 최고 권위의 사이클 대회로, 험난한 코스가 많기로 유명하다.]의 의식부터 새로 시판된 시트로엥 자동차의 이미지까지, 바르트는 1950년대 프랑스 문화와 관련하여 매달 감탄스럽고도 변함없이 재치 있는 서술을 보여주었다.

1957년판 「서문」에서, 바르트는 이 기획과 초기 저서의 관계를 명확히 밝히고 있다. 『글쓰기의 영도』나 그와 관련된 에세이들이, 부르주아 문화가 글쓰기를 (바르트가 말하는) '문학에 동화시키는 방식을 다루었다면, 현대 프랑스 문화의 다양한 양상을 읽어낸 『신화론』은 이 동화 과정의 집요함을 증명하는 것이다.

이 성찰들은 신문, 예술, 상식이 끊임없이 현실을 '자연성'으로 포장해 버리는 것을 보고 참을 수 없었던 평소 느낌에서 시작되었다. 그러나 우리가 살고 있는 현실은 분명 역사가 결정하는 것이다.(MY : 11)

신화 고대 그리스에서 신화mūthos는 허구를 의미했다. 오늘날 신화는 보통 신이나 초자연적 힘을 다루는 허구와 관련된, 고대 이후 지속되어온 허구적 이야기라는 일반적 의미를 띠게 되었다. 이렇게 신화는 외연적으로는 허구를 의미하지만, 동시에 표면상 무시간적이며 보편적인 호소력과 진리를 지닌 이야기를 가리키기도 한다. 따라서 바르트가 사용한 신화라는 말은, 자연적이며 무시간적인 것으로 제시되지만 실제로는 역사적으로 구체성을 지닌, 세계에 대한 이데올로기적 시각의 표현이다.

『신화론』에 등장하는 '아마추어 레슬링의 암묵적 관습'
"누구나 항상 즉시 모든 상황을 이해해야만 하기 때문에, 레슬링의 모든 기호에는 절대적인 명쾌함이 부여된다.……"

『신화론』은 바르트의 저서 가운데 가장 널리, 중요하게 읽힌 책 중 하나이다. 1953~56년까지 매달 잡지에 연재한 기사들을 묶은 『신화론』은, 1950년대 프랑스 문화와 관련한 수많은 주제를 망라한다. 바르트에 따르면, 문화 역시 인공적이고 대량생산된 것들을 '마치' 자연인 양 보여준다.

바르트의 주장에 따르면, 부르주아 '문학'이 글쓰기를 표면적으로 무시간적인 가치로 동화시키듯, 문화도 언제나 인공적이며 대량생산된 것들 특히 이데올로기적 대상과 가치들을 논의와 의문의 여지가 없는 자연스러운 것처럼 보여준다. 여러 이론가들은 (문화적 현상을 자연적 현상처럼 제시하는) 이 과정을 이데올로기라는 말로 표현한다. 이러한 의미의 이데올로기는 역사적이며 특수한 문화로 창조된 것을 무시간적이며 보편적이고 자연적인 것처럼 제시하는데, 이 과정은 때로 일종의 게으름의 산물에 불과한 것처럼 보이기도 한다.

바르트는 이와 관련한 예들을 매우 풍부하게 제시하고 있다. 예컨대 「영화 속의 로마인들The Romans in Films」(MY : 26-8)이라는 글에서는, 당시 나온 영화 〈율리우스 케사르Julius Caesar〉〔말론 브랜도 주연의 1953년 영화로, 셰익스피어의 원작을 바탕으로 했다.〕가 '로마인다움'이라는 가상을 재생하기 위해 배우의 헤어스타일을 '눈에 띄게' 더부룩한 머리털로 연출한다고 지적한다. 다른 영화도 그렇지만 이 영화에서도 주인공은 땀을 흘리면서도 고뇌해야 한다. 마찬가지로 대중적 여행 안내서인 『파란 가이드The Blue Guide』는 스페인의 모든 것(마을, 풍경, 거주자들)을 전부 전형화시키면서, 바르트가 말하는 '본질적 사유의 질병'을 드러낸다.(MY : 75) 또한 극동지역의 전쟁이 극단적으로 단순하게 제국주의를 수행하며 국토를 황폐화시키고 있는 데도, 《파리 마치Paris Match》지는 '카니발 지역'을 여행하는 영웅적 서구인의 유아적 서사에 탐닉하고 있다.(「비숑과 흑인들Bichon and the Blacks」(ET : 35-38))

이외에도 부르주아적 표리부동성의 산물과 직접적으로 연결된 이데올로기(또는 문화적으로 특수한 현상의 자연화)의 사례는 많다. 정치인들은 자신을 한 사람의 대중처럼 보이게 하고, 그럼으로써 이데올로기에서 벗어나 있는 듯 보이기 위해 선거용 전단에 자기 사진을 사용하며, 빌리 그레이엄은 대중들의 히스테리를 자극하고 바르트가 기절초풍할 만큼 '멍청한' 수사라고 말하는 종교적 수사를 받아들이게 하기 위해 원시적인 트릭들을 사용한다.

「도미니치 혹은 문학의 승리Dominici, or The Triumph of Literature」(MY : 43-6)에서 알프스에서 온 농부 사건을 다루는 재판 과정은 형식 언어의 도움을 모두 거부한다. 이 재판은 실상 소설에서 광범위하게 따온 심리적 가치에 불과한 특수한 부르주아 언어를, 모든 프랑스 남녀에게 잠정적으로 보편적인 언어로 변환시킨다. 시골 말을 사용하는 가스통 도미니치는 이 재판 과정에서 침묵을 지킨다. 극우파 정치인 피에르 푸자드는 자신의 프티부르주아적 이데올로기를 팔기 위해 부르주아적 지식인의 전형성(뿌리 없고 추상적이므로 몽상적이고 비인간적인)에 편승한다.(「푸자드와 지식인들Poujade and the Intellectuals」(ET : 127-35))

그러나 바르트가 연구한 대다수의 신화는 순진성과 악의성 사이에 존재한다. 아마 이 신화들은 바르트가 말하는 신화적 과정을 알려주는, 가장 흥미롭고도 의미 있는 사례들일 것이다. 이 신화들 중에서 더 미묘한 형식들은 광고의 세계에서 발견된다. 예컨대 바르트는 「가루 비누와 합성세제Soap-Powders and Detergents」(MY : 36-8)에서, 특정 재료에 문화적으로 특수한 이데올로기적 의미가 부여되는 방식을 분석한다. 페르실Percil(가루비누)과 오모Omo(합성세제)는 모두 유니레

버 사에서 만든 것이지만, 이 세제들이 제시되는 방식은 재료의 분류법에 좌우된다. 가루비누인 페르실은 옷에서 때를 벗겨주는 부드러운 분리세제로 제시되는 반면, 클로린과 암모니아를 주원료로 한 오모는 불처럼 묘사되어 더러움과 전쟁을 치르는 일종의 박멸이나 침입 행위처럼 제시되는 것이다. 페르실은 때를 감시하지만, 오모는 옷감의 외피에 침투하여 마치 군대처럼 때를 공격한다.

'자연'인 체하는 문화적 산물

한편 바르트는 파리에서 열린 플라스틱 공예 전시회를 다룬 에세이에서, 플라스틱이라는 재료가 물건을 만들어내는 단순한 재료가 아니라 자연을 완전히 가내용domestic으로, 완전한 부르주아적 편의물로 변형시키는 인간 능력의 기적적 구현물이라고 지적한다.(MY : 97-99) 나무 같은 자연 재료와 달리, 플라스틱으로 만든 사물은 부정적이며, 가치보다는 용도를 가지고 있다. 플라스틱은 모든 사물이 변형된 사물이 되는 인간 세계에 대한 환상을 마련해준다.

  플라스틱은 자연보다 우월한 인간의 힘을 명백히 증명해준다는 점에서 기적의 재료다. 그러나 궁극적으로 플라스틱은 자연화되어 있으며, 스스로 무시간적이고 보편적이라고 생각하는 부르주아 문화의 자기 이미지로 채워져 있다. 이와 유사하게, 와인은 본질의 측면에서 볼 때 대조적인 이미지들로 채워져 있다. 와인은 노동자들에게는 생명력을 유지시키는 음료이지만, 지식인들에게는 남성성을 나타내는 기호이다. 와인을 마시는 사람은 겨울에는 따뜻해 보이고, 여름에는

『신화론』에 등장하는 극우파 정치인 피에르 푸자드
'프티부르주아의 허세는 변화의 추진력을 억압하는 평등주의의 통계학에 맞춰 구성된다. …… 푸자드는 이 동어반복 체제의 주된 적이 변증법적 사고임을 잘 알기 때문에, 다소간 궤변에 가까운 말로 이 사고를 해치워버린다.'

쿨하고 신선하게 보인다. 바르트는 와인이 사람들을 취하게 만드는 재료임에도, 프랑스에서는 중독 욕구나 범죄의 원인과 연관되지 않는다고 주장한다.(MY : 58-61)

이처럼 대조적 요소들이 와인의 이미지에 공존할 수 있는 것은, 궁극적으로 와인이 프랑스의 정체성을 의미하기 때문이다. 와인을 마신다는 것은 프랑스의 일부가 되는 것이자 프랑스적이 되는 것이다. "와인을 믿는 것은 강제적인 집단행위다."(MY : 59) 바르트에 따르면, 이것도 신화가 현대 사회에서 기능하는 방식이다. 신화는 와인처럼 순수하게 문화적이고 역사적인 대상들을 보편적 가치를 지닌 기호로 변형시킨다. 여기에 프랑스의 집단적 정체성이라는 관념이 놓여 있다. 편안한 가정용 음료로서 프랑스 사회와 문화의 정체성을 표현하는 와인은(와인을 마시면 프랑스적으로 된다!), 프랑스 국가 안팎의 역사적 현실과 긴장을 은폐하고 있다. 결론에서 바르트는 와인이 알제리 같은 국가에서 식민화 과정으로 생산되고 있음을 상기시킨다. 빵도 부족한 그 땅에서 가난한 무슬림들에게 필요하지도 않은 작물을 키우도록 강요하는 것이다. 아주 달콤하지만 죄가 많은 신화들이 이렇게 해서 생겨난다.(MY : 61)

바르트의 실천이 지속적으로 미치는 효과는 여기서 포착된다. 바르트는 현대 문화생활의 매우 일상적인 이미지와 관념들을 포착하면서 그 배후에 숨겨진 신화를 드러낼 뿐만 아니라, 더욱 중요하게는 우리가 이 이미지와 관념들의 신화적 특성들을 어떻게든 인식하고 있다는 사실을 드러낸다. 예컨대 바르트는 「장식 요리Ornamental Cookery」 (MY : 78-80)에서, 《엘르Elle》처럼 근사한 잡지가 주로 하층계급 여성 독자들에게 판매된다는 사실과, 이 잡지가 윤기 흐르는 (캐러멜이나 기름을 발랐거나, 향료를 치고, 반짝거리는) 환상적인 음식을 제시하는 방식에 주목한다. 다시 말해 《엘르》가 (하층민 독자들의 일주일 생활비를 넘어서는) 음식을 보여주는 데 반해, 고소득 독자층을 상대로 판매되는 《렉스프레스L'Express》지는 독자들이 실제로 사고 먹을 수 있는 음식을 보여준다.

바르트는 비슷한 방식으로 '위대한 인간 가족'(MY : 100-2)이라는 제목의 파리 전시회를 언급하면서, 여기서 전시된 작품들이 탄생과 죽음이라는 동일한 층위에서 재현되는 방식을 지적한다. 전시회는 인간 문화의 다양성을 증명하려는 의도로 기획되었지만, 결국 모든 인간적 특성을 무시간적이고 보편적인 관념으로 동질화(본질화)시킨다. 이 관념은, 작품을 어떤 문화에서는 개인적 혹은 집단적 주체의 행위가 되게 하고 다른 문화에서는 자본주의 하의 소외된 노동 행위가 되게 하는 역사적·문화적 차이를 부정한다.

신화는 특정 문화의 가치를 보편적이고 자연적인 가치로 변형시킨다. 바르트에게 이 특정 문화란 프랑스의 부르주아 문화일 것이다. 신화는 종종 문화가 신화이고 문화적 산물임을 알면서도, 그것을 자연으로 전환시킨다. 신화 자체를 보편적이고 자연적인 것으로 재현하는 구성물인 신화의 이중성은, 이러한 이데올로기적 기능을 특징으로 한다.

그 사례로 바르트는 어느 이발소에서 본 《파리 마치》지의 표지 사진을 제시한다. 프랑스 군복을 입은 젊은 흑인이 '눈을 치켜 뜨고 프랑스 삼색기를 주시하며' 경례하는 모습을 담은 이 사진의 현실성은 논할 여지도 없이 확실해 보인다. 이 사진에서 한순간 포착된 젊은 흑인은 분명 프랑스 군인이다. 하지만 바르트는 여기에 또 다른 의미가 담겨 있다고 본다. '프랑스는 위대한 제국이며, 모든 프랑스의 자식들은 인종 차별 없이 그 깃발 아래서 충성스럽게 복무한다'는(MY : 116) 의미 말이다.

바르트가 서술한 대로, 이 이미지의 이데올로기적 함축성은 불가피한 것이다. 하지만 프랑스 국가가 모든 사람을 포괄한다는 생각에 이데올로기적이며 역사적 특수성이 있음을 부정하는 사람들과, 이 생각을 확실하고 보편적이며 자연적인 것으로 제시하고자 하는 사람들은, 이 이미지를 사진이 보여주는 대로 이용할 가능성이 있다. 결국 이 한 장의 사진으로 어떤 주장을 할 수 있을까? 사람들이 흔히 말하듯(이렇게 해서 사람들은 또 다른 일반적 신화를 환기시키지만), 카메라는 거짓말을 하지 못한다고 할 것이다.

필자가 이 글을 쓰고 있는 와중에도 비슷한 현상이 일어났다. 영국 여왕의 어머니가 사망했는데, 수천 명의 사람들이 그 관이 안치된 곳을 지나가기 위해 몇 시간 동안 기꺼이 줄을 서서 기다렸다. 영국 언론은 영국 국민의 사소하고도 단편적인 행동 하나 덕분에, 이 현상을 영국 사람 전체가 군주제를 계속해서 사랑하고 있다는 증거로 묘사할 수 있었다. 언론과 텔레비전 보도에 따르면, 영국 국민들은 일반적 가치와 신념을 통해 궁극적으로 단합되고 연결되어 있다.

이러한 이미지의 이데올로기적 기능은 자주 공개적으로 언급할 필요도 없다. 이데올로기 스스로 부활하려는 노력을 굳이 하지 않아도 되기 때문이다.

바르트가 이발소에서 보았다는 《파리 마치》지 표지 사진
프랑스 군복을 입은 젊은 흑인이 삼색기에 경례하는 모습을 담은 사진에서, 바르트는 '프랑스는 위대한 제국이며, 모든 프랑스의 자식들은 인종 차별 없이 그 깃발 아래서 충성스럽게 복무한다.'는 또 다른 의미 혹은 이데올로기를 읽는다.

프랑스 전체가 이 익명의 이데올로기에 젖어 있다. 우리의 언론, 영화, 연극, 문학, 의식儀式, 정의, 외교, 대화, 날씨에 대한 논평, 살인사건 재판, 감동적인 결혼식, 우리가 꿈꾸는 요리, 우리가 입는 옷 등 일상생활의 모든 것이, 부르주아가 재현하는 사람과 세계의 관계에 의존하고 있다. 이 '규격화된' 형식은 널리 퍼져 있다는 사실만으로도 거의 주의를 끌지 못하기 때문에, 그 기원이 쉽게 잊혀진다.(MY : 140)

따라서 신화학자는 이 이미지들이 인위적으로 구성된 것임을 폭로하거나, 최소한 상기시키기라도 해야 한다. 『신화론』에서 바르트의 기획은 신화를 탈신화화시키는 것이다. 하지만 우리가 방금 보았듯이, 신화는 권력을 소유한 사람들만 행하는 현혹이나 사기가 아니다. 《파리 마치》의 표지 이미지는 이데올로기를 제공하지만, 그것은 단순히 실제 병사의 사진이기도 하다. 마찬가지로 영국 언론이 여왕의 어머니가 안치된 곳을 지나기 위해 기다리는 긴 행렬에서 이데올로기적 지점을 만들어내긴 했지만, 줄지어 서 있는 사람들은 실제 존재하며 또 그들은 실제로 그 이데올로기 자체를 믿고 살아가고 있다. 따라서 한 국가의 문화를 구성하는 수많은 신화에 직면할 때, 좀 더 정교한 의미 모델을 만들어야 한다. 이미지, 영화화된 사건, 재판, 운동경기, 언론의 상투적 기사, 에펠탑 같은 건축물, 또는 런던 시계탑 같은 구조물들이 어떻게 해서 서로 다르며 또 서로 갈등하는 의미들을 계속 전파시키는지 설명해줄 수 있는 모델이 필요한 것이다. 이 모델은 무언가가 문자 그대로의 의미이면서도 동시에 이데올로기를 선전하는 매개가 되는 방식을 설명해야 한다. 바르트는 이러한 모델을「오늘날의 신화Myth Today」에서 제시하고자 했는데, 이 에세이는 그가 페르디낭 드 소쉬르Ferdinand de Saussure(1857~1913)의 언어학 이론에서 깊은 영향을 받았음을 보여주고 있다.

소쉬르의 영향 : 기호학과 구조주의

바르트는 1974년 이탈리아에서 한 강의에서, 자신이 스위스의 언어학자 페르디낭 드 소쉬르의 이론에 처음 영향받은 것은 『신화론』에 실린 글들을 완성하던 시기와 1957년「후기Postface」및「오늘날의 신화」를 쓰던 시기 사이였다고 말한 바 있다. 거기서 바르트는 소쉬르의 이론이 당시까지 추구해왔던 부르주아 문화 비판이라는 기획을 과학적으로 더욱 엄밀하게 해주었으며, 처음 그 이론에 행복하게 응답한 결과가「오늘날의 신화」라고 언급했다. 그는 이렇게 『신화론』의 글들을 『글쓰기의 영도』 같은 초기 저서와 연관시키며,「오늘날의 신화」가 비평의 과학으로 들어가는 첫 시작 단계라고 말한다. 그것은 좀 더 정확해 말해 구조주의와 기호학으로 들어가는 단계이다.

바르트가 말하는 기호학semiology이란 무엇인가? 기호론semiotics이라고도 불리는 기호학은, 소쉬르 사후인 1915년 그의 강의를 묶어 출판한 『일반 언어학 강의Course in General Linguistics』에서 정초된 기호의 일반 과학이다. 소쉬르는 인간의 모든 기호 체계를 체계적으로 읽어낼 수 있는 과학을 꿈꾸었으며, 따라서 기호학은 종종 언어학적 기호 체계에서 발견되는 기호 분석에 사용되었다. 기호학과 『신화론』 마지막 부분에서 바르트가 했던 말을 이해하려면, 당연히 소쉬르가 쓴 기호라는 말의 의미와 기호의 정의를 낳게 하는 언어 이론을 이해할 필요가 있다.

　소쉬르의 언어학 이론은 문헌학(단어의 역사에 대한 연구)이 지배하던 예전의 언어 연구방식에 혁명을 일으켰다. 이 이론이 바르트에게 영향을 미치게 된 것은, 2차대전 이후 프랑스와 유럽 곳곳에서 구조주의 언어학이 발전했기 때문이다. 구조 언어학은 소쉬르의 작업에서 정초된 언어 연구방법을 취한다. 소쉬르는 언어를 역사적 현상이 아니라 현재 존재하고 있는 체계로 간주한다. 언어를 체계로 바라보는 관점은 하나의 구별을 전제하는데, 그것은 파롤parole(언어 행위)과 랑그langue(언어 체계) 사이의 대립을 말한다.

　구조주의라는 이름에 안치된 구조라는 관념은 파롤과 랑그를 구분하는 소쉬르의 구별에서 나온다. 바르트 같은 이론가들이 말하는 구조는 파롤을 생성시키는 체계(랑그)를 의미한다. 따라서 우리는 하나의 문학 텍스트의 구조(텍스트의 모든 의미가 생성되는)를 논하면서, 마찬가지로 문학 전체의 구조 혹은 모든 특수한 리얼리즘 소설이 생성되는 리얼리즘 소설 전체의 구조에 대해서도 말할 수 있다. 소쉬르

파롤과 랑그 소쉬르는 언어학을 재정의하며 언어의 실제적, 잠재적 행위가 무한하다는 문제에 직면한다. 언어학자는 실제로 일어나는 모든 언어 행위를 어떻게 설명할 수 있을까? 소쉬르의 해결책이자 그의 새로운 언어학의 핵심은 언어의 발화 행위(파롤)와 언어 그 자체(랑그)를 구분하는 것이다. 수없이 많은 모든 가능한 언어 행위(파롤)는 체계(랑그)에서 만들어진다. 이 언어 체계(랑그)는 발화(언어 행위, 파롤)를 가능하게 하는 규칙으로 구성되는 것이다. 소쉬르 이후 구조 언어학은 언어의 실제 행위(파롤)를 연구하기보다 랑그의 체계와 규칙, 약호를 연구한다.

와 그 이후의 구조주의 운동은, 어떤 종류의 기호이든 전체적인 구조와 체계(랑그)를 통해 접근한다. 구조주의에서 기호는 그것을 생성하는 체계 혹은 구조의 관점에서 이해된다.

그럼 여기서 기호의 정의에 대해 좀 더 구체적으로 살펴보자. 소쉬르와 그 후의 구조주의는, 기호를 기표와 기의 사이의 자의적(관습적) 관계의 산물로 본다. 기호학은 우리 사회를 구성하는 기호 체계에 대한 일반 연구를 의미하는 개념으로서, 소쉬르의 언어학 모델에서 단서를 얻되 궁극적으로는 언어학을 넘어서야 한다. 언어는 기호학이 연구할 기호 체계들 가운데 하나일 뿐이기 때문이다. 기호학은 구조주의와 함께 소쉬르의 언어학을 토대로 하여 그것을 다른 기호 체계로 확장시킨다. 구조주의는 전후 유럽 사상사에서 일어난 움직임으로, 언어학은 물론 문학 연구, 사회학, 역사학, 인류학, 정신분석학, 철학을 포함한 모든 인문과학과 사회과학의 주요 학문 분야에서 선인되었다.

구조주의는 (소쉬르 이후의) 언어 중심의 사고가 이 학문들에 좀 더 객관성과 과학적 지위를 부여할 수 있다고 믿고, 체계와 함께 혹은 체계 아래 작동하는 인간 주체보다 구조적 체계의 규칙과 약호에 초점을 맞춤으로써, 전통적인 인문과학의 의미와 역사에 대한 연구방식을 거부한다. 따라서 구조주의는 개인의 문학 텍스트와 같은 파롤의 내용(의미)보다, 먼저 그 내용들의 절합articulation을 가능하게 해주는 규칙과 약호(체계)를 확립하는 데 관심을 기울인다. 비평적 연구로서의 구조주의는 문학 텍스트를 낳게 하는 체계를 연구한다. 즉, 문학 텍스트를 그 자체로서 혹은 텍스트를 위해 연구하지 않는 것이다. 결과적으로 말해, 용어로서의 구조주의와 기호학은 상호 보조적이며, 따로 분리시켜 정의하기 어렵다. 그러나 바르트의 저작에서는 기호학이 종종 기호 체계를 연구하는 작업에 쓰이는 반면, 구조주의는 문학 서사의 분석에서 자주 사용되는 경향이 있다.

기호학과 신화

기호학은 의미 생산 방식의 모델로서 바르트의 『신화론』 기획에 크게 기여했다. 기호학은 신화가 작동하는 방식을 명확하고 일관되게 설명할 수 있게 해준다. 기호의 개념은 이런 측면에서 매우 중요하다.

기호, 기표, 기의 소쉬르는 단어 또는 기호sign를 새롭게 정의함으로써 언어와 세계의 관계를 다시 정의한다. 기호에는 세계의 대상 혹은 행위와 직접적으로 관련된 의미가 없다. 기호는 물질적 기표signifier(소리 혹은 문자)와 기의signfied(개념)의 결합이며, 기의는 실제 대상이나 행위가 아니라 개념을 의미한다. 영어에서 k+a+u(cow)라는 소리의 조합은 소(집에서 기르는 암소 또는 소 속屬에 속하는 모든 동물)라는 기의(개념)에 연결되어 있다. 물론 독일어에서는 kuh라는 기표가 이 임무를 수행하며, 프랑스어에는 vache라는 기표가 있다. 기호는 자의적이며, 세계와 직접적으로 연관되는 의미를 지니지 않지만 언어 체계(랑그)의 자리와 관련된 의미를 지닌다. 그러나 언어는 단지 일종의 기호 체계일 뿐이다. 이 세상에는 고속도로 표지판부터 건축 디자인, 우리들이 입는 옷, 우리가 먹는 음식에 이르기까지 수많은 기호 체계가 있다. 사회의 모든 것은 이러한 의미의 기호이며 체계에 속하는 것이기 때문에, 소쉬르의 주장대로 언어 체계처럼 연구되어야 한다.

「오늘날의 신화」에서 바르트는 기호가 실제적으로 세 가지 관계를 지니고 있음을 상기시킨다. 기호는 무엇보다도 기표와 기의의 관계이고, 소리 혹은 표기와 개념의 관계이다. 기호는 기표와 기의 사이에서 우리가 도출해낸 관계이다. 예컨대 장미가 우리 문화에서 로맨스의 기호라면, 그것은 장미가 연애시에 사용되거나 발렌타인 데이 카드에 그려질 때 사람들이 기표(단어 혹은 이미지)와 기의(장미의 문화적 개념)를 결합하여 장미를 로맨스, 열정, 사랑의 기호로 만들기 때문이다. 따라서 기호는 기표와 기의 사이에서 이끌어낸 등가물이다. 이 관계는 다음과 같이 표시된다.

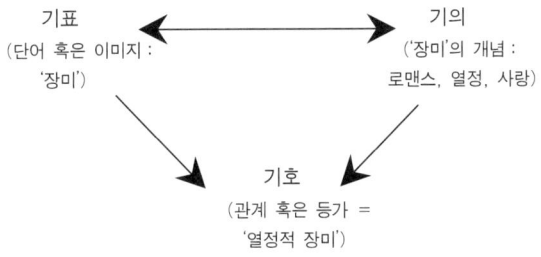

하지만 소쉬르가 묘사한 언어와 신화적 기호 사이에는 중요한 차이가 하나 있다. 그 차이란 바로 신화의 기호들이 우리로 하여금 그 신화의 표리부동성 혹은 이중성을 인식하게 한다는 것이다. 프랑스 흑인 군인의 이미지는 어떤 층위에서 볼 때, 단순히 하나의 이미지이자 사진일 뿐이다. 하지만 우리가 보았듯이, 이 이미지는 '프랑스 애국주의' 혹은 '포괄적이고 통합된 프랑스 국가'라는 어구로 환원될 수 있는 또 다른 이데올로기적·신화적 의미를 가지고 있다.

소쉬르가 연구한 언어는 1차 체계a first-order system이다. 그것은 기표,

기의, 그리고 기표와 기의가 기호로 결합된 것을 의미한다. 신화는 이미 존재하는 기호에 작용하는데, 그 기호가 쎠어진 말이든, 텍스트든, 사진이든, 영화, 음악, 건축, 장식품이든 상관이 없다. 프랑스 흑인 군인의 사진의 기호는 이미 하나의 기호이다. 신화는 이 기호를 새로운 기의 혹은 새로운 개념을 지닌 기표로 전환시킨다. 바르트는 이를 다음과 같이 표현한다. "신화는 특이한 체계다. 그것은 신화 이전에 존재하는 기호학적 연쇄로부터 구성되기 때문이다. 그것은 기호학적인 2차 체계a second-order semiological system이다. 1체계의 기호(다시 말해 개념과 이미지의 총합)는 2차 체계에서 기표에 불과하다."(MY : 114)

여왕 어머니의 관을 보기 위해 기다리는 군중을 찍은 신문 사진은 1차 체계의 기호이다. 즉, 군중의 사진 이미지가 기표가 되고, 안치된 여왕의 어머니를 보기 위해 기다리는 군중들이 기의이며, 기호는 토픽 기사를 '안치된 여왕을 보기 위해 수시간 동안 줄을 선 군중들'로 포장하는 언론의 보고이다. 그러나 신화는 이 이미지를 2차 체계의 층위로 옮기고 이 기호를 새로운 기의를 위한 기표로 전환시킴으로써, '영국 민중과 국가 혹은 영국 대중들의 군주제에 대한 통일된 사랑(또는 수용)'이라는 새로운 기호를 만들어낸다. 바르트는 이 관계를 다음과 같은 방식으로 제시한다.

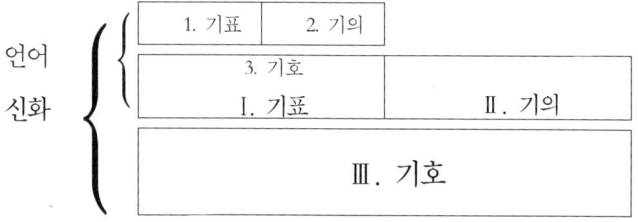

신화는 1차 체계의 의미를 2차 체계의 의미로 변형시킨다. 바르트는 프랑스 작가 폴 발레리Paul Valéry에서 끌어온 예로 이 점을 설명한다.(MY : 115-16) 이 예는 라틴어 문법책을 펼치고 'quia ego nominor leo'를 읽는 어느 학생에 대한 것이다. 이 라틴어구의 제1의미는 명백히 '내 이름은 사자이기 때문이다.'라는 문자 그대로의 의미다. 하지만 이 의미meaning는 명백히 뭔가 다른 것을 의미하고signify 있는데, 바르트는 그것을 다음과 같은 방식으로 풀어쓰고 있다. '나는 술어가 통용되는 규칙을 설명하기 위한 문법적 사례이다.'(MY : 116) 다시 말해 이 구문은 사자 그 자체에 대해서는 아무것도 전달하지 않지만, 문법적 규칙 및 관습과 관련된 2차 체계의 의미를 전달하는 1차 체계의 의미로 사용되고 있다. 만약 우리가 라틴어를 영어 문법으로 바꾼다면, 여기서 우리는 더 평범하긴 하지만 누구나 알 수 있는 예로 '고양이가 담요 위에 앉았다.The cat sat on the mat.'를 생각해볼 수 있다. 이 예의 변형을 표로 그려보면, 다음과 같다.

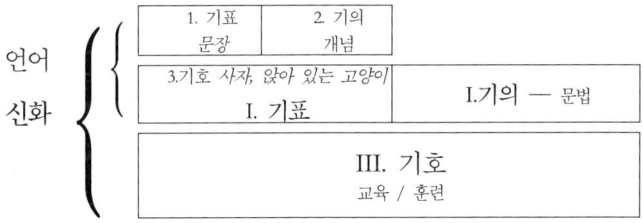

이제 신화의 표리부동성 혹은 이중성을 읽는 방법을 이해할 수 있다. 신화는 의미를 납치하여 2차 체계의 의미 혹은 바르트가 말하는 '의미작용signification'으로 전환시킨다. 여기서 의미작용이란 2차 체계

의 기호, 즉 이미 존재하는(1차 체계의) 의미와 기호를 변형시켜 생산된 의미를 말한다.

신화는 1차 체계의 언어에 작용하여 이미 존재하는 의미에서 새 의미를 생성시킨 언어이므로, 일종의 메타언어metalanguage이다. 하지만 바르트가 상기시키듯이, 원래의 1차 체계의 의미가 완전히 망각되는 것은 아니다. 젊은 흑인 병사의 사진은 신화적으로는 프랑스 국가에 관한 것을 의미하지만, 한 개인의 사진에 불과한 것으로 보일 수도 있다. 바로 이 점 때문에 신화는 부르주아 이데올로기를 영속화시키고 보급(선전)하는 데 매우 중요하다. 신화의 기표는 언제나 두 방향을 지니기 때문에 비판하기가 너무나 어렵다. 만약 젊은 병사의 사진을 프랑스 제국주의의 신화적 선동이라는 관점에서 비판하려 해도, 그 사진의 기의는 1차 체계의 문자적literal 의미로, 즉 한 병사가 개인적으로 깃발에 경례한다는 의미로 바뀌기만 할 뿐이다.

만약 사진의 의미가 지닌 문자적 층위를 알아내려 한다 해도, 이 층위의 모든 내용이 텅 비어 있음을 알게 될 따름이다. 왜냐하면 그 지점은 실제의 개인 병사(출생, 신념, 전기적 사실)가 아니라 그가 재현(의미signify)하는 것이기 때문이다. 바르트는, 신화가 알리바이처럼 작용한다고 쓰면서, 언제나 "나는 네가 생각하는 내가 아니다. 나는 네가 생각하지 않는 곳에 있다."고 말한다.(MY : 123)

이렇게 《파리 마치》지에 나타난 젊은 병사의 이미지는 젊은 청년의 역사(구체성)를 텅 비게 하고, 이 청년을 프랑스 애국주의의 본질이자 한 전형으로 변형시킨다. 이 이미지는 어떤 기표로 변하든 간에 (이것은 젊은이일 뿐이다, 이것은 모든 프랑스 남녀이다 등), 실제 역사의 이미지를 텅 비게 하고 자신을 프랑스 사회의 자명한 본질이자 일종의 자연으로 제시한다. 기호학이 약속하는 것은 신화를 질서체계의 층위에서 바라보고 읽게 해주는 것이자, 이를 통해 비판의 기초를 마련해주는 것이다. 바르트가 기호학을 열광적으로 받아들인 것도 이 때문이다.

하지만 우리는 이 지점에 주의해야 한다. 「오늘날의 신화」 끝부분에서 바르트는 『글쓰기의 영도』와 『비판적 에세이』의 독자들에게 친숙한 주제로 되돌아온다. 그것은 바로 부르주아 문화가 불가항력적인 흡수력을 보여준다는 점이다. 바르트가 『신화론』에서 보여준 기호학적 신화 분석 방법론은, 아방가르드적 글쓰기 형식이 '문학'으로 흡수되었듯이 아주 쉽게 부르주아 문화에 흡수될 수 있다. 앤디 스태포드Andy Stafford[바르트 전기를 저술한 영국 연구자]가 말했듯이, 사실 『신화론』이 출판된 지 몇 년 후, 바르트는 새로운 광고를 제작하는 르노 자동차 회사에서 자문 의뢰를 받았으며, 《마리 끌레르Marie-Claire》에 두 라이벌 패션 디자이너들에 대해 글을 써달라고 청탁도 받았다.(Stafford 1998 : 157) 따라서 조나단 컬러Jonathan Culler[프랑스의 구조주의·기호학·해체론 등을 미국에 소개하는 데 크게 공헌한 미국의 저명한 학자로, 『구조주의 시학』, 『해체 비평』 등의 저서가 있다.]는 "탈신화화는 신화를 제거하는 것이 아니라, 역설적이게도 신화를 더욱 자유롭게 한다."고 표현했다.(Culler 2002 : 28)

탈신화화시킨다는 비판마저 냉혹하게 흡수하는 부르주아 문화에 맞서는 유일한 방법은, 비판의 생산과 제시 방식을 계속하여 변화시키는 것이다. 바르트는 1960년 출판된 책에서 앞으로 기호학적 분석을 추구하겠다고 약속했지만, 계속해서 자신의 언어를 이동시켰으며 고정된 모델에 안주하지 않았다. 그는 과학이 비판의 잠재적 힘을 보유하고 있을 경우 언제나 변화하고 또 변화해야 한다고 보고, 그 출발점과 전망과 서곡을 마련해주었다.

기호학, 언어학, 패션

소쉬르에게서 받아들인 기호학적 모델을 변화시키고 응용하고 심지어 근본적 수정까지 가하려고 했던 바르트의 의지는, 1964년 《코뮈니카시옹*Communication*》지에 입문적 연구로 처음 발표되었던 『기호학의 요소들*Elements of Semiology*』에 즉각 나타났다.

처음부터 바르트는 소쉬르가 '언어학은 기호의 일반 과학 중 일부에 불과하다고 생각했다.'는 점에 주목한다. 다시 말해, 기호학은 궁극적으로 언어학을 내부에 포함한다는 것이다. 하지만 바르트는 어떻게 해도 언어를 빠져나갈 수는 없다고 주장한다. "본질이 의미하는 것을 인식하는 것은 불가피하게도 언어를 개별화시켜버리는 것이 된다. 지시되지 않는 의미는 없다. 기의의 세계는 곧 언어의 세계이다."(ESe : 78)

바르트는 기호학이 언어의 연구라기보다 기호의 연구라고 규정하면서도, 기호학이 언어학적 모델을 빠져나갈 수 없다고 주장한다. 왜냐하면 바로 언어학적 모델 안에서 기호의 정의와 작동 방식에 대한 가장 감탄할 만하고 설득력 있는 설명이 발견되기 때문이다. 더욱이 기호학적 체계는 언제 어디서든 언어에 의존한다. 신문과 잡지에 실린 사진에 덧붙여진 제목, 광고에서 이용된 문구, 어떤 상투어나 전형

1963년 48세 때의 바르트
이 시기에 바르트는 소쉬르의 기호학적 모델에 심취한다. 바르트는 기호학이 언어 연구라기보다는 기호 연구라고 규정하면서도, 기호학이 언어학적 모델을 빠져나갈 수 없다고 주장한다. 무엇보다도 기호학적 체계는 언제 어디서든 언어에 의존하기 때문이다. 바르트는 이러한 기호학적 연구를 확장시켜 1967년 『모드의 체계』를 출간했다.

적인 말을 정치적으로 재현하여 이용하는 행위, 혹은 우리가 방금 공부한 1차 체계의 의미가 2차 체계로 더욱 복잡하게 변형되는 현상 등은 모두 다 언어에 대한 의존과 관련이 있다.

바르트가 소쉬르의 위계질서를 전복시킨 것 중에서도 가장 중요한 사례는 그가 『기호학의 요소들』에서 명명한 바 있는 '통-언어학 trans-linguistics'에 기호학을 포함시킨 것으로, 기호학적 연구를 가장 확장시킨 저서 『모드의 체계 Système de la Mode』에 잘 나타난다.

『모드의 체계』는 바르트가 1957년부터 1963년까지 연구하여 집필한 책으로, 1967년에 최종 출판되었다. 그 즈음 바르트는 「오늘날의 신화」, 『기호학의 요소들』, 그리고 그 시기에 썼던 다른 에세이들에서 서술한 기호학적 체계에 근본적인 의문을 제기하기 시작했다. 『모드의 체계』는 당시 이미 다른 무언가로 변해 있던 연구방식을 보여주는, '특수한 기호학적 역사서'(FS : ix)이다. 바르트는 자신의 원래 목표가 '실제 패션(사람들이 입는 옷 혹은 적어도 사진에 등장하는 옷으로 이해된다.)'을 연구하는 것이었지만, 실제로는 문자로 표현된 패션에만 초점을 맞추게 되었다고 설명한다.(FS : x)

이는 실제 패션에 대한 기호학적 연구의 대안으로는 미흡해 보인다. 연구범위를 특정 시즌(1958~1959년 6~7월)에 나온 여성 잡지(주로 《엘르》와 《모드의 정원 Les Jardin des Modes》)에 한정시키고 패션을 사진에 덧붙여진 문구나 텍스트로 환원시키는 연구는, 불가피했겠지만 패션이라는 말의 의미를 너무 축소시킨 듯이 보인다. 하지만 바르트의 연구가 증명하고 있듯이, 이것이 바로 정확히 패션 체계가 작동하는 방식이다. 바르트는 사람들이 의미 혹은 기호와 마주칠 때까지의 일련의 구조를 통해 실제 의복을 분석한다. 그 의미와 기호는 철저하게 언어학적이며 완전히 언어에 의존하고 있다. 바르트는 수사적으로 질문을 던진다. "언어적 절합 없이 존재하는 사물들의 체계가 있을까? 파롤은 기호화시키는 체계의 불가피한 연속이 아닐까?"(FS : xi)

이 연구에서 소쉬르적 모델의 전복은 순조롭게 진행된다. 패션의 글쓰기에 대면하게 된 바르트가 패션 체계를 지탱하고 자연화하는 '신화들'을 계속하여 분석하기 때문이다. 결국 패션 산업은 순진한 겉모습façade을 생산해내기 위해 여러 '신화들'에 크게 의존하지만, 그것은 사실 소비를 진작시키기 위해 작동하는 것이다. 만약 옷에 대한 신화가 없다면, 사람들은 '느린 의복의 시간'(FS : xii) 안에서 행복하게 존재할 수 있을까? 일반적으로 의복은 낡을 때까지 입으려면 오랜 시간이 걸린다. 패션 체계의 신화는 소비를 진작시키고, 사람들(주로 여성들)을 해마다 바뀌는 소비 체계 안에 가두기 위해 존재한다. 그 신화를 작동시키는 단어는, 교환 가능하고 여러 층으로 구성되어 있으며 반복 가능한 기능을 담당한다.

바르트는 패션에 대한 말들이 단순한 공식 혹은 매트릭스Matrix로 떨어진다고 주장한다. 그 공식은 의미작용의 대상Object, 의미작용의 보조Support, 변형Variant(O, S, V)의 측면에서 서술될 수 있다. 따라서 '넉넉한 블라우스와 치마'는 다음과 같이 제시된다.(FS : 64)

skirts with a full blouse(넉넉한 블라우스와 함께 입은 치마)
O   V S

변형(V)과 의미작용의 보조(S)가 일단 하나의 예로 확립되기만 하면, 즉각 다음과 같이 또 다른 예를 생각해낼 수 있다.

    skirts with a half blouse(반팔 블라우스와 함께 입은 치마)
      O   V S

또는

    skirts with a denim blouse(데님 블라우스와 함께 입은 치마)
      O   V S

또는

    skirts with a see-through blouse(속이 비치는 블라우스와 함께 입은 치마)
      O   V   S

확실히 이 공식(매트릭스)은 수없이 반복될 수 있다는 특징이 있다. 공식이 한 번 성공적으로 만들어지면, 의미작용의 변형과 보조 부분이 아주 단순하게 변형되면서 몇 번이고 수정될 수 있다. 또 O, V, S의 배열이 변화할 수 있다는 점에도 주의를 기울여야 한다. 몇 가지 예를 들어보자.(FS : 73)

a cardigan with its collar open(칼라가 열려 있는 가디건)
   O   S V

high waists for (evening) gowns(야회용 드레스의 높은 허리)
 V S   O

collars that are small for (sports) shirts((스포츠) 셔츠의 작은 칼라)
 S   V   O

여기서 우리는 다음과 같이 매트릭스가 여러 층을 지니고 있다는 가능성도 보아야 한다.(FS : 73)

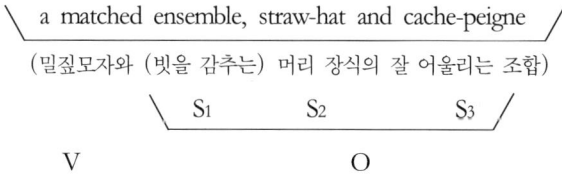

하나의 단어에 의미작용의 대상, 의미작용의 지속, 변형이 포함될 가능성도 있다.(FS : 77)

This year blue is in Fashion(올해는 파란색이 유행이다)
This year's Fashion ≡ \(colour) blue/(올해의 유행=파란색)
       OS V

이를 토대로, 패션 체계는 해마다 변화하는 변형Variant의 관점에서 이해될 수 있다. 분명히 드레스는 해마다 있지만, 드레스가 길거나 짧거나, 주름이 있거나 아랫부분이 줄어들거나, 지퍼로 잠그는 것이거나 단추로 잠그는 것이거나 하는 변형들은 패션의 체계가 단순한 요소들의 축적들에서 영속적으로 메시지를 재창조하고 재생성할 수 있게 해준다.

바르트는 패션 체계의 서로 다른 구조들을 구별하는 데 상당한 시간을 할애한다. 패션의 체계를 바라보는 기호학자 바르트는 결국 의복의 시각적 재현인 '실제 의복'과 '씌어진 의복'에 직면하게 된다. 바르트가 패션 체계를 읽으며 많은 문제들과 부딪힌 것은, 그가 다양한 구조들을 다루기 때문이다. 그의 해결책은, 의미의 층위들이 세계(A-조합 A-ensembles) 혹은 패션 그 자체(B-조합 B-ensembles)를 의미하는 메시지를 어떻게 구성하는가 하는 점을 증명하기 위해, 언어학적 연구방법을 사용하는 것이었다. 예를 들어 '날염된 옷이 경주에서 이긴다.'와 같은 말들은 현재 어떤 옷이 유행하는가 하는 점뿐만 아니라 사회적 권력의 이미지를 제공해준다는 점에서, A-조합을 알게 해준다. 하지만 '여성들은 무릎까지 오는 짧은 치마와 파스텔 체크 무늬를 선택하고, 두 가지 색조의 끈 없는 야외용 신발을 신을 것이다.' 같은 말들은 유행하는 옷을 직접 말하고 있기 때문에, B-조합의 예가 된다.

바르트는 중요한 구분 한 가지를 자신의 책 전체에서 사용하고 있는데, 그것은 A-조합의 패션이 내포적connoted 가치(사회 행사에서 날염 드레스를 입는 사람은 멋지다는 것)인데 반해, B-조합의 패션은 외연적denoted 가치라는 것이다.

바르트가 증명하는 바에 따르면, 패션의 글쓰기는 결합combination('●'를 지시)과 등가equivalence('≡'를 지시)의 연쇄를 구축함으로써 작동하며, 이 연쇄는 수많은 요소들을 취하여 그 요소들로 기본적인 메시지를 구성한다. 우리는 광고 세계에서 일어나는 이 과정을 아주 잘 알고 있다. 광고의 세계에서는, 수많은 생산품들이 우리에게 제시되고 판매되며 축적된 기술들이 곧 이러한 결합과 등가가 된다. 알파인 스키라는 개념과 브랜드를 결합시키면, 쿨함, 세련됨, 신선함, 활동적 남성성 등의 등가물을 생산하는 결과를 낳는다. 광고업계 종사자들이 알고 있듯이, 이 가능성은 무한하다.

바르트는 '도심에서 낮에 입는 옷은 흰색으로 액센트를 준다.'는 문구를 보고, 다음과 같은 방식으로 등가와 결합의 세트를 재구성한다. '낮에 입는 옷●액센트●흰색≡도시'. 이는 다시 우리에게 다음과 같은 견해를 재구성하게 해준다. '낮에 입는 옷에 강조된 흰색은 도시의 기호이다.'(FS : 48) 그러므로 패션 체계의 다양한 층위 혹은 약호는 기의를 새로운 기의를 위한 기표로 전환시킴으로써 작동한다. 예컨대 여기서 한 층위에서 사실의 언급처럼 보이는 것(기의='도심에서 낮에 입는 옷은 흰색으로 액센트를 준다.')은 다른 층위에서 새로운 기의(기의='낮에 입는 옷에 강조된 흰색은 도시의 기호이다.')를 위한 기표가 된다. 이 층위를 통과하면서, 우리는 점점 더 철저하게 내포 혹은 내포적 의미의 영역으로 들어가게 된다.

하지만 궁극적으로 여기서 보고 있는 문장의 기의는 그 표현과 내용에 문자적·외연적으로 포함되어 있는 것을 의미한다. 하나의 이미지가 모던한가 아니면 도시적인가 혹은 메트로폴리탄적인가, 또는 위생적인가 심플한가 하는 것은, 결국 이 문장에 달려 있다. 바르트가 '수사적 약호'의 관점에서 명명한 이 의미작용의 마지막 층위에 대한 우리의 응답 방식도, 이 문구가 실린 잡지나 저널의 맥락에 달려 있을 것이다.

이 패션 체계의 사례들은 독자들이 수용하기를 바라는 이데올로기

외연과 내포 바르트는 『기호학의 요소들』에서 언어학자 루이 옐름슬레우 Louis Hjelmslev(1899~1965)가 발전시킨 외연과 내포의 구분법을 사용한다. 외연적 언어란 1차 체계의 말로, 해당 문장을 구성하는 단어들의 문자 그대로의 의미와 관련된 서술문을 말한다. '날염된 옷이 경주에서 이긴다.Prints are winning at the races'라는 문장을 예로 들어보자. 이 문장에는, 사용된 단어들, 즉 바르트가 '표현의 면a plane of expression'(E)이라고 칭하는 것이 있고, 이 단어들이 문자 그대로 의미하는 바를 뜻하는 '내용의 면the plane of content'(C)이 있으며, 그리고 이 문장의 의미를 찾기 위해 끌어낼 수 있는 두 가지의 관계 relation(R)가 있다. 외연의 층위에서 볼 때 '날염된 옷이 경주에서 이긴다.'는 좀 이상한 문장이다. 이 문장을 본 사람들이 날염된 옷과 경마의 승리가 서로 관련되어 있음을 믿는다고 정말 예상할 수 있겠는가? 이 의미를 단순히 이렇게 옮길 경우를 예상해보자.

(E) 표현의 면(사용된/선택된 단어 : 'Prints are winning at the races')에서

(C) 내용의 면('Prints are winning at the races'이라는 문장의 문자적 의미)로.

이 경우, 우리는 실망하게 될 것이다. 여기서 (E)에서 (C)로 옮겨가 봤자, 1차 체계의(외연적) 의미에서는 말이 되지 않는다. 따라서 (E)와

적 기호 혹은 세계관을 지니고 있으며, 수사적 약호는 이와 관련된 것이다. 따라서 바르트의 패션 체계 연구는 궁극적으로 이 복잡한 기호 체계의 최종 산물인 '신화'의 재구성과 분석으로 나아간다. 패션이 작용하는 방식은 바르트의 『신화론』을 읽은 독자들에게는 이미 익숙한 것이다. 패션은 유용성 혹은 자연성이라는 겉모습 뒤에 의미를 숨기거나(A-조합에서처럼), 그 의미가 일종의 합법적 사실이라고

(C)의 관계(R)로 옮겨 가야 한다. 그 관계는 이 서술문의 의미를 통하게 하는 2차 체계의 의미(내포)다. 이 서술문에는 명백히 다른 의미가 함축되어 있으며, 이 의미는 내포의 층위에서 존재한다. 외연의 면에서 내포로 옮겨 가는 것은 우리가 이미 신화 읽기에서 보았던 것, 즉 1차 체계의 의미(외연)에서 2차 체계의 의미(내포)로 옮겨 가는 것과 동일한 과정이다. 이 예에서 내포는 유행하는 옷에 대한 언급과 멋지게 입는 것(날염된 옷을 입는 것)과 권력(승리, 승자로 보이는 것)에 대한 유추이다. 바르트는 이 관계를 다음과 같이 표현한다.(ESe : 149)

2   E   R   C
1   ERC

바르트는 이렇게 말한다. "1차 체계(ERC)가 표현의 면 혹은 2차 체계의 기표가 된다. 이는 또한 (ERC) R C 로 표현될 수 있다." 바르트는 "따라서 1차 체계는 외연의 면이고, 2차 체계(제1차 체계보다 넓은)는 내포의 면이다. 그러므로 내포적 체계는 표현의 면이 의미작용 체계에 의해 스스로 구성되는 체계라고 할 수 있다."(ibid) 내포는 2차 체계에 속하는 의미의 함축적 면으로, 바르트의 구조주의적 단계와 탈구조주의적 단계에서 계속하여 매우 중요한 의미를 지니게 된다.

(B-조합에서처럼) 주장한다. 패션은 '신화'의 한 형식으로서, 인공적인 것을 '자연'의 기호로 전환시켜 자신이 행한 변형을 은폐한다.(FS : 283-4)

패션 체계는 (패션과 세계, 옷과 패션 간의) 등가와 결합에 기초하여, 결국 이 자의적 관계를 불가피하고 자연적인 법칙처럼 제시한다. 우리는 이 패션체계가 극소수의 편집자와 자문가들 손에 좌우된다는 점을 기억해야 한다. 바르트는 이렇게 쓴다. "패션은 폭군적이며 패션의 기호는 자의적이기 때문에, 패션의 체계는 기호를 자연적 사실 혹은 합리적 법칙으로 전환시켜야만 한다."(FS : 263) 이러한 의미에서 『모드의 체계』는 가장 광범위한 신화론이자, 릭 라일랜스Rick Rylance의 주장대로 바르트가 쓴 글 중에서도 가장 음울하고 비관주의적인 '신화론'일 것이다.(Rylance 1994 : 42) 하지만 이 책은 부르주아 이데올로기와 이 이데올로기가 자신이 만들어낸 기호를 자연화시키는 경향을 가장 통렬하고 엄격하게 비판한 책이기도 하다. 따라서 『모드의 체계』는 1960년대 바르트 사상의 발전을 이해하고, 그의 신화 비판과 사회적 기호 체계, 문학 텍스트의 구조적 분석에 대한 작업들이 서로 연관되어 있음을 파악하는 데 중요한 단계에 해당한다.

신화의 탈신화화와 패션의 기호학

이 장에서는 바르트가 초기 저서에서 제시한 부르주아 문화 비판을, 현대 '신화론'에 대한 비판적이고 전면적인 분석으로 확장시키는 방식을 살펴보았다.

신화는 철저하게 이데올로기적인 과정이며, 문화적으로 특수한 대상과 관계를 무시간적이며 자연적이고 자명한 것처럼 제시함으로써 작동한다. 바르트는 현대 프랑스 문화의 모든 영역에 침투한 신화적 의미들을 탈신화화할 수 있는 엄격한 방법을 확립하기 위해 기호학을 이용한다.

04

구조주의와 새로운 비평

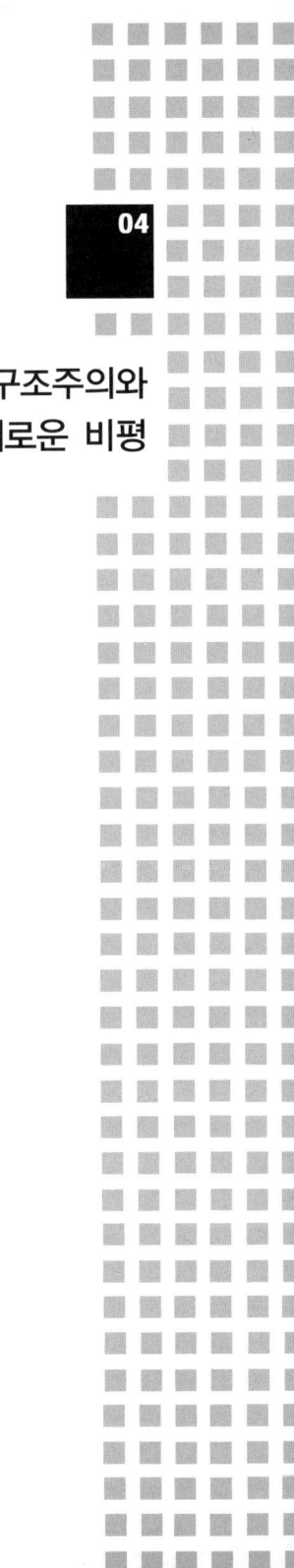

이 장은 계속해서 바르트가 기호학 및 구조주의와 맺고 있는 관계를 분석한다. 이 장에서는 현대 기호 체계에 대한 바르트의 기호학적 분석에서 시선을 돌려, 구조주의적 서사 연구를 확립하려 했던 그의 기획을 살펴볼 것이다. 이 단계는 바르트의 학문적 여정에서 매우 중요하다. 그러나 이 점을 이해하려면, 먼저 이론가이자 비평가로서 바르트가 갖는 공공적 이미지가 1960년대에 어떻게 발전되었는지 살펴봐야 한다.

1960년대에 바르트는 대학 내에서 행해지던 비평에 직접 맞서 새로운 형식의 문학비평을 주도하는 인물로 등장하기 시작했다. 바르트의 1950년대와 1960년대 저작은 당시 비평계에 보수파와 아방가르드파 간의 논쟁(때로 '싸움'이라고 칭해지는)을 일으켰다.

신·구비평의 격돌, '피카르 사건'

앞서 살펴본 이론들을 바르트가 문학비평에 적용하기 시작했을 때 과연 어떤 일이 일어났을까? 우선 바르트의 시도가 논쟁을 일으켰다는 점부터 말해야 할 것이다. 바르트는 여러 에세이에서 기호학과 구조주의가 자신의 사유에 영향을 끼쳤음을 밝혔는데, 그 글들에서 그는 '두 가지 비평'을 구별하고 있다.(CE : 249-54)

첫 번째 비평은 새로운 비평으로, 구조주의와 정신분석학 등 다른 이론들이 발전시킨 모델과 연구방식을 포용한다. 바르트는 이 비평을 해석적 비평이라고 칭한다. 이 비평은 이데올로기적 입장(마르크스주의, 실존주의, 정신분석학)을 공공연하게 표방한다. 이 비평은 비평의 근본적 임무라 할 자기 자신, 자신의 언어, 자신의 연구대상과 맺는 관계를 성찰하기 때문이다.

바르트는 해석적 비평과 대립하는 아카데미 비평 혹은 '랑송주의'도 언급한다. 아카데미 비평 혹은 랑송주의는, 프랑스에서 20세기 전반기 문학비평의 토대와 규칙을 마련한 소르본느 교수 귀스타브 랑송Gustave Lanson 이후의 비평을 의미한다. 아카데미 비평은 이데올로기의 바깥에 존재하는 척하면서, 문학작품의 의미를 작가나 역사적 혹은 전기적 사건 같은 다른 외부적 맥락에서 찾으려는 오류를 범한다. 바르트는 『라신에 관하여』에서 이 테마로 돌아가, 라신에 대한 자신의 해석 작업을 전통적이고 아카데미한 연구와 대조시킨다.

아카데미 비평에 대한 바르트의 비판은 파리와 프랑스의 일반적 대학제도의 복잡한 사회적·정치적 지형과 연관돼 있다.(Bourdieu 1988을 보라.) 서술한 대로, 바르트는 1960년대까지 고등사회과학원(EPHE)에 근무했다. 이 기관은 기호학과 구조주의 등 새로운 사상들에 호의적인 기관이었다. 바르트는 1962년까지 이곳에서 '기호, 상징, 재현의 사회학' 연구 교수였다.(Calvet 1994 : 135) 따라서 바르트의 아카데미 비평 공격은 분명 전통적인 교육기관을 염두에 둔 것이었다고 볼 수 있다.

이때 소르본느의 프랑스 문학 교수이자 저명한 라신 학자였던 레이몽 피카르Raymond Picard는 분명 바르트가 비판한 그 길을 걷고 있었다. 그는 1964년 소책자 『새로운 비평인가 새로운 사기인가?*New Criticism or New Fraud*』에서 직접 바르트를 공격하며, 자신이 새로운 비평이라고 명명했던 비평에다 지리멸렬하고 애매하며 궁극적으로 문학의 위대함을 존경하지 않는다는 레테르를 붙였다. 피카르와 바르트의 논쟁은 국제적인 뉴스가 되었으며, 이로써 바르트는 아방가르드 이론과 현대 프랑스 비평의 주요 대변자로서 명성을 얻었다. 이 논쟁은 또한 문학비평에 대한 비전을 가장 명쾌하게 표현할 수 있도록 바르트를 자극했다.

1966년 처음 출간된『비평과 진실*Criticism and Truth*』은 피카르에 대한 바르트의 응답이다. 피카르가 (바르트의 말을 따르자면) 아주 다양하고 이질적인 비평가 및 이론가들을 '새롭다'고 칭했기 때문에, 바르트는 피카르의 연구에 도발적으로 '구비평l'ancienne critique'이라는 딱지를 붙였다.(전집 2권 20쪽을 보라.)

바르트는, '구비평'은 '신비평'이 비평의 가치평가(전통적 형식의 비평의 도대)가 아닌 언어 그 사체에 관여하는 것을 견딜 수 없어 한다고 주장한다. 언어 중심적 사고는 수많은 '구비평의' 규칙들, 그중에서도 특히 '그럴듯함verisimilitude'의 규칙을 뒤흔드는데, 그것은 기존의 전통적 가치에 의존해야 하는 구비평의 규칙이다. 바르트의 주장은 분명히『신화론』과 그 밖의 글에서 보여주었던 '상식' 비판에 기대고 있으며, 피카르 같은 비평가들에게 자연화의 의도가 있음을 증명하려 한다.

바르트의 주장에 따르면, '객관성', '좋은 취미', 언어의 '명확함'이라는 '구비평의' 규칙은 모두 이데올로기와 역사, 그리고 궁극적으로 단일한 의미로 환원될 수 없는 상징적 언어에게서 언어를 안전하게 보호하는 데 복무한다. 또한 구비평은 이데올로기의 바깥에 존재하거나 이데올로기를 초월한다는 의미에서 제 스스로 무관심성의 비평을 자처한다. 그러나 이러한 태도는 즉시 정체를 드러낸다. 구비평은 상식, 객관성, 좋은 취향, 명확성이라는 부르주아 이데올로기에 의존하고 있기 때문이다. 예컨대 명확성에 대한 강조는, 단지 구비평이 자신들이 좋아하지 않는 비평적 담론을 '허튼 소리'로 치부하는 방법에 불과하다.

바르트는 이미 『신화론』의 「장님에 벙어리 비평」이라는 글에서, 이러한 행태가 부르주아 비평이 거부하고 싶은 사유와 대면했을 때 보이는 몰이해 방식에 불과하다고 설명한 바 있다. 예컨대, 부르주아 비평은 실존주의나 마르크스주의와 대면했을 때 종종 '나는 이해를 못하겠어. 그러니까 너희들이 바보야.'라고 반응한다.(MY : 35) 즉, 구비평은 자신의 이데올로기적인 전제를 숨긴 채 거짓 신념 안에서 움직인다. 더욱이 구비평은 이렇게 행세하며, 새로운 사상을 다뤄야 한다는 비평의 책임도 포기한다. 만약 '신비평'에 공통점이 있다면, 그것은 비평이 이데올로기적 입장에 대한 애착을 보여줘야 한다는 점을 인식하고 있다는 것이다. 그 입장이 실존주의적이든 정신분석학적이든, 마르크스주의적이든 보수적이든 상관이 없다.

『비평과 진실』은 피카르를 넘어 비평이 언어와 맺는 관계의 의미까지 분석하고 있다. 이 책에서 바르트는 과학, 비평, 읽기라는 문학 텍스트에 대한 세 가지 태도를 서술한다. 과학적 연구란, 문학작품을 생성하는 일반 체계('가설적 서술 모델')에 관여하는 구조주의적 연구를 말한다. 이 비평은 의미를 가능하게 하는 조건에만 집중할 뿐 작품의 개인적 내용에 대해서는 말하지 않는 문학의 과학을 의미한다. 바르트가 고등사회과학원에 있을 때 주도했던 프로젝트는 이 연구방법을 가장 명쾌하게 보여주는 예인데, 그것은 구조주의적 서사 분석의 토대를 마련하려는 기획이었다. 바르트가 쓴 「서사의 구조주의적 분석 입문Introduction to the Structural Analysis of Narratives」(SC : 95-135, IMT : 79-124, BSW : 251-95)은 이제 이 문제에 대한 고전적인 업적이 되었다.

서사의 구조주의적 분석

바르트가 「서사의 구조주의적 분석 입문」을 시작하는 방식은 어떤 구조 분석에서든 첫 부분에서 특징적으로 나타나는 것으로, 이제 우리에게 아주 친숙한 내용이다. 바르트는 처음부터 서사가 인간의 문명만큼 오래되었으며, 따라서 분석 가능한 서사는 수없이 많다는 점을 상기시킨다. 누가 이 무한한 시사와 대면하여 그 서사들을 분석하려 들 수 있겠는가?

해답은 소쉬르가 이 세상의 수많은 언어의 사례를 보면서 제시한 이론 혹은 바르트가 실제 패션의 수많은 예에 직면하여 제시한 내용에 있다.

서사, 언어, 패션의 실제 사례로 분석을 행할 수는 없다. 구조적 분석은 소쉬르의 구조 언어학처럼 파롤(서사, 언어, 패션의 행위)을 무시하고 즉각 '가설적 모델'을 구성해야 한다.(SC : 97) 서사 분석이 과학적이려면, 귀납적인 접근방식(개인적 사례에서 의미를 추론하는)으로부터 연역적인 접근방식(모든 개별적 사례의 증명이 아니라, 작동하고 있는 모델을 확립하는)으로 변화해야 한다. 바르트는 가장 적절하고 실행 가능한 모델이 언어의 모델, 즉 구조언어학의 모델이라고 주장한다. 그 근거는 모든 서사(파롤) 행위가 약호와 관습의 체계(랑그)로부터 비롯된다는 구조주의의 주장에서 온 것이다. "누구든 단위와 규칙의 함축적 체계를 언급해야만 서사를 결합(생산)해낼 수 있다."(SC : 97)

그러므로 서사의 구조주의적 분석은 언어학을 모델로 삼는다. 바르트가 주장하듯, 이러한 분석은 서사와 문장 간의 상동성(대응성)을 이끌어낸다. 바르트는 언어학이 문장을 최고의 조건으로 간주하며 모든 결합의 규칙과 문장을 구성하는 대립을 연구하기 때문에, 문장 이상으로 나아가지 못한다고 지적한다. 물론 서사는 문장보다 훨씬 규모가 크고, 수많은 문장들을 포함하고 있다. 서사는 담론의 일종이다. 이때 담론이란 시나 지적/철학적 산문처럼 사회에서 언어학적 재현의 더 넓은 범주로 이해된다. 하지만 서사의 모델(체계)을 구성하기 위해서는 서사를 문장처럼 하나의 단위로 다루어야 한다.(SC : 99) 문장과 서사 사이의 이 상동성은 바르트와 다른 구조주의자들이 서사 연구를 언어학으로부터 끌어온 수많은 원칙들과 결합시킬 수 있게 해준다. 그 가장 중요한 사례가, 언어의 통어적syntagmatic 축과 계열적 paradigmatic 축의 언어학적 근본 대립일 것이다.

바르트의 구조적 서사 분석은 언어의 통어적 축과 계열적 축에 대응되는 방식을 취하며, 서사 내부의 행위들 같은 연속적 층위가 더 높은 의미의 층위로 통합되는 방식에 초점을 맞춘다. 바르트는 세 층위의 서사가 있다고 주장한다.

첫째는 일차 단위라는 기본 층위로서, 바르트는 이를 '기능'이라고 부른다. 바르트는 이보다 상위의 층위를 '행위'의 층위라고 부르고, 이 중 가장 높은 층위를 서사 그 자체의 층위라고 칭한다. 이렇게 해서 우리는 다음의 결과를 얻는다.

> 서사Narrative
>
> 행위들Actions
>
> 기능들functions

> 통합적syntagmatic 계열적paradigmatic 언어의 통합적 축과 계열적 축(때로 체계적the systematic 또는 연상적the associative 축이라고도 불린다.)은, 언어가 조합과 연상의 관계로 작동한다는 소쉬르의 주장을 증명해준다.(Jefferson과 Robey를 보라. 1986 : 49-51) 'Prints are winning at the races'와 같은 간단한 문장은 두 개의 축에 의존한다. 이 문장은 단어의 수평적 배열이나 연쇄적 배열(통합적 축the syntagmatic axis)을 통해 작동한다. 단어의 연쇄적 조합은 문법의 규칙(주어 다음에 동사, 동사 다음에 목적어)을 따른다. 그러나 이 문장은 또한 일련의 선택으로 구성된 것이다. 예컨대 'winning'이라는 단어 대신 선택할 수 있는 단어들은 'triumphant', 'victorious', 'first'나 'first home' 등 아주 많다. 물론 바르트가 이 문장을 택한 맥락에서는 '멋지다fashionable'라는 의미다. 이는 언어의 수직적인 연상의 층위로, 연상적associative 또는 계열적 축paradigmatic axis이라고 한다. 문장은 단어들을 연쇄적으로 조합시킴으로써 작동하지만, 이 단어들은 다른 단어들을 연상시켜서 의미를 가진다. 문장은 단어들을 조합할 뿐만 아니라(통합적 축), 다른 단어를 희생하고 특정 단어를 선택하기 때문에(계열적 축) 작동한다. 바르트는 『기호학의 요소들』에서 언어의 이 두 가지 축에 대해 논의하고 있다.(ESi : 121-48)

서사를 구조적으로 읽는다는 것은, 서사적 의미가 통합 과정으로 생성되는 방식을 증명하는 것이다. 그것은 기능이 행위로 통합되고, 행위가 서사 그 자체의 층위로 통합되는 방식이다.

기능은 서사의 모든 요소를 포함한다. 왜냐하면 바르트가 주장하듯 서사적 텍스트에서 의미를 갖지 않은 것은 없기 때문이다. 전화가 울린다든가 담배에 불을 붙인다든가 하는 서사에서는 가장 사소한 기능도 의미를 지닌다.(SC : 104) 바르트는 기능을 두 종류로 나눈다.

'배치의 기능distributive functions'은 일종의 인과적 논리와 관련된다. 전화가 울리면 그것을 받거나 받지 않거나 하는 식이다. 이러한 기능들의 의미는 그 다음에 즉각 무엇이 오는지를 보고 찾아낸다.

분배의 기능과 대조되는 다른 기능을, 바르트는 '지표indices'라고 부른다. 이 기능들은 여러 개가 함께 쓰일 수 있으며, 근본적으로 순차적 시간을 따르지 않는 의미의 생성을 도와주는 디테일들이다. 예컨대 이 기능들은 소위 '인물의 성격'에 기여할 수 있다. 머리색이라든가 어떤 사람이 거리에 나섰더니 갑자기 비가 내리더라는 식처럼, 이 기능들은 행위의 다음 층위로 이동할 때에만 이해될 수 있다.

따라서 지표들은 더 높은 층위로 통합된다. 예를 들자면, 서사에서 '성격'은('성격'은 '사악하다' 또는 '위험하다'라든가 '경건하게' 혹은 '순결하다'와 같은 단어 하나로도 묘사될 수 있다.) 직접적으로 부여된 이름보다, 보통 그들이 입은 옷이라든가 말하고 걷고 저녁을 먹고 애완동물이나 부모 등을 대하는 방식 같은 수많은 기능적 묘사들로 알려진다. 예컨대 이언 플레밍Ian Fleming(1908~1964. '007 시리즈'로 영화화된 소설들을 쓴 영국 작가)의 유명한 비밀요원 제임스 본드(바르트는 이 글에서 이언 플레밍의 『황금손가락Goldfinger』을 예로 들고 있다.)는 이러한 수많은 지표들에 둘러싸여 있어서, 그 지표들을 행위의 층위로 더 넓게 분류해야만 이해될 수 있다.

이처럼 기능과 지표 양쪽을 위해 통합적 운동이 행해지는 방식 덕분에, 바르트는 중요한 구조주의 사상과 몇몇 사상가들을 분석에 끌어들일 수 있었다. 예컨대 설화의 문장 종류에 대한 세부적 분류를 만들어낸 블라디미르 프로프Vladimir Propp(1895-~1970)〔수백 편의 러시아 민담을 31개 유형으로 분류한 러시아의 구조주의 학자로, 『민담형태론』이 번역되어 있다.〕의 저작도 그중 하나였다.

프로프가 사용하고 바르트가 채택한 시퀀스 하나를 보면, 수많은 기능들이 사기, 배신, 유혹, 갈등과 같은 특정한 관습적 이름을 통해 인식 가능한 행위가 됨을 알 수 있다.(SC : 114-15) 예를 들어보면, 설화가 빈번하게 반복되는 시퀀스의 사용에 얼마나 의존하는지 어렵지 않게 알 수 있을 것이다. 이 설화들에서 불변의 결말로 등장하는, 남자 주인공과 여자 주인공의 결혼이 좋은 예다. 이는 전력을 다해 행복한 결혼을 방해하는 사악한 인물이 등장하는 다른 설화 형식들에도 똑같이 존재한다.

시퀀스를 인식하고 일반적 층위에서 거기에 이름을 붙이면, 일련의 기능들을 행위의 층위로 통합할 수 있다. 프로프가 연구했듯이, 특정 설화를 제시할 것도 없이 설화는 잘 알려진 시퀀스를 재작동시키고 그럼으로써 편리하게 독자들을 설화의 특수성에서 그 설화가 다시 한 번 되풀이하는 관습적 의미(행위)로 이끈다. 마찬가지로, 인물의 역할을 의미하는 지표들indices도 분류하고 명명할 수 있다.

바르트는 그레마스A. J. Greimas(1917~1992)[기호학 이론 발전에 기여한 언어학자]가 제시한 여섯 개의 기본 인물 역할(주체와 객체, 수여자와 수용자, 조력자와 대립자)을 사용한다.(SC : 119) 현대 소설에서도 이를 찾아볼 수 있는데, 인물들의 역할에는 연인, 구혼자, 사기꾼, 유혹자 등 수없이 다른 이름들이 붙여진다.

바르트가 지적하듯이, 이 구조적 절차들은 다른 종류의 서사를 과학적으로 서술할 수 있게 해준다. 예컨대 프로프가 연구한 설화들은 그 설화가 생성하는 단순한 기능과 시퀀스에 아주 많이 의존하고 있다. 이러한 서사에서 성격은 그다지 강조되지 않는다. 반면에 현대 소설은 이런 서사 형식에서 매우 전형적으로 나타나는 복잡한 '심리적 리얼리즘'을 생성해야 하기 때문에, 인물의 지표화에 많이 의존하는 것 같다.

앞의 설명들이 증명해주듯이, 서사는 직접적으로 현실을 재현하지 않는다. 바르트의 구조적 서사 분석은, 그가 평생 동안 문학적 리얼리즘의 부르주아적 이상을 비판하게 된 중요한 계기며, 이는 첫 저서인 『글쓰기의 영도』에서 이미 확인할 수 있었다.

현대 소설은 '현실'의 가상을 만들어내기 위해 기능과 성격적 지표와 분위기를 사용한다. 바르트가 자주 지적하고 있듯, 부르주아 문학에서 디테일은(묘사의 측면에서 볼 때) 언제나 '현실' 혹은 '리얼리즘'과 관련되어 있다. 그러므로 바르트의 구조적 서사 분석은 현대적 서사의 현실적 토대보다 체계성(형식성)을 증명하며, 이로써 계속 부르주아 문화를 탈신화화시킨다.

이런 측면에서 볼 때, 바르트에게 지속적으로 영향을 미친 것은 클

바르트에게 계속 영향을 미친 프랑스 인류학자 클로드 레비스트로스
1960년대에 바르트는 이른바 '아카데미 비평'에 맞서 새로운 형식의 문학비평을 주도했다. 레비스트로스의 구조인류학은 바르트의 구조적 서사 분석, 더 나아가 부르주아 문화의 탈신화화에 결정적인 동력을 제공했다.

이 시기 바르트는 "어떤 사회든 현실을 구조화하고 싶어하고, 또 현실은 구조적 분석을 필요로 한다."고 생각했다. 이러한 인식에는 인간의 실천이 의미작용의 체계에 이미 포함되어 있다는 생각이 내포돼 있다. 이는 서사의 의미가 현실의 재현에서 나오는 것이 아니라, 의미를 생성하는 서사의 체계에 비롯된다는 인식으로 나아간다.

로드 레비스트로스Claude Lévi-Strauss(1908~)〔인간의 사회와 문화를 분석하기 위해 구조주의를 발전시킨 프랑스의 인류학자〕의 구조인류학이다. 레비스트로스가 프랑스 안팎의 구조주의 운동에 미친 영향은 광범위하다. 그의 연구는 원시 문화 연구에 구조주의 원리를 적용시킨 데서 비롯됐다. 『구조인류학Structural Anthropology』(1950), 『야생의 사고The Savage Mind』(1962), 『날것과 익힌 것The Raw and the Cooked』(1964) 등의 저작에서 레비스트로스는 인류학을 원시 사회의 신화적 의식이 갖는 구체적 의미나 내용에 대한 연구에서, 외적으로 더 문명화된 사회와 관련한 의미작용의 일반 체계에 대한 구조적 이해로 변화시켰다.

바르트는 레비스트로스에 대한 1962년의 에세이 「사회학과 사회-논리Socieology and Socio-Logic」에서 이렇게 서술한다. "어떤 사회든 현실을 구조화하고 싶어하며, 또 그 현실은 구조적 분석을 필요로 한다."(SC : 162)

서사 체계 안에 존재하는 '언어학적 인간'

이미 『신화론』이나 『모드의 체계』에서 드러났던 이러한 인식은, 모든 인간의 사회적 실천이 매개되어 있다는 것, 즉 인간의 실천이 의미작용의 체계에 이미 포함되어 있다는 생각을 내포하고 있다. 다시 말해 서사적 허구는 의미작용 과정을 이미 거친 상태로 우리에게 도달한다. 서사는 직접 우리에게 다가오지 않고, 세계를 직접 재현하지도 않는다. 서사의 의미는 (바르트의 에세이에서 제시된 것처럼) 그 의미의 토대를 형성하는 체계에 언제나 속박되어 있다. 다시 말해 서사의 의미는 현실의 재현에서 나오는 것이 아니라, 의미를 생성하는 서사의 체계에서 비롯된다. 모든 서사의 의미는 매개되어 있다. 여기서 매개란 인위적이라는 의미로 이해할 수 있다. 즉, 서사의 의미는 재현 과정에서 변형의 체계 혹은 과정을 거치게 된다.

특히 서사의 매개적 특성은 가장 높은 층위인 서사 그 자체로 이동할 때 명백히 나타난다. 바르트는, 문장이 '나'(송신자adresser)와 '너'(수신자adresse)를 설정하듯, 서사도 궁극적으로 화자와 독자를 어떻게 위치시킬 것인가 하는 관점에서 이해되어야 한다고 말한다. 문학비평이 '화자라는 기호'를 전통적으로 읽어온 방식은 그 뒤에 저자를 상정하고 있다. 그러나 저자가 서사적 기호들의 원천이라고 생각하는 태도는, 서사의 형식과 의미가 인간의 독창적 의식에서 나온다는 점을 전제하기 때문에 구조적 분석과 직접적으로 배치된다. 다시 말해 '저자'라는 관념은 서사가 매개되어 있는 것이 아니라 저자 고유의 의식을 고유하게 표현한 것이라고 제시한다.

바르트의 유명한 에세이 「저자의 죽음The Death of the Author」(1968)에 여러 차례 나오듯이, 구조적 분석은 완전히 저자를 상정하지 않고 진행되어야 하며, 서사의 기호와 읽기의 기호를 순수하게 서사 자체의 체계 안에서 읽어야 한다. 바르트는 이렇게 표현한다. "심리학적 인간(지시적 질서)은 언어학적 인간과 아무 관련이 없다. 언어학적 인간은 배치, 의도, 특질이 아닌, 오직 담론 내부에서의 (약호화된) 위치로 규정된다.'"(SC : 125)

이렇게 바르트는, 화자의 기호는 그 양식이 개인적이든 비개인적이든, 문장처럼 언어 그 자체의 규칙에 따라 드러난다고 단언한다. 마찬가지로, 독자의 기호도 사회가 받아들이는 서사의 약호 및 실천과 관계된다. 서사의 약호와 실천들은 서사의 외부, 즉 서사가 수용되는 다양한 사회적 상황으로 우리를 이끈다. 이 글(「저자의 죽음」)이 실제로 이 문제를 다루지는 않는다. 그러나 바르트는 부르주아 '문학이 사회적 소비의 기호를 감추려 한다는 점을 다시 한 번 언급하는데, 특히 리얼리즘 소설에서 그러하다고 말한다.

이처럼 바르트의 서사 구조 분석은 결국 우리가 이 장과 앞 장에서 살펴보았던 탈신화화의 기획으로 돌아온다. 바르트는 이렇게 말한다. "약호를 드러내지 않으려는 경향은, 부르주아 사회와 이 사회가 낳은 대중문화의 특징이다. 둘 다 기호로 보이지 않는 기호를 요구하기 때문이다."(SC : 128)

「서사의 구조주의적 분석 입문」은 바르트의 매우 유명한 연구로, '문학의 과학'이라는 말의 의미를 지속적으로 증명하려 한 시도 중 하나이다. 하지만 우리는 여기서 이 문학의 과학이 바르트가 『비평과 진실』에서 텍스트에 대한 응답으로 정초한 세 가지 중 하나에 불과하다는 점을 기억해야 한다. 그럼, 바르트가 비평과 읽기reading라고 칭한 나머지 응답은 어떠한 것인가? 1960년대 말부터 1970년대 초에 바르트의 저작은 단호히 이 두 문제에 집중한다.

'문학의 과학'과 서사의 구조적 분석

일반적으로 구조주의적 단계로 분류되는 이 시기(1957~1967)에, 바르트는 '신비평'의 주도적 인물로 명성을 얻었다. '피카르 사건'은 바르트가 『비평과 진실』이나 다른 글에서 비평에 대한 명확한 태도를 드러내도록 자극했다. 이 사실은 매우 중요한데, 왜냐하면 이 사건이 구조주의적 문학 과학을 발전시키려는 바르트의 욕망을 명확하게 해주었기 때문이다. 그러나 이 욕망은 바르트의 여러 기획 가운데 하나에 지나지 않는다.

이 장에서 우리는 특히 바르트의 1960년대 구조주의적 저작을 살펴보았다. 구조언어학은 '문학의 과학'을 발전시켰으며, 바르트는 이를 특히 서사 연구에 적용시켰다. 이 서사 연구는 의미에 대한 전통적 관념을 탈신화화시켜준다는 점에서 바르트의 기호학적 연구를 완성시킨 것이다. 바르트는 인간이 만들어낸 기호 체계에 대한 의손을 현대 사회가 은폐하고 있음을 증명함으로써, 기호학과 구조주의적 문학비평이 현대 사회 비판에 기여할 수 있게 했다.

05

탈구조주의와 저자의 죽음

이 장과 다음 장은 바르트가 1960년대 후반부터 1970년대 초반까지 썼던 저작을 다룬다. 프랑스 역사에서 이 시기는 문화적으로나 정치적으로 학생과 노동자들이 주도한 소위 '68혁명'과 그 여파가 지배한 시기다.

1968년 5월 초 학생들은 낭테르 대학에서 소르본느 대학에 이르기까지, 그리고 파리는 물론 프랑스의 다른 도시에서까지, 베트남전쟁과 프랑스 정치의 엄격성(샤를르 드골 대통령이 보여준)에 항의한다. 노동조합, 프랑스 공산당, 여러 좌파 혹은 극좌파 그룹들은 5월 말 잠깐 동안이었지만 정부를 전복하겠다고 위협했다. 이 사건은 결국 관습적인 정치 메카니즘에 흡수되었지만, 당시의 급진적이고 혁명적인 사고와 정신은 프랑스와 그 외의 나라들에게까지 영향을 미쳤다.

1960년대 후반에 들불처럼 일어난 이 일련의 정치적으로 급진적인 사태의 배후에는 자크 데리다Jacques Derrida(1930~2004), 줄리아 크리스테바Julia Kristeva(1941~), 미셸 푸코Michel Foucault(1926~1984), 장 보드리야르Jean Baudrillard(1929~), 필립 솔레르스Philippe Sollers(1936~) 같은 철학자들의 급진 사상이 자리하고 있었다. 이 새로운 사상들은 이후 '탈구조주의post-structuralism'라는 더 넓은 범주 아래 분류되었다. 이 시기 바르트의 저작도 탈구조주의 사상의 영향을 받았으며, 또 역으로 많은 사상가들에게 중요한 영향을 미쳤다.

과학을 넘어, 새로운 기호학

「오늘날의 신화」(1957)부터 『모드의 체계』(1967)에 이르는 시기는, 바르트가 구조주의와 기호학에 가장 깊이 관여한 때였다. 그러나 그는 이 시기에도 문학 텍스트이든 문화적 대상이든지 간에 그 기호 체계들을 과학적으로 연구한다는 생각은 단지 하나의 '관념'일 뿐이라는 점을 명확히 했다. 예컨대 바르트는 『비평과 진실』에서 구조주의를 '문학의 과학'으로 논할 때에도 미래 시제로 서술할 만큼 신중했다. 그가 1971년 스티븐 히스Stephen Heath〔영국의 유명한 영화학자로, 기호학과 정신분석학을 흡수하여 영화 이론을 전개했다.〕와 인터뷰할 때 설명했던 내용을 보자.

> 『비평과 진실』에서 제가 문학의 과학에 대해 이야기한 것은 분명한 사실입니다. 하지만 당황스럽게도 대부분의 사람들이 간과하는 점이 있는데, 문장의 모호성과 행간의 생략에 주의하는 사람들이라면 알아챌 수 있을 겁니다. 제가 문학의 과학을 이야기할 때 '언젠가 존재한다면'이라는 식으로 표현했기 때문입니다. 이는 제가 사실 문학에 대한 담론이 '과학적'으로 될 수 있으리라는 것을 믿지 않았다는 점을 의미합니다.(GV : 131)

다른 글에서 바르트는 자신이 거쳤던 구조주의적 단계가 '분류학Systematics'을 시도하는 어떤 기쁨 때문에 일시적으로 범주와 분류를 창조하려는 강박관념에 빠졌던 시기였다고 말한 바 있다.(SC : 6) 그래서 바르트는 1960년대 중반까지 자신이 1971년의 책 『사드/푸리에/로욜라Sade/Fourier/Loyola』에서 연구한 세 작가들과 비슷한 믿음을 갖고 있었다고 말한다.

이 텍스트에서 바르트는 특이하게도 서로 다른 세 명의 저자들을 한데 묶는다. 마르키 드 사드Marquis de Sade(1740~1814)는 포르노그라피적 문학 작가로 악명이 높고, 이그나티우스 로욜라Ignatius Royola(1491~1556)는 제수이트 교파의 설립자이자 『정신 수련Spiritual Exercises』의 저자이며, 샤를르 푸리에Charles Fourier(1772~1837)는 유토피아적 정치 문학을 쓴 작가이다.

바르트는 이렇게 서로 다른 저자들이 체계와 분류에 대한 강박관념을 공유하고 있다고 주장한다. 사드는 성적 행위들을 분류하며, 로욜라는 정신적 행위들을, 푸리에는 총체적으로 조화된 자신의 상상적 사회 속에서 사회적 행위들을 분류한다. 그들은 모두 '언어의 창시자'이며, 자신들 주변의 실제 세계를 재현하기보다는 자신들의 텍스트 안에서 세계를 창조하는 데 더 관심이 있었다.(SFL : 6-7)

구조주의적 단계의 바르트도 분류를 사랑하는 또 다른 사람으로, 즉 사드, 푸리에, 로욜라처럼 강박적으로 분류가 만들어내는 쾌락을 지니고 있으며, 또 분류 그 자체에서 쾌락을 느끼는 사람으로 볼 수 있을 것이다.

하지만 우리가 보았듯이, 이는 또한 작가이자 이론가로서 바르트가 지녔던 동기와 완전히 보조를 맞추고 있다. 그는 구조주의적·기호학적 방법이 아카데믹하고 지적인 일반 청중들에 동화되기 시작하는 순간, 그 방법론을 해체하고 거기에 도전하기 시작했다. 이 뚜렷해진 변화는 바르트가 『신화론』 출간 이후의 변화를 되돌아보며 1971년에 썼던 에세이에서 간명하게 논의된다. 이 에세이는 '오늘날의 신화론

Mythology Today'(RL : 65-8)이라는 제목이 붙어 있는데, '대상 그 자체를 변화시켜라 : 오늘날의 신화론Change the Object Itself: Mythology Today'라는 제목으로 『이미지-음악-텍스트*Image-Music-Text*』라는 영어판 선집에도 실려 있다.(IMT : 165-9)

물론 그렇다고 프랑스 문화가 신화에 의존하고 있다는 사실이 변한 것은 아니다. 하지만 바르트는 자신이 『신화론』에서 시도했던, 신화를 탈신비화시키는 이 읽기 방법이 널리 퍼져서 사실상 일반 문화에 동화되었다고 말한다. 따라서 "어떤 학생이든 부르주아적 혹은 프티 부르주아적 특성을 지닌 (삶, 사고, 소비의) 형식을 비난할 수 있다. 탈신비화(혹은 탈신화화)는 그 자체가 하나의 담론, 상투어의 집합체, 교리문답적인 말이 되었다."(RL : 66)

우리는 3장에서 바르트가 『신화론』에서 시도한 방법이 전적으로 신화 생산에 의존하는 문화의 위력에 얼마나 빨리 동화되었는지 확인한 바 있다.

기호학, 그리고 구조주의도 바르트가 첫 저서에서 규정한 바 있는 글쓰기의 자리에, 즉 스스로 변화하지 않으면 거역할 수 없는 전반적 문화 순응에 위협받는 위치에 서게 된 것이다. 바르트가 「오늘날의 신화론」에서 제시한 해결책은 신화의 탈신비화를 기호 그 자체의 개념에 대한 근본적 비판과 해체로 바꾸는 것이다. "가면을 벗겨야 할 대상은 더 이상 신화가 아니다. …… 바로 기호 그 자체를 혼란시켜야 한다."(RL : 66)

이 뚜렷한 변화 때문에 새로운 기준을 지닌 새로운 종류의 기호학이 등장한다. 이 새로운 기호학의 임무는 "더 이상 하위의 외연과 상

1973년 고등사회과학원 세미나에서 강의하는 롤랑 바르트

콜레주 드 프랑스 교수직에 임명되는 1976년까지, 바르트는 고등사회과학원에 10여 년간 재직했다. 이 시기는 프랑스의 문화나 정치가 소위 '68혁명'의 영향을 받고 있던 때이다. 1960년대 후반 일어난 이 급진적인 사태의 배후에는 데리다를 위시한, 크리스테바, 푸코 등의 급진 사상이 자리하고 있었다. '탈구조주의'의 등장이었다. 탈구조주의는 바르트의 사상에도 영향을 미쳤고, 반대로 바르트의 사상 역시 탈구조주의에 적지 않은 영향을 주었다.

위의 내포, 표면에 떠오른 자연성과 깊숙이 가라앉은 계급적 이해관계를 문제 삼거나 신화의 메시지를 바로잡아 전복(혹은 교정)하는 것이 아니라, 대상 그 자체를 변화시키는 것이다."(RL : 68) 바르트는 탈신비화시킬 새로운 대상이 기호 그 자체라고 주장한다. "처음엔 (이데올로기적) 기의의 파괴를 추구했지만, 이제는 기호의 파괴를 감행해야 한다."(RL : 67)

바르트가 이 글에서 정초한 새로운 기호학이 왜 기호 그 자체를 공격해야 하는가? 확실히 이 변화는 일반적 문화 연구나 기호의 과학이라는 기호학의 특성과 대립된다. 기호의 개념은 분명 이전에는 기호학과 구조주의가 방법으로 설정한 토대였지만, 이제 이 글에서 원-적arch-enemy이 되어 주목할 만한 변화를 겪는다. 실상 바르트는 기호를 예전에 기호 개념이 비판하도록 해주었던 바로 그것(부르주아 사회)과 등가로 놓는 듯하다. 바르트의 서술에 따르면, 이 새로운 기호학의 비판 대상은,

> 더 이상 프랑스 사회가 아니라 역사적으로나 지리적으로 이 사회를 초월하는 서양 문명 전체(그리스, 유대, 이슬람, 기독교 문명)이다. 이 문명은 동일한 신학(본질, 일신론)으로 통합되어 있으며, 플라톤부터 잡지 《프랑스-디망슈France-Dimanche》에 이르기까지 자신이 실천하는 모든 의미 체계에서 확인된다.(RL : 67)

기호가 공격받아야 하는 것은 철학적 기원(플라톤과 그리스 철학)부터 대중매체의 현대적 체계(대중잡지 《프랑스-디망슈》가 예증하는)에

이르기까지 서양 문명의 토대가 되는 '의미의 체계'에 관여하기 때문일 뿐만 아니라, 어떻게든 진리를 구현한다고 믿는 철학과 일신론적 종교와 연관되어 있기 때문으로 보인다. 서구의 철학 전통과 일신론적 종교가 공통되게 지니고 있는 것, 그리고 이 성좌들이 현대 대중매체와 공유하고 있는 것은 무엇인가? 왜 바르트는 그가 평생 동안 해오던 프랑스 부르주아 문화 비판을 철학과 일신론적 종교의 기호 사용 방식에 대한 공격과 융합시키려 한 것일까?

데리다와 기호의 해체

「오늘날의 신화론」에서 제기한 바르트의 주장은 자크 데리다의 해체론적 철학과 매우 가깝다. 데리다는 세 권의 매우 영향력 있는 텍스트들을 1967년에 출판했는데, 바로 『목소리와 현상 Speech and Phenomenon』, 『글쓰기와 차이 Writing and Difference』, 그리고 가장 중요한 『그라마톨로지에 대하여 Of Grammatology』이나. 이 텍스트들은 해체론이라 알려진 철학의 토대가 되었다.

바르트와 데리다는 탈구조주의와 관계된 다른 이론가들과 함께 1966년 존스 홉킨스 대학에서 열린 '비평의 언어와 인간과학'이라는 심포지엄에 참석했다.(Macksey와 Donato 1972를 보라.) 이 심포지엄은 새로운 탈구조주의적 목소리가 구조주의 운동 내에서 나오기 시작한 계기로 자주 인용된다. 이 심포지엄에서 데리다가 발표한 「인문과학의 구조, 기호, 유희 Structure, Sign and Play in the Discourse of the Human Sciences」는 일반적으로 초기 탈구조주의와 특히 해체론의 중요한 표현으로 간주되고 있다.(Derrida 1981 : 278-93 ; 그리고 Macksey와 Donato 1972 : 247-72를 보라.)

이 논문에서 데리다는 구조의 관념 자체를 검토한다. 데리다는 구조의 관념이 구조주의에도 중요하지만, 철학적 전통이 시작된 이래 모든 사고 체계에서도 중요한 역할을 해왔다는 점을 상기시킨다. 데리다는 모든 구조에 대한 관념이 의미가 나오는 중심, 기원, 토대에 기대고 있다고 주장한다. 예컨대, 문학작품의 중심은 전통적으로 저

해체 자크 데리다의 초기 저술들이 나온 이후, 해체론은 인문학과 그 밖의 모든 분야에서 중대한 영향력을 발휘하게 되었다. 데리다의 저서는 전통적인 대립항(또는 이항대립), 즉 남성/여성, 말하기/글쓰기, 철학/문학, 진리/허구, 밖/안, 형식/내용 등의 붕괴와 결부되어 있다. 그의 논의는 소쉬르의 기호에 대한 새로운 분석으로 시작한다. 소쉬르는 기호를 기표(소리 혹은 표기)와 기의(개념)의 결합으로 보았다. 그러나 기표와 기의의 관계는 자의적인 것이다. 그 관계는 기표를 특정한 기의와 관련시키는 현재의 관습(그것이 현재 작동시키는 언어 체계)에 불과하다. 소쉬르는 "언어에는 차이만이 있을 뿐 '긍정의 관계'는 없다."고 했는데, 이는 기표와 기의의 관계가 순수하게 구조적이며 순수하게 관계적이라는 것을 의미한다. 기의는 '긍정의 관계'도 아니고 필수적이고 최종적인 의미도 아니며, 단지 기표와의 관습적 관계를 맺고 있을 뿐이다. 기호의 의미는 기표와 기의의 관계로 확립되는 것이 아니라, 더 넓은 기호 체계(랑그) 안에서 기호가 차지하는 자리의 관계로 확립된다. 데리다는 처음부터 이를 지적하고, 이 점이 서양의 전통적 의미 개념에 함축되어 있다는 점을 정성스럽게 증명한다.

데리다에게 소쉬르가 정의한 기호는 의미가 기호에 포함될 수 없음을 의미한다. 의미가 관계적이라면, 그리고 모든 기호가 다른 기호와

자로 간주되어왔다. 저자는 모든 의미의 원천이자 문학작품을 낳는 원천이었다. 문학작품을 구조나 언어 체계로 다룰 경우에도, 저자를 구조의 중심(기원, 원천)으로 상정하는 태도는 불가피하며 당연하다고 여겨진다. 마치 신이 종교적 담론에서 체계와 구조로서 보편성의 창조자로 보이는 것처럼, 전통적으로 문학작품의 저자도 구조로서의 작품에 중심으로 자리잡고 있다.

사실 데리다가 지적한 대로, 중심(질서 혹은 정향성의 중심)이라는 관념 없이는 어떤 구조(안정성과 질서를 동반하는 개념)도 생각하기 어렵

의 유사성과 차이로만 의미를 갖는다면, 의미 자체도 관계적이어야 한다. 만약 '문화'와 같은 기호의 의미를 조사해보면, 그 단어의 기의가 또 다른 기의들을 필요로 하는 기표로 전환된다는 것을 알 수 있다. 예컨대 '문화'의 의미를 확립시키려면 자연적이지 않음, 인간이 만든 것, 역사적인 것, 취향, 사회적 특권, 상부구조(마르크스주의 용어), 언어, 교육 등의 기의들을 피할 수 없다. 이 새로운 기의들은 '문화'라는 기표를 기의로 만들어주지만, 그 기의들은 서기 다른 기의와 관련해서만 의미를 지니며, 또 그 각각의 기의들은 새로운 기의가 필요한 기표가 된다.

데리다는 의미가 속박될 수 없다고 주장한다. 소쉬르가 부분적으로 포착했듯이, 의미는 순수하게 관계적이다. 의미의 유희(기의의 관계적 운동이 무한한 기표가 되는 것)를 정지시키려면, 데리다가 초월적 기의(다른 기호에 의존하여 의미를 갖지 않는 기호)라고 부르는 것이 필요하다. 그러나 초월적 기의는 존재하지 않으며 존재할 수도 없다는 것(따라서 의미의 유희도 종결되지 않는다는 것)이 데리다의 해체론적 철학의 근본적인 교훈이다. 이는 최종적이고 안정적인 의미와 진리에 도달할 수 있다고 주장하는 모든 담론(철학적, 논리적, 종교적, 법적, 인문학적, 과학적)을 붕괴(해체)시키는 교훈이다.

다.(Derrida 1981 : 278-89) 구조가 어떻게 비조직적일 수 있는가? 구조는 분명히 질서의 핵심, 즉 모든 구조들을 아우르는 중심을 갖고 있다.

중심(중심이 있는 구조라는 관념)이 꼭 필요하다는 생각은 전통적 관념에서 나온 것이다. 그러나 데리다 이후 소위 의미의 활동은 끝나야 하는 것, 종지부를 찍어야 하는 것이 되었다. 중심은 의미의 활동을 가능하게 하는 기원 혹은 원천으로, 궁극적으로 사라져야 할 것이다. 그러므로 중심은 의미의 유희 자체와 관련된 것도 아니고, 그 유희가 생산하는 구조에 직접 관련된 것도 아니다. 문학작품의 저자처럼, 중심은 의미의 유희(구조)를 성립시키지만 유희 그 자체를 낳지는 않는다. 문학작품을 읽을 때, 사람들은 전통적으로 의미의 구조 혹은 체계로 간주되는 작품의 궁극적 지시 지점이자 근원자로 저자를 작품 뒤에 상정한다. 데리다는 이 전통적 관념에서 논리적 모순을 추출하여 보여준다.

중심은 …… 자신이 개시하여 성립시킨 유희를 종결시킨다. 중심은 내용과 요소와 용어의 대체가 더 이상 불가능한 지점이다. …… 중심은 유일한 것으로 정의되며, 구조를 지배하며 구조 내부를 구성하지만 구조성을 벗어난다고도 생각돼왔다. 이 때문에 구조에 대한 전통적 사유는, 역설적이게도 중심이 구조의 안에도 있고 구조의 밖에도 있다고 말할 수 있었던 것이다. 중심은 전체의 중심에 있지만, 전체에 속해 있지는 않다.(전체의 일부도 아니다.) 따라서 전체의 중심은 다른 곳에 있다. 중심은 중심이 아니다. 중심이 있는 구조의 개념—비록 이 개념이 철학 또는 과학으로서 에피스테메〔앎〕의 조건인 일관성으로 재현되지만—은 모순적으로 일관적이다.(1981 :

구조라는 말이 관계적 의미의 그물망—예를 들어, 문학작품을 구성하는 모든 모호성과 긴장, 잠재적 결합—을 의미한다면, 이러한 의미를 위해 기원과 종결점, 중심을 찾는 것은 당연해 보인다. 중심은 구조 자체를 존재하게 한다는 점에서 초월적 기의로 기능한다. 그것은 구조(의미의 유희)에 참여하는 구조가 아니라 토대가 되는 구조다. 하지만 중심과 초월적 기의를 찾으려 하면, 데리다의 말대로 중심과 기의가 어디에나 존재한다는 것을 발견하게 된다. 이는 이 중심들이 언제나 명백히 안정된 구조 바깥에 언제나 실제로 존재하는 것이 아니라, 어디서나 스스로 의미를 지니고 있음을 의미한다. 문학작품의 중심을 저자로 상정하려 할 때, 그 기의에 정박할 수 없음을 알게 되는 것이다.

저자라는 말의 의미는 무엇인가? 작품의 중심이 저자의 의도 혹은 저자의 감정적 요구와 욕망, 번민이라는 것을 의미하는가? 중심은 저자의 무의식인가, 아니면 저자가 작품을 쓴 역사적 맥락인가? 결국 다른 초월적 기의들처럼, 서사노 미학, 심리학, 사회, 역사 등 다른 기의를 위한 기표로서만 의미를 지니는 걸로 입증된다. 데리다는 이렇게 쓰고 있다. "구조 개념의 전 역사는 중심을 중심으로 대체하는 행위의 연속으로, 즉 중심의 결정에 결부된 연쇄로 생각해야 한다. 중심은 연속적으로 그리고 규칙적으로 서로 다른 형식 혹은 이름들을 받아들인다."(1981 : 279)

만약 구조로서의 철학의 중심이 무엇인지를 묻는다면, 진리, 지식, 논리, 자연, 현실, 존재, 권리, 신성성, 자유, 역사, 언어, 과학 등과 같은 대체물의 연쇄를 보게 될 것이다. 또 신이라는 기표의 기의를 요구해도, 역시 제1원인, 제1운동자, 야훼, 삼위일체, 알라, 테트라그라마톤Tetragrammaton[히브리어에서 신을 가리키는 신성한 4문자, VHWH, VHVH를 가리키는 말], 영혼, 아버지, 유일자, 본질, 지식, 시선, 움직이는 손, 사랑, 복수, 용서, 아들, 어머니, 자식, 영원성, 법, 설립자, 대건축, 정의 등의 대체물 때문에 현기증만 경험할 것이다.

데리다는 구조주의도 이전의 모든 지적 담론들처럼 중심과 초월적 기의라는 토대 위에 방법론을 세웠다고 주장한다. 구조주의에서 이 중심은 기호의 관념 자체이다.

앞 장에서 살펴보았듯이, 소쉬르와 프랑스 및 그 밖의 나라에서 소쉬르의 생각을 발전시킨 사람들은 모든 문화의 기호 체계를 읽을 수 있는 기호학이라는 과학을 꿈꾸었다. 이러한 방법 혹은 일반 과학은 궁극적으로 기호의 관념과 이 방법을 중심화시키는(질서 있게 과학적으로 안정시키는) 능력에 의존한다. 하지만 데리다의 해체론적 연구는 기호가 이러한 방식으로 기능할 수 없음을 입증한다. 데리다는 기호학자나 구조주의자들이 규정적으로 분석할 수 있는 안정된 구조(기호 체계) 대신, 언어에서 일어나는 끝없는 의미의 유희를 제안한다. 이 의미의 끝없는 유희는 데리다의 책과 대부분의 탈구조주의 저작에서 에크리튀르(글쓰기), 차연, 텍스트성 등 여러 이름으로 등장한다. 하지만 이 용어들의 핵심적 의미는 데리다가 간단하게 표현한 바 있다. "초월적 기의의 부재는 의미의 영역과 유희를 무한하게 확장시킨다."(1981 : 280) 기호(의미작용)의 의미는 결박되거나 중단되거나 종료될 수 없다. 모든 기의가 무한한 과정에서 새로운 기표가 되므로, 중심이 없기 때문이다.

텅 빈 기호의 제국

1970년에 출간된 바르트의 일본 연구서 『기호의 제국 Empire of Signs』을 보면, 해체론적 사고가 바르트의 글쓰기에 얼마나 중요한 영향을 미쳤는지 관찰할 수 있다. 바르트는 『모드의 체계』 같은 텍스트에서 1차 체계와 2차 체계의 (외연적/내포적) 의미를 엄격하게 분석한 바 있지만, 이 책에서는 일본 문화의 기호에 대한 기호학적 연구를 목표로 삼지 않았다. 바르트는 이 책에서 서양의 문화 체계 바깥에 있는 문화가 기호의 작동과 의미의 정의에 대한 선입견을 얼마나 혼란시키고 해체하는지 증명하고자 했다.

바르트는 일본 문화가 의미에 대한 서구적 강박관념, 즉 대상에서 의미를 찾고 기표에서 기의를 찾으려고 노력하는 강박관념에서 자유롭다는 것을 발견했다. 바르트는 일본어를 하나도 몰랐기 때문에, 주위에서 들리는 언어를 순수한 소리이자 텅 빈 의미로 들었다. 일본 음식은 완전히 비위계적인 방식으로 나오며(첫 코스, 메인 코스, 디저트 등이 없다.), 따라서 저녁식사에도 여러 가지를 선택할 수 있는 순전한 자유가 있다.

포장에 대한 일본인들의 사랑도 바르트를 매혹시켰는데, 그것이 최종적 기의로 이르지 않는 텅 빈 기호나 기표를 사랑하는 문화를 인정해주는 것처럼 보였기 때문이다. 일본의 선물은 (아주 사소한 것이라도) 매우 정교하게 싸여져 포장되므로, "마치 안에 뭔가가 들어 있는 게 아니라 상자가 선물처럼 보인다."(ESi : 46)

바르트는 상당한 시간을 들여 '하이쿠'로 알려진 일본 시의 전통을 논하기도 한다. 커든J. A. Cuddon[1928~1996. 문학·여행·스포츠 등을 아우르는 영역에 대한 글을 남겼으며, 『문학용어사전』의 저자이다.]은 하이쿠를 이렇게 정의한다. "5, 7, 5음절 세 줄을 합해 17음절로 이루어진 일본 운문으로, 하나의 생각, 이미지, 느낌을 표현한다. 이 시는 말의 축소형 "포착"이다."(Cuddon 1991 : 399) 하이쿠는 시간과 이미지의 순간 포착으로, 『기호의 제국』에 나타난 바르트의 연구를 대변하는 완전한 상징물인 듯하다.

이 책은 일본 문화의 다양한 측면을 연관성 없이 묘사하고 성찰할 뿐, 궁극적이고 최종적인 분석이나 지배적 의미에 이르지 않는다. 이러한 연구방식은 이 책의 의도와 완전히 반대되는 것이다. 왜냐하면 스스로 말하고 있듯이, 바르트의 욕망은 일본 문화의 실제를 포착하는 것이 아니라, 의미에 대한 서양의 욕망을 피하고 싶은 방문자로서 응답하는 것이기 때문이다. 일본은 의미에서의 해방과 텅 빈 언어와 텅 빈 기호 사이를 떠다니는 쾌락의 기회를 무한히 제공한다. 하이쿠는 단지 표면일 뿐이며, 감춰진 혹은 궁극적인 기의를 지니고 있지 않다.(데리다적 의미에서, 중심이 없다.) 이는 바르트가 『기호의 제국』을 쓰면서 목표로 삼았던 바로 그 상태이자 효과이다.

서양이 의존해온 초월적 기의와 중심적 구조라는 관념을 해체하는 데리다의 논의는 '인문과학'의 전 지류와 관련한 매우 근본적이고 혁신적인 내포를 담고 있는 동시에, 바르트 초기 작품의 한 경향도 승인해준다.

살펴본 대로, 『글쓰기의 영도』, 『신화론』, 『모드의 체계』 등에서 바르트는 모든 것에 의미의 덮개를 씌우려는 부르주아 사회의 경향을 공격한다. 처음부터 바르트는 인공적 사물과 대량생산된 이미지와 권

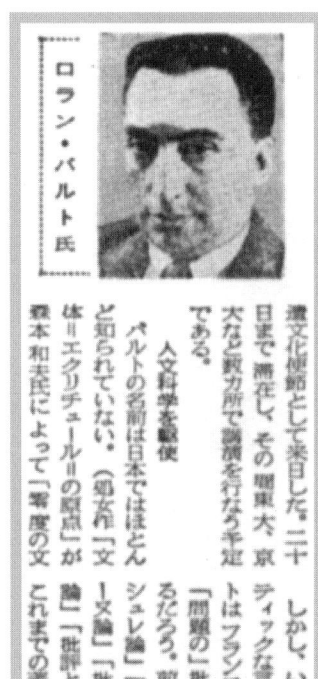

『기호의 제국』에 실린 바르트 사진

'이 서양의 사상가는 《고베 신문》에 그 말이 인용되는 순간 '일본화된' 자신을 발견한다. 일본식 인쇄술을 거치며 눈은 가로로 길어지고, 눈동자는 어두워졌다.' 1970년 출간된 바르트의 일본 연구서 『기호의 제국』은 해체론의 영향을 살펴 볼 수 있는 책이다. 바르트는 일본 문화가 의미에 대한 서구적 강박관념, 즉 대상에서 의미를 찾고 기표에서 기의를 찾으려는 강박관념에서 자유롭다는 사실을 발견한다.

력, 사회적 조작의 과정이 자연적인 기호로 공고화되는 과정을 공격했다.

『기호의 제국』은 명확하고 안정적이고 단일한 의미에 대한 서구의 불안과 강박관념에서 자유로운 공간(여기서는 일본이라 불리는)의 해체론적 허구이다. 이 책은 서양의 기호(언제나 충만하고, 언제나 명쾌한 기의에 집착하는)에 대한 해독제이다. 바르트는 세계에서 가장 인구가 많은 도시 중 하나인 도쿄를 서양의 도시와 달리 한쪽에 중심을 가진 곳으로 묘사한다. 천황의 주거지는 중심이 아니며, 바르트는 이를 텅 빈 중심으로 읽는다.

도시 전체가 접근 금지된 평범한 장소를 에워싸고 있다. 그곳은 무성한 잎으로 숨겨져 해자의 보호를 받는 곳이며, 결코 들여다 볼 수 없는, 다시 말해 말 그대로 아무도 어떤 사람인지 알지 못하는 천황이 살고 있는 주거지다. 택시들은 날마다 총알같이 빠른 속도로 활기차게 이 원형의 공간을 피해 다닌다. 이 원의 낮은 장식들은 볼 수 없는 것을 볼 수 있게 만든 형식으로, 신성한 '부재'를 숨겨주고 있다.(ESi : 30-2)

유사하게, 도쿄의 거리에는 이름이 없다. 따라서 거주자나 방문자들은 시각적 기억에 의존해 손으로 씌어진 시각적 안내서가 있어야만 방향을 찾을 수 있다. "따라서 처음 이 도시를 방문한 사람은 쓰기 시작하게 된다. 주소도 씌어져 있지 않기 때문에, 자기만의 글쓰기를 마련해야 한다."(ESi : 36)고 바르트는 말한다.

일본을 쓴다는 생각, (의미의 부재 때문에) 글을 쓰도록 자극을 받는다는 생각은 매우 중요하다. 이 생각은 바르트의 탈구조주의 단계의 저작들 가운데서 이 텍스트가 특히 중요한 이유를 알게 해준다. 바르트는 일본 문화를 분석하려고 하지 않는다. 바르트는 처음부터 그런 절차가 어떤 서구인도 피할 수 없는 동양에 대한 신화를 반복하는 것에 지나지 않는다는 점을 알고 있다. 서양의 시각으로 동양을 진단하는 대신, 바르트는 일본을 하나의 텍스트로 읽는다. 더 중요한 것은, 그가 일본을, 전통적 읽기reading가 추구했던 안정되고 한정적인 종류의 의미의 회복(발견)을 초월한 텍스트, 다시 말해 끝내 읽을 수 없는 텍스트로 읽는다는 점이다. 바르트는 1970년 인터뷰에서 이렇게 말했다. "내가 일본에서 읽었던 것처럼, 기호의 연쇄를 정박시킬 수 있는 최고의 기의나 근본 원리는 없습니다."(GV : 99)

일본은 기호가 '최고의 기의'(중심 혹은 초월적 기의)에 정박되지 않는 텍스트이며, 바르트에게 어떤 형식의 글을 쓰도록 자극한다. 하나의 궁극적 기의에 정박되지 않는 기표와 마주한 독자는 작가가 되어야 한다. 즉, 독자는 자신만의 일시적인 구조와 패턴, 의미들을 텍스트로 끌어와 텍스트를 재창조하는 사람이 되어야 한다. 텍스트, 저자, 독자에 대한 바르트의 탈구조주의적 이론에서 가장 중요한 특징은, 읽기가 곧 쓰기가 되는 바로 이 과정이다.

탈구조주의 선언, 저자의 죽음

바르트가 1968년에 쓴 「저자의 죽음」은 아마도 그가 쓴 글 중에서 가장 널리 읽힌 에세이일 것이다. 수많은 대학 수업에서 연구되고 또 수많은 학문적 논문에 인용되면서, 이 글은 바르트의 문화적 신화가 되어버렸다. 최근 한 출판인의 말 혹은 선전문구를 인용해보자. "롤랑 바르트는 기호학과 문화이론을 주도한 전문가이다. 그는 1968년 "저자의 죽음"을 선언하며 명성을 얻었다."

우리는 이미 1968년에 바르트가 탈구조주의 이론을 명쾌하게 정의한 것보다 더 긴급한 사건이 일어났음을 알고 있다.〔1968년 혁명을 의미한다.〕 그것은 분명 순수한 말들로 악명을 만들어내어 그 선언들을 신화화시키는 과정이었다. 하지만 「저자의 죽음」은 읽기, 쓰기, 그리고 읽기와 쓰기가 포함된 텍스트와 기호의 관계라는 문제에 대해 바르트가 발전시킨 탈구조주의적 연구가 농축된 표현물이었다.

바르트에 따르면, 자본주의 사회에서 저자는 언제나 문학작품의 기표가 정박하는 곳으로 기능해왔다. 저자는 작품의 중심으로 상정된다. 저자는 작품의 모든 의미의 기원이며, 모든 읽기의 목표가 되는 사람이다. 바르트는 이렇게 쓴다. "사람들은 여전히 작품에 대한 설명을 생산자의 인격 안에서 찾는다. 마치 다소 투명한 허구의 알레고리를 통해, 결국 언제나 단 하나의 동일한 사람인 저자가 "내밀한 이야기"를 전달하고 있는 것처럼."(RL : 50)

저자에 대한 이러한 생각은 데리다의 해체론이 비판했던 전통적 의미 체계과 관련되어 있다. 신이 물질적 우주의 배후에 존재한다고 여겨지듯이, 전통적으로 저자는 작품 뒤에 숨어 있는 초월적 기의였다. 이런 의미에서 저자는 작품에 안정성과 질서를 부여하는 신성한 인물이다. 바르트의 글은 사실 서양의 남성 중심적 사회에서 신, 아버지, 저자 사이에 만들어진 관계의 특성을 적나라하게 드러낸다. 그의 표현에 따르면, "저자는 책에 양분을 제공한다고 간주된다. 즉, 저자는 책의 탄생 전부터 살고 있으며, 책을 위해 생각하고 괴로워하며 살아가는 사람처럼 생각되고 있다. 아버지가 자식을 키우는 관계처럼, 저자는 작품에 선행한다."(RL : 52)

저자와 그 자식의 신화는, 읽기에 대한 자본주의적 혹은 상업적 사고방식에서 특히 편리하다. 왜냐하면 이 신화가 작품을 해독하여 성공적으로 해석하고 완전히 이해하여 길들일 수 있는 모델을 마련해주기 때문이다. 다시 말해, 저자의 형상은 의미의 유희를 축소시키고 끝낼 수 있게끔 계획되어 있다. 같은 해 미셸 푸코는 이 주제와 관련된 에세이 「저자란 무엇인가?What is an Author?」에서 "저자란 …… 사람들이 의미의 확산을 두려워하고 있음을 표시해주는 이데올로기적 인물"이라고 주장한다.(Foucault 1979 : 151) 마찬가지로 바르트가 저자를 비판하는 것도, 저자에 대한 관념이 의미를 포함하고 한정짓고 결국 길들이게 되는 방식 때문이다.

바르트의 에세이는 구조주의에서 탈구조주의로 넘어가는 움직임이 감지된다는 점에서 과도기적인 글이다. 그러나 이 에세이가 탈구조주의적인 이유가 '저자의 죽음'이라는 아이디어 때문만은 아니다. 구조주의는 작품과 저자가 의미의 원천이라는 전통적 관념보다 체계에 초점을 맞추었기 때문에, 이미 저자와 상관없이 전개된 사상이다. 이 에세이가 탈구조주의적인 것은, 이 글에 텍스트와 텍스트성 이론, 특히 급진적 이론지였던 《텔켈》과 관련된 생각이 나타났기 때문이다.

「저자의 죽음」에서 바르트는 《텔켈》지의 주요 사상과 비슷한 생각들을 표현한다. 그는 의미를 안정시키기 위해 저자의 형상을 사용할 경우, 단일하고 통일적이며 자명한 의미 혹은 진리를 제시하는 서양 현대 사회의 시도에 동참하게 된다고 주장한다. 문학작품이나 다른 종류의 작품에서 나타나는 의미의 무한한 유희와 복수성을 급진적으로 찬양하는 태도는, 1968년 무렵 《텔켈》지의 이론과 특히 일반적인 탈구조주의적 작품과 관련한 수많은 주요 용어들과 관련이 있다. 이 중 바르트가 발전시킨 가장 중요한 용어는 에크리튀르(글쓰기),

텔켈 《텔켈Tel Quel》은 1960년부터 1983년까지 간행되며 지식인 사회에 많은 영향을 끼친 이론지로, 그 후 '무한L'infini'으로 이름이 바뀌었다. 이 잡지의 이름은 프랑스의 유명한 작가인 폴 발레리Paul Valéry(1871~1945)의 책 제목에서 따온 것이며, '있는 그대로such as it is(프랑스어 tel quel의 의미)'의 문학을 찬미하려는 목적에서 출발했다. 1966년부터 1975년까지 이 잡지는 매우 중요한 포럼을 성장시켜, 이론이 구조주의를 극복하고 탈구조주의적 단계로 넘어갈 수 있도록 추동하는 작업을 수행했다.(ffrench 1995와 1998을 보라.) 편집위원회 체제로 운영된 《텔켈》은 전성기에는 특히 필립 솔레르스와 협력하였으며, 데리다, 크리스테바, 푸코, 루이 알튀세Louis Althusser(1918~1990)와 바르트의 수많은 파격적 논문들을 발간하고, 조르주 바타유 George Bataille(1897~1962) 같은 중요한 작가들의 저작을 대중화시켰다. 《텔켈》은 언제나 가장 급진적인 형식의 새로운 글쓰기와 이론을 장려하는 데 관심을 보였으며, 1968년까지 언어의 복수성 plurality, 특히 문학 언어의 복수성에 일차적인 관심을 보였다. 《텔켈》의 이론은 이 시기의 급진적 좌파 정치학에 대한 지지와 관련이 깊다. 크리스테바, 바르트, 데리다 등의 저작에서 표현된 《텔켈》의 이론들은 소비와 안정된 의미를 기반으로 한 현대 자본주의의 가치에 맞서 언어와 글쓰기(에크리튀르)의 급진적(복수적plural) 개념을 주장했다.

텍스트, 그리고 언어학과 심리학적 주체와 관련된 다양한 사유와 용어들이다.

「저자의 죽음」에서 에크리튀르는 궁극적 기의를 상정하지도 않고 거기에 의존하지도 않는 언어를 가리키는 용어가 되기 시작한다. 일본 그 자체, 바르트가 일본과 대면하여 부분적으로 구성한 이 이상한 텍스트는 이러한 의미의 에크리튀르라고 할 수 있다. 지배적 문화 이데올로기에서 자유롭고 그 이데올로기를 비판할 수 있는 문학의 잠재력에 대한 새로운 감각이, 이 『기호의 제국』과 「저자의 죽음」의 여러 구절들에서 나타난다. 그는 이렇게 쓰고 있다.

> 문학(이제부터는 글쓰기라고 부르는 게 좋을 것이다.)은 텍스트(그리고 텍스트로서의 세계)에 비밀을, 즉 궁극적 의미를 부여하지 않고, 소위 반신학적이고 혁명적인 활동을 해방시킨다. 의미를 고정시키기를 거부하는 것은 결국 신과 신의 삼위일체인 이성, 과학, 법칙을 거부하는 것이기 때문이다.(RL : 54)

저자를 문학작품의 중심으로 상정하는 것은 차이를 억압하는 자본주의 사회(언어의 의미 증식)에 동참하는 것이다. 바르트의 관점에서 볼 때, 글쓰기(근본적으로 복수인 언어)를 해방시키기 위한 노력은 언어학적으로나 정치적으로나 급진적인 행위에 동참하는 것이다.

《텔켈》의 이론은 명확하고 안정된 의미라는 관념을 소비주의 혹은 소비와 연관시킨다. 바르트와 크리스테바의 주장에 따르면, 사회는 사람들이 모든 텍스트에 소비할 수 있는(명확한, 해독 가능한, 읽을 수 있는, 한정된) 의미가 있다고 믿기를 원한다. 이러한 의미의 문학은 지배사회가 소비주의의 지류로 취급하는 문학일 뿐이다. 독자들은 책을 사고 읽고 의미를 찾아내어 그것을 소진한 다음 다른 책을 사도록 장려된다. 문학작품과 초콜릿 바, 가루비누, CD, 옷들의 관계는 명확하다. 《텔켈》의 이론은 문학이 대량생산되어 소비되는 상품문화로 흡수되는 데 저항한다. 글쓰기는 저자라는 허구적 토대에서 자유로워질 때 소비의 관념을 붕괴시키기 위해 작동할 수 있다.

> 복수적 글쓰기에서는 모든 것이 풀어나가야 하는 것이지 해독해야 할 것은 없다. 그 구조는 모든 활동과 모든 단계마다 실처럼 얽혀 있지만, 끝도 없고 바닥도 없다. 글쓰기의 공간은 횡단해야 하는 것이지 관통하는 것이 아니다. 글쓰기는 언제나 의미를 상정하지만, 그것은 언제나 의미를 증발시키기 위해서이다. 글쓰기는 의미를 체계적으로 사라지게 하고자 한다.(RL : 53-4)

저자의 속박에서 자유롭고 최종적 기의가 존재하지 않는 이러한 글쓰기는 어디에 존재하는가? 바르트의 대답은 텍스트text의 개념 안에 있다. 그것은 저자가 배후에 숨어 있다고 생각하는 전통적인 작품 work 개념과 명백히 구분되는 것이다. 바르트의 유명한 말이 있다.

> 이제 우리는 텍스트가 단일한 '신학적' 의미(저자—신의 '메시지')를 풀어놓은 몇 줄의 말이 아니라, 다차원적 공간으로 구성된다는 것을 알게 되었다. 이 공간에는 서로 결합하고 경쟁하는 몇몇 글쓰기가 있을 뿐, 기원은

없다. 텍스트는 수많은 문화적 원천에서 비롯된 인용의 직물이다.(RL : 52-3)

저자의 죽음에 대한 바르트의 주장 뒤에는 그가 이 책에서 발전시킨 '텍스트' 이론이 놓여 있다.

구조주의를 넘어 탈구조주의로

바르트가 탈구조주의적 단계에서 보여준 특징은, 과학적이고 객관적인 방법론이라는 관념에서 이탈하려는 움직임이다. 그가 『모드의 체계』와 「서사의 구조주의적 분석 입문」에서 말했듯이, 이제 기호학과 구조주의는 의심스러운 기호의 관념에 의존하는 사상으로 보이게 되었다.

이 장은 먼저 바르트가 어떻게 기호 그 자체를 근본적으로 비판하기 시작했는지 살펴보았다. 바르트는 이런 측면에서 자크 데리다 같은 이론가의 영향을 받았다. 바르트의 작품이 기호(기표를 위한 안정적 기의라는 관념을 가진)보다 기표의 근본적인 위력을 탐구하기 시작한 것은 이러한 영향 때문이다.

기의는 최종적 기의로 나아가지 않으며, 『기호의 제국』에서처럼 텅 빈 기호를 특징으로 하는 공간을 제시해준다. 또한 기표는 전통적인 저자 관념에 대한 전면적 비판과, 독자, 텍스트, 의미의 관계에 대한 근본적으로 새로운 인식에 이른다.

텍스트와 텍스트성

계속해서 텍스트와 텍스트성 이론을 중심으로 바르트의 탈구조주의적 저서들을 살펴보자. 1970년 출간된 『S/Z』는 탈구조주의적 단계에서는 물론이고, 바르트의 삶 전체에서도 매우 중요한 작품이다. 바르트의 텍스트 이론이 완전하게 표명된 곳이 바로 『S/Z』이기 때문이다. 결과적으로 볼 때, 바로 이 독창적 저서에서 바르트가 서사의 구조주의적 분석으로부터 서사와 문학 언어 일반에 대한 탈구조주의적 연구로 옮겨 갔음을 알 수 있다.

바흐친, 크리스테바, 상호텍스트성

바르트와 데리다의 저작에 드러난 기호에 대한 공격은, 바로 기의의 불안정성(또 다른 기표가 되려고 하는 성향)과 관련이 있다. 이른바 텍스트 이론의 등장은, 1960년대 후반 크리스테바가 러시아 언어학자 미하일 바흐친Mikhail Bakhtin(1895~1975)을 소개한 데에서 비롯되었다. 크리스테바가 처음 유럽 대중들에게 소개한 이후, 바흐친의 저작은 언어학·문학이론과 비평·철학·사회학 그리고 다른 여러 분야에 광범위하게 영향을 미쳤다. 크리스테바는 특히 언어의 대화적 성질에 집중했는데, 이는 바흐친의 가장 중요한 통찰이기도 하다.

크리스테바는 바흐친의 저작에서 언어가 항상 다중적이며 다의미성을 지니고 있다고 보는 문학적(크리스테바는 '시적'이라는 말을 사용한다.) 언어 모델의 기초를 발견해냈고, 이러한 바흐친 읽기(Kristeva 1980을 보라, 36-63, 64-91)는 많은 영향을 미쳤다. 크리스테바가 바흐친의 대화론적 언어론을 취하여 상호텍스트성intertextuality의 관점에서 본 새로운 문학 언어 이론을 내놓았다는 것은 유명한 사실이다. 이

> 대화주의 바흐친은 『마르크스주의와 언어철학Marxism and the Philosophy of Language』 같은 저서에서 체계로서의 언어(랑그)에 집중했던 소쉬르에 반대하는 주장을 펼친다. 바흐친에 따르면, 실제의 말에 초점을 맞추지 않기로 한 소쉬르의 결정은 근본적으로 잘못되었다. 언어는 언제나 실제로 말하는 사람들 사이의 사회적 상황에서만 존재하기 때문이다. 바흐친에 따르면, 소쉬르의 연구방식은 '추상적'이고 그럴싸하게 '객관적'이기 때문에, 언어가 사용되는 수많은 사회적 맥락 속에서 발견되는 실제의 말로 옮겨가야 한다. 바흐친은 언어를 이러한 방식으로 바라볼 때 비로소 중요한 여러 현상들을 발견할 수 있다고 주장한다. 언어는 언제나 '가치평가적'이며, 언제나 사회적 이데올로기와 결부되어 있다. 순수하고 중립적이거나 객관적인 언어는 없다. '친구friend'라는 간단한 단어가 술집, 교실, 취업 면접, 종교 행사, 텔레비전 인터뷰, 소설이나 철학적 논문 등 서로 다른 사회적 상황에서 사용되는 경우를 상상해봐도 이를 알 수 있다. 모든 단어들이 그렇지만, '친구'라는 단어는 상황마다 서로 다른 의미를 지니고 있다. 이 단어가 이데올로기를 초월해 중립적일 수 있는 장소는 사전dictionary밖에 없을 것이다.
> 그러나 바흐친은 사전은 언어가 사회적 현상으로서 존재하는 곳이 아니라고 주장한다. 언어는 대화적이며 언제나 구체적 사회 상황에서 구체적 화자들 사이의 관계에서 발생한다. 언어의 이러한 특징은 어떤 언어 사용자도 의미를 독립적으로 창조할 수 없다는 사실을 알려준다.

사상이 바르트에게 직접적으로 영향을 미쳤음은, 앞의 5장 마지막 부분의 인용문에서 확인할 수 있다.

상호텍스트성은 바르트가 발전시킨 텍스트 이론에서 매우 중요한 개념이다. 무엇보다 이 개념 덕분에 바르트는 전통적인 저자의 한계를 벗어난 문학적 텍스트에 대해 서술할 수 있었다. 결국 저자는 상호

> 사람들이 언어를 사용하는 구체적 사회 상황은 서로 다른 말의 장르 speech genres와 결부되어 있다.(Bakhtin 1986) 사람들은 인터뷰에서, 집에서, 교실에서, 교회에서, 축구경기나 장례식에서 어떤 사람에게 말할 때마다 서로 다른 언어 또는 담론(서로 다른 송신 약호)을 사용한다. 그러므로 우리가 화자로서 나누는 대화는, 우리가 말하는 대화뿐만 아니라 서로 다른 사회적 상황과 연관되어 있는 기존 말의 약호·양식과 함께 이루어진다. 우리의 말은 결코 우리 자신만의 말이 아니라 대화적이며, 그 말에는 우리 이전에 이미 말해진 것이 담겨 있다. 모든 말에는 '타자성otherness', 다시 말해 이미 말해진 것의 '타자성'이 담겨 있다. 바흐친이 이야기한 '이중 목소리의 담론'은 우리의 말(말해진 것이든 씌어진 것이든)에 언제나 하나 이상의 의미가 담겨 있다는 것, 다시 말해 그 안에 또 다른 '목소리'가 존재한다는 것을 의미한다.(Bakhtin 1984) 바흐친에게 이는 유감스러운 사실이 아니라, 모든 언어의 긍정적이고 사회적인 본성(대화적 본성)을 입증해주는 것이다. 지배 사회는 종종 하나의 목소리, 하나의 의미, 하나의 진리(monoglossia, 단일언어성)이라는 관념을 선호하기 때문에, 이러한 특성을 지닌 언어(바흐친은 이를 이질언어성heteroglossia 또는 '다성적' 언어라고 칭한다.)를 종종 억압하려고 한다. 바흐친의 저서에서 언어와 사회의 대화적 힘은 지배 이데올로기와 권력의 독백적 경향과 대비되면서, 승격되고 찬미된다.(바흐친과 크리스테바의 바흐친 다시 읽기에 대해 더 깊이 있는 논의를 보려면, Allen 2000:8-60을 보라.)

텍스트적 의미와 관계의 편찬자에 불과하게 된 것이다.

작가는 독창적인 몸짓을 취할 수 없다. 다만 이전의 몸짓을 모방할 뿐이다. 작가의 유일한 힘은 글쓰기를 뒤섞어 다른 글쓰기와 대립하게 함으로써, 하나의 글쓰기에만 기대지 않게 하는 것이다. 만약 작가가 자신을 표현하고자 한다면, 최소한 자신이 '번역'하고자 하는 내적인 '것'이 이미 만들어진 사전에 불과하다는 사실과 그 사전의 단어들은 오직 다른 단어들을 통해서만 설명될 수 있으며, 그 과정이 무한하다는 사실을 알아야 한다."(RL : 53)

상호텍스트성 문학 연구에서 중요한 용어가 된 상호텍스트성intertexuality에 대해서는, 여러 이론가와 비평가들이 다양한 정의를 내린 바 있는데 (Allen 2000 ; 바르트와 상호텍스트성에 대해 보려면 61-94를 보라.), 특히 크리스테바는 문학 언어의 대화적 본성과 관련된 용어로 사용한다. 문학 텍스트는 더 이상 유일하고 자율적인 전체가 아니라, 이미 존재하는 수많은 약호들, 담론들, 그리고 이전의 텍스트들이 낳은 산물로 간주된다. 이러한 이유로 텍스트의 모든 단어는 상호텍스트적이며, 텍스트 자체에 존재한다고 생각되는 의미의 측면에서도 읽혀져야 하겠지만, 텍스트 바깥에 존재하는 수많은 문화적 담론으로 확장되는 의미의 측면에서도 읽혀져야 한다. 따라서 상호텍스트성은 텍스트의 안과 밖에 대한 상식적인 개념들에 문제를 제기하며, 또한 의미는 텍스트 자체에 포함될 수도 없고 속박될 수도 없는 것으로 보아야 한다. 크리스테바의 독자들은 상호텍스트성을 '영향과 같은 저자 중심의 전통적 개념과 혼동하는 오류를 저지르는 경향이 있다. 그러나 상호텍스트성은 다른 텍스트를 지시하려고 하는 저자의 의도가 아니다. 상호텍스트성은 의미작용, 의미, 문학적 언어와 모든 언어의 조건이다.

텍스트 이론의 토대를 제공한 미하일 바흐친
1960년대 후반 줄리아 크리스테바가 유럽에 소개한 이 러시아 언어학자의 저작은, 이후 언어학·문학이론·비평·철학·사회학 등 인문학 전반에 큰 영향을 미쳤다. 크리스테바의 '상호텍스트성'도 바흐친의 '대화주의'에서 나왔다. 바르트 역시 이 상호텍스트성 개념을 발전시켜 전통적인 '저자'의 한계에서 벗어나 문학 텍스트를 분석할 수 있었다

상호텍스트성 이론은 의미의 기원에 대한 전통적 관념을 파괴한다. 그 기원이 (안정된 기의로 간주되는) 기호에 있든 (신과 같은 창조자로서의) 저자에 있든 말이다. 문학 텍스트의 의미는 기원을 가질 수 없다. 상호텍스트적 성질이란, 텍스트가 언제나 미리 존재하는 요소들로, 즉 '인용의 조직'으로 구성되어 있음을 뜻하기 때문이다. 의미는 더 이상 기원을 갖지 않으며, 따라서 저자도 더 이상 의미의 창시자가 아니다.

저자의 죽음이 꼭 탈구조주의와 함께 시작된 현상은 아니다. 앞의 4장에서 서사의 구조주의적 분석을 분석하며, 구조주의도 저자에게 의미의 창시자로서의 자리를 마련해주지 못했음을 확인했다. 구조주의에서 텍스트의 의미는 저자에게서 비롯되는 것이 아니라, 텍스트가 생산되는 체계에서 나온다. 즉, 저자 살해는 탈구조주의적 텍스트 이론 이전에 이미 구조주의 자체에서 일어난 것이다.

바르트의 텍스트 이론은 저자의 죽음뿐만 아니라, 구조주의에서 기획되었던 독자의 죽음도 선언하고 있다. 구조주의에서 독자는 객관적이고 총합적인 층위에서 작용하면서 언어와 문학 텍스트의 과학적 (언어학적) 모델을 소유한 존재로 생각되었지만, 이 관념은 탈구조주의의 텍스트 이론에서 결국 파괴된다.

바르트는 이 주제를 다루면서 '독자의 탄생은 저자의 죽음으로 보상되어야 한다.'는 유명한 말을 남겼는데, 여기서 말하는 독자는 새로운 독자, 텍스트의 독자이다. 바르트가 이와 관련된 다른 에세이 「작품에서 텍스트로From Work to Text」(RL : 56-64)와 「텍스트 이론Theory of the Text」에서 설명했던 것처럼, 텍스트의 독자는 안정되고 자기 함

축적인 대상이라기보다 차라리 "방법론적 영역"에 가깝다.(RL : 57)

바르트는 저자에 토대를 둔 전통적인 작품work 관념과 텍스트text를 대조시키면서, 작품은 도서관과 서점에서 볼 수 있고 손에 잡을 수 있지만, 텍스트는 오직 새로운 독자가 생산해낼 때만 존재한다고 말한다. "텍스트는 오직 활동 속에서, 생산 속에서만 경험된다."(RL : 58)

바르트가 상기시키듯, 텍스트는 실을 잣고 짠다는 관념을 내포한, 고대부터 있었던 단어이다. 옷이나 직물에 사용되는 말에서 끌어낸 단어인 셈이다. 즉, 텍스트는 '인용, 참조, 메아리'로 짜여진 현상이다.(RL : 60) 그리고 아직 이 상호텍스트적 짜임은 잠재적으로 무한하다. 우리는 텍스트를 접할 때, 원천과 기원이 아니라 이미 씌어지고 이미 말해진 것을 다룬다. "텍스트를 이루는 인용은 익명적이고 돌이킬 수 없으며 이미 읽혀진 것이다. 그것은 인용부호가 없는 인용이다."(RL : 60)

현대 연애시를 작품work으로 읽는다는 것은, 거의 불가피하게 그 시의 표면적 기호들에서 저자의 사상과 감정의 흔적을 찾아내는 작업이 된다. 저자의 연애 사건이 그 시에 있는 기표들의 기의로 간주될 것이다. 그러나 똑같은 시를 텍스트text로 읽으면, 광범위한 영역을 아우르며 우리 사회의 사랑과 연애시에 대한 현대적 관념과 전통적 관념을 구성하는 약호와 관습, 장르와 담론을 보게 될 것이다. 이 텍스트의 기표는 사랑에 대한 문화적 담론이라는 넓은 장에서 비롯된 것으로, 사람들의 관심을 기의가 아닌 그 장으로 인도한다.

물론 텍스트도 수많은 잠재적 의미를 지니고 있다. 그러나 텍스트는, 독자가 상호텍스트적 실을 짜기 시작해서(개시해서) 바르트가 구조화structuration라고 불렸던 한정된 구조를 마련해야만, 비로소 완전히 하나의 텍스트가 되고 의미를 지니게 된다. 구조주의에서 텍스트들(파롤)을 생성시키는 체계(랑그)와 관련된 개념이었던 구조는, 바르트의 텍스트 이론에서는 독자들이 마련해야 하는 것이 되었다. 독자가 텍스트의 구조를 생산한다. 바르트는 "텍스트의 통일성은 기원에 있는 것이 아니라 목적지에 있다."고 말한다.(RL : 54)

『S/Z』의 텍스트적 분석

「텍스트 이론」에서 바르트는, 크리스테바가 텍스트의 의미의 특성을 요약하기 위해 사용했던 용어 시니피앙스signifiance를 가져온다. 앞에서 나온 '의미작용signification'이라는 용어가 기호(안정된 기의로 귀결되는 기표)의 개념을 승인하는 태도와 관련되어 있다면, 시니피앙스는 독자가 생산하는 의미를 말한다. 의미작용은 기표 뒤에 숨겨진 최종적 기의를 찾으려는 모든 해석적 텍스트 연구와 관련된다.

우리는 기의를 저자로 보는 연구를 살펴봤지만, 바르트는 「텍스트 이론」에서 텍스트의 뒤나 아래에 숨겨진 중심, 기원, 최종적 기의를 찾으려는 또 다른 연구방식들이 존재한다는 점을 상기시킨다. 예컨대 마르크스주의 비평은 모든 텍스트의 기원이 사회역사적 기의라고 생각한다.(TT : 37) 바르트는 이러한 연구방식이 "텍스트를 객관적 의미작용의 저장고처럼 다루며, 이 의미작용이 작품이라는 생산물에 보존되어 있는 것처럼 생각한다."고 쓰며 이렇게 덧붙인다.

텍스트가 일단 생산행위(더 이상 생산물이 아니다.)로 간주되면, 의미작용은 더 이상 적절한 개념일 수가 없게 된다. 텍스트를 가능한 여러 의미의 길이 교차하는 다성적 공간으로 생각하면, 의미작용의 단성적·합법적 지위를 내던지고 텍스트를 복수화해야 한다.(TT : 30)

바르트는 텍스트를 생산물이 아닌 생산행위로 칭하기 위해 시니피앙스라는 말을 사용한다. 시니피앙스는 텍스트 자체의 언어에 의해서도 만들어지지만 독자들이 생산해내는 것이기도 하다.(TT : 37-38)

이 시기에 쓴 여러 글에서 바르트는 텍스트적 분석과, 이 분석 작업이 텍스트의 생산행위를 요구하는 방식을 개략적으로 그려 보여준다. 그것은 의미작용 분석이 아닌 시니피앙스 분석에 해당한다. 『기호학의 도전 The Semiotic Challenge』에 실린 이 에세이들은 서사의 구조주의적 분석과 텍스트적 분석의 차이를 뚜렷하게 보여준다. 전자가 텍스트가 어떻게 축조된 것인지 설명하는 연구라면, 후자는 텍스트의 '의미의 사도수실'에서 흔적을 쫓아가 의미가 '문즐되고 흩뿌려지는' 방식을 탐구하는 것이다.(SC : 262) 하지만 바르트가 텍스트 분석을 가장 훌륭하게 보여준 사례이자 텍스트 이론을 가장 철저하게 설명한 책은, 〔프랑스 소설가〕 발자크Honoré de Balzac(1799~1850)의 단편 「사라진느Sarrasine」를 분석한 『S/Z』이다.

바르트가 『S/Z』를 출간한 1970년까지도 「사라진느」는 발자크의 여러 정전(正典-cannon) 중에서 상대적으로 논의되지 않은 텍스트였다. 발자크의 『파리인의 삶의 풍경Scènes de la Vie Parisienne』의 일부로 혼란스러운 20쪽짜리 단편인 「사라진느」는, 고딕적 음모 이야기와 사랑의 환영에 대한 무지와 심리적 탐구를 다룬 코믹한 우화 사이 어딘가에 자리잡은 이야기다.

상류층인 '랑티' 가족에게는 비밀이 하나 있다. 이 가문의 상당한 재산의 원천이 무엇인가(이었던가) 하는 것이다. 랑티 가에서 열린 파티에 참석한 젊은 여성이, 이 소설의 화자이자 파티에 참석한 또 다른 손님에게 어느 신비로운 노인에 대해 묻는다. 그 노인은 가사일을 하는 젊고 아름다운 사람과 모종의 관련이 있다. 거기에 '한 여성의 조각상을 복제한' 정교한 아도니스 그림이 얽히면서 미스터리는 더욱 커진다. 왜냐하면 이 그림, 원래의 조각상 그리고 젊은 여성이 호기심을 느끼는 노인 사이에 어떤 연관관계가 있는 것처럼 보이기 때문이다. 그래서 젊은 여인과 화자 사이에 계약이 성립한다. 젊은 여인이 자신을 욕망하는 화자에게 적극적으로 응한다면, 화자가 그 비밀을 밝혀주기로.

이 미스터리를 푸는 과정에서 젊은 시절에 로마로 간 사라진느 Sarrasine라는 이름의 조각가 이야기가 나온다. 사라진느는 라 잠비넬라La Zambinella라는 아름다운 오페라 가수와 사랑에 빠진다. 사라진느는 매일 밤 오페라에 가서 라 잠비넬라를 만나고, 마침내 그녀를 너무나도 이상화된 조각상의 모델로 쓰게 된다. 라 잠비넬라는 활기와 심한 우울증 사이를 왔다갔다하면서 사라진느를 들뜨게도 하고 낙심하게도 한다. 사라진느는 이 복합적 조짐 때문에 절망적인 심정으로 자신의 감정적·심미적 욕망의 대상을 납치하기로 결심한다. 그는 라 잠비넬라가 프랑스 대사관저에서 개인적인 공연을 마친 후 유괴할 계획을 세운다. 이 공연의 주최자는 라 잠비넬라의 최고 숭배자이자

프랑스 소설가 오노레 드 발자크
1970년 바르트는 발자크의 단편 「사라진느」 텍스트를 분석한 『S/Z』를 출간했다. 이 책은 바르트가 말한 텍스트 이론을 가장 잘 설명한 책이자, 훌륭한 텍스트 분석 사례로 손꼽힌다. 바르트는 이 고딕적 음모와 사랑의 환영, 심리적 탐구를 다룬 코믹한 우화를 200쪽에 걸쳐 분석한다. 『S/Z』는 서사, 리얼리즘, 문학, 텍스트성, 언어 등 바르트의 특징적 테마들에 대한 놀라운 이론적 성찰이 담겨 있는 책이다.

후원자인 카르디날 시코냐라Cardinal Cicognara이다. 사라진느가 공연장에 들어섰을 때 라 잠비넬라는 "남자처럼 차려입고 리본을 매고 이 상야릇한 머리에 칼을 차고"(S/Z : 250) 공연을 하고 있다. 예전에 잠비넬라가 사라진느에게 만약 자신이 여자가 아니라면 어떻게 하겠느냐고 물은 적이 있었는데, 그때 사라진느는 너무 강렬한 열정에 사로잡혀 이 엉뚱한 생각을 즐길 수가 없었다. 대사관저에 입장한 후에도 사라진느는 자신은 결국 예술가이며 예술가는 미를 이해한다는 자신의 판단을 굳게 믿고 있었지만, 영원히 진실을 피할 수는 없었다. 잠비넬라는 여성의 출연을 금지하는 법 때문에 로마의 무대에서 여성역할을 맡는 카스트라토castrato였던 것이다. 로마 사람들은 모두 이 사실을 알고 있었으며, 이는 상식적인 일이었다. 격분한 사라진느는 잠비넬라를 유괴하게 되며, 그를 여전히 사랑하면서도 죽이려고 한다. 그러나 결국 카르디날 시코냐라가 고용한 암살자 손에 살해당하는 것은 사라진느였다.

랑티 가 파티의 노인은 노년의 잠비넬라였다. 그는 이탈리아의 오페라 무대에서 스타로서 부를 쌓았으며, 이것이 랑티 가문의 재력의 원천이었다. 젊은 시절의 이 노인이 아도니스 그림이 복제한 조각상의 모델이었던 것이다. 젊은 여인이 화자에게 밝혀달라고 했던 미스터리의 핵심에는 텅 빈 것, 아무것도 아닌 것, 그리고 거세 우화가 놓여 있다. 거세는 충만함(남근)의 가부장적 기호를 부재와 텅 빔으로 대체하여, 젊은 여성을 섬뜩하게 만든다. 결국 그녀와 화자의 암묵적인 계약은 깨진다. 그녀는 공포감에 사로잡혀 세상에는 아무 의미도 없다고 단정 짓고, 화자의 욕망을 채워주지 않은 채 그를 '시름에 잠기게 하고' 떠나버린다.

이 복잡한 단편에 대한 바르트의 텍스트적 분석은 200쪽 이상 계속된다. 『S/Z』는 「사라진느」의 각 부분들을 하나씩 정성스럽게 구조화하고 있으며, 책 전체에 서사, 리얼리즘, 문학, 텍스트성, 언어 등 바르트의 특징적 테마들에 대한 경탄스러운 이론적 성찰이 관통하고 있다. 바르트의 구조화는 텍스트를 의미의 작은 단위인 렉시아lexia로 자르는 방법에 근거한다. 바르트는 렉시아를 필수적인 단위라기보다 읽기의 자의적인 단위라고 쓰고 있다. 다른 독자들은 당연히 또 다른 렉시아들을 발견할 것이다. 렉시아는 텍스트를 적극적으로 생산하는 독자들이 의미의 분출과 흩어짐을 발견하는 단위일 뿐이다. 이는 기표 안에서 일련의 내포들을 재발견하는 읽기의 단위다.(S/Z : 13-14)

바르트는 렉시아들이 서사 곳곳에 별처럼 흩어져 기능하는 것을 비유적으로 "별처럼 반짝이는 텍스트"라고 표현했다. 잠비넬라라는 이름은 이렇게 하나의 렉시아가 된다. 이는 매우 중요하다. 소설 「사라진느」에서 여성 잠비넬라(La가 붙은)와 남성 잠비넬라(La가 없는) 간의 교체가 드라마의 동력인 위장과 맹목성에 중요한 역할을 하기 때문이다. 마찬가지로 [남성이지만] 여성형 e로 끝나는 사라진느의 이름도 또 다른 렉시아다. 결국 바르트의 책 제목처럼, S와 Z[Sarrasine와 Zambinella라는 렉시아를 가리킨다.]의 기묘한 거울 관계가 커다란 상징적 울림을 가지게 되는 것이다.

렉시아들은 궁극적으로 다양한 약호들의 출현을 가능하게 해준다. 바르트는 텍스트에서 의미가 생산되고 산종되는 방식을 포착하기 위해, 다섯 개의 약호를 사용한다. 이 약호들 중 두 가지는 서사가 생산되는 방식, 즉 서사의 순차적 논리와 관련된다. 우선 '해석적 약호'(HER)는 모든 단위와 관련되는 약호이다.

이 약호의 기능은, 다양한 방식으로 의문과 그에 대한 반응들 그리고 그 의문을 정식화하거나 대답을 지연시키는 다양한 기회와 사건들을 절합시키고 수수께끼를 구성하며 그 해결에 이르는 것이다.(S/Z : 17)

예컨대 랑티 가문의 부의 원천과 관련된 의문은 해석적 약호의 중요한 예이다. 다음으로 '행위의 약호proairetic code'(ACT)는 바르트가 예전에 서사의 구조주의적 분석에 관한 글에서 논의한 '행위'의 층위와 관련이 있다. 이 약호는 바로 행위와 그 행위의 효과와 관련된다. "각각의 효과"에는 "시퀀스에 일종의 제목을 부여하는 포괄적 명칭이 있다."(S/Z : 18) 예컨대 앞의 줄거리 요약에서처럼, 텍스트에는 어떤 관찰 가능한 시퀀스들('정의', '납치', '살인')이 있다.

나머지 세 약호에는, 텍스트의 서사적 연쇄와 논리 바깥에 놓인 의미의 지시 연쇄들이 있다. '상징적 약호'(SYM)는 모든 상징적 패턴들, 특히 텍스트에서 관찰할 수 있는 안티테제와 대립의 패턴과 관련된 것이다. 예컨대 발자크 텍스트의 상당 부분은 성적 구분 간의 상징적 안티테제들과 연결된다. '기호적 약호'(SEM)는 인물 혹은 행위의 질을 구성하는 모든 내포들과 관련된다. 라 잠비넬라의 전형적인 기호소seme는 물론 '여성성'이다. '문화적 약호'(REF)는 '텍스트가 지속적으로 가리키는 지식이나 지혜의 수많은 약호들'과 관련된다. 바르트는, '모든 약호들'이 '문화적'이라고 할 수 있지만, 여기서 말하는 문화적 약호는 '담론에 과학적 혹은 도덕적 권위의 기초를 제공'하며 그 때문에 '지시적 약호'라고 부를 수도 있다고 말한다.(S/Z : 18) 예컨대 앞의 소설에서 문화적 약호의 순환적 집합들은 문학적·도덕적으로 승인되는 사랑과 열정에 대한 약호들과 연관된다.

바르트는 561개의 렉시아들을 다루면서, 다섯 가지 약호들이 텍스트의 바로 내부에 존재하는 것은 아니라는 점을 지적하고 논의한다. 그 약호들은 바르트가 텍스트를 적극적·생산적으로 구조화시키며 사용하는 편리한 도구들이다. 바르트는 텍스트의 '차이'를 지적하기 위해 이 장치들을 고안했지만, 이 약호들이 유일하다고 말하지 않는다.(바르트의 엄밀한 분석이 보여주듯이, 이 텍스트는 상호텍스트적으로, 즉 이미 쓰여지고 이미 읽혀진 것들로 짜여져 있다.) 오히려 이 약호들은 의미의 복수성, 끝나지 않았으며 끝낼 수 없는 특성을 의미한다.

그런데 그중 두 개의 서사적(연쇄적) 약호(해석적 약호와 행동적 약호)는 의미의 복수성을 폭로하는 데 작용하여, 시작부터 수수께끼가 끝내 해결되는 결말까지 순차적 이동을 만들어내려고 한다. 반면 다른 세 개의 약호들은(이 약호들을 모두 비연쇄적 약호들이라고 부르자.) 서사적 약호와 반대로 작용하여, 서사의 흐름과 발전을 방해하는 의미들을 생산하고 독자와 텍스트를 소설 바깥의 상호텍스트적 영역으로 데려간다. 다시 말해, 앞의 두 가지 서사적 약호들은 텍스트를 불가역적인irreversible 것(선적 혹은 통사적 차원에서 작동하는 서사)으로 만드는 반면, 다른 세 개의 비연쇄적 약호들은 텍스트에서 가역성reversibility을 만들어내어, 독자들이 연쇄의 서사적 혹은 통사적 질서를 파괴하고 텍스트의 상호텍스트성, 즉 문화적 텍스트로의 분출과 흩어짐을 경험하게 한다. 「사라진느」는 바르트가 제한적 복수성을 지니고 있다고 서술하는 텍스트에 해당한다. 바르트는 이 소설을 이와 전혀 상반된, 완전히 가역적reversible이고 전적으로 복수화된pluralized 아방가르드적인 현대 텍스트들과 비교한다.

작가적 텍스트와 독자적 텍스트

바르트는 텍스트의 비가역적 요소들과 가역적 요소들의 대립을 토대로, 읽을 수 있는lisible(독자적readerly) 텍스트와 쓸 수 있는scriptible(작가적writerly) 텍스트의 이론을 세운다. 바르트의 해설서들은, 종종 이 대립을 간단하게 역사적 관습의 대립으로 보는 경향이 있다. 모더니즘 이전의 고전적 텍스트는 독자적이며 불가역적이지만, 모더니즘적이거나 아방가르드적 텍스트들은 작가적이며 완전히 가역적이라는 것이다. 그러나 바르트는 「작품에서 텍스트로」에서 "아주 오래된 작품에도 '텍스트'가 있을 수 있고, 수많은 현대 문학작품들이 전혀 텍스트가 아닐 수도 있다."는 점을 명확히 하고 있다.(RL : 57)

사실 이 대립은, 문학의 편의성 및 소비 가능하고 명쾌하게 소통되는 문학을 용인하는 사회적 협약에 대한 바르트의 비판과 관련이 더 많다. 바르트는 이렇게 표현한다. "왜 작가적인 것이 우리의 가치인가? 문학적 활동(활동으로서의 문학)의 목표는 독자를 더 이상 소비자가 아닌 텍스트의 생산자로 만드는 것이기 때문이다."(RL : 4) 순전히 독자적인 텍스트는 모든 면에서 불가역적이며 독자들이 생산적 활동을 할 여지를 남겨두지 않는다. "독자는 기표의 마법에, 글쓰기의 희열에 다가가는 대신, 텍스트를 받아들이거나 거절하는 정도의 가난한 자유밖에 없다."(ibid.)

이미 살펴보았듯이, 발자크의 「사라진느」는 부분적으로 가역적인 텍스트이다. 이 소설은 텍스트 혹은 텍스트성을 어느 정도 지니고 있다. 바르트가 『S/Z』의 상당 부분을 할애해 보여준 것은, 이렇게 명백히 고전적인 텍스트가 어떻게 독자에 의해 썩어질 수 있는가 하는 점이다. 앞에서 말한 연쇄적 약호와 비연쇄적 약호의 갈등은 정확하게 이러한 측면에서 독자가 지닌 글쓰기의 가능성과 한계를 보여준다. 사실 바르트의 독해가 빛나는 지점은, 완전히 예기치 못한 방식으로 발자크의 텍스트가 이 문제에 대한 메타텍스트적 주석을 어떻게 확립하는지 증명해주는 부분이다.

사라진느는 자신을 둘러싼 기표들을 너무 순종적으로 받아들였기 때문에 살해당한다. 이탈리아 오페라 공연의 문화적 함축을 무시했기 때문에, 예술·아름다움·여성성에 대한 문화적 클리셰의 노예가 된 것이다. 사라진느는 바르트가 말하는 잘못된 논리 혹은 독사적 endoxal 사유의 희생자이다. '독사the doxa'란 상식, 여론, 상투어, 지배적 이데올로기 혹은 기표의 배후에 존재하는 안정되고 단일한 기의를 말한다.

바르트의 독해대로, 신화는 특정 기의를 자명하고 자연적이며 도전 불가능한 것으로 제시한다는 점에서 독사적인 사유와 얽혀 있다. 예컨대 잠비넬라가 갑자기 나타난 뱀 때문에 놀라자 사라진느가 뱀을 죽여버리는 에피소드에서, 사라진느는 잠비넬라의 경악을 그의 여성성을 확인해주는 증거로 해석한다. 결국 독사적 논리가 경악의 기호

뒤에 안정된 기의, 여성성이 있다고 믿게 한 것이다. 사라진느의 생각은 이런 잘못된 증거로 가득 차 있는데, 바르트는 이를 묘사하기 위하여 생략삼단논법enthymeme이라는 고대의 수사학 용어를 사용한다. 생략삼단논법이란 삼단논법(논리적 증명 : 모든 사람은 죽는다. 소크라테스는 사람이다. 따라서 소크라테스는 죽는다.)에서 어느 한 부분이나 단계를 빠뜨린 것을 가리킨다. 바르트가 쓰고 있듯이, 사라진느는 거짓 증거에 너무 빠져 있어서 명백한(문화적으로 흔하다는 의미에서) 기의를 재빨리 알아채지 못한 것이다.(S/Z : 167)

바르트는 사라진느가 리얼리즘 소설의 독자처럼 현실 자체를 위해 리얼리즘이라는 환상을 생산하는 인위적 약호를 취하고 있다고 쓰고 있다. 종합해보면, 『S/Z』는 바르트가 오랫동안 계속해왔던 리얼리즘 비판이 더 심화된 장이다. 그는 이렇게 표현한다.

> '리얼리즘적' 예술가는 결코 자신의 담론의 기원에 '현실'을 두지 않는다. 그러나 단지 언제나, 흔적을 되밟을 수 있는 한 자신의 발견을 따라 이미 씌어진 현실과 예측되는 약호를, 그리고 눈이 볼 수 있는 한 연속적인 복제를 그 자리에 둔다.(S/Z : 167)

사라진느는 자신이 현실적 세계에 존재한다고 생각하는 허구적 인물이다. 다시 말해 그는 자기 주위의 세계를 리얼리즘적 토대(명백하고 확실한 기의를 지닌 기표) 위에서 읽을 수 있다고 믿는다. 그는 자기 주위의 세계와 자신의 성격이 실은 문화적 글쓰기의 일부이자 이미 존재하는 약호들의 세계라는 것을 무시하고 있다. 그는, 마치 텅 빈 기호의 제국 일본을 방문해서도 모든 기표들이 안정되고 명백한 기의를 지니고 있다고 생각하고, 또 그 기표들을 나이브한 기호학적 선개념preconception으로 채워 자신이 마주치는 모든 기호들을 읽을 수 있다고 생각하는 사람과 같다.

　이렇게 발자크의 소설은 부분적으로는 읽을 수 있는 텍스트lisible text이며, 또 한편으로는 쓸 수 있는 텍스트scriptible text이다. 바르트는 이 점 때문에 제한적이지만 발자크의 텍스트를 다시 쓸 수 있었다. 완전히 복수적인 텍스트, 전적으로 가역적이어서 완벽한 생산성을 요구하는 텍스트, 독자들의 완전한 글쓰기, 이런 생각은 바르트가 첫 저서에서 주장한 글쓰기의 영도 또는 그가 한때 알렝 로브그리예의 소설에서 발견한 '객관적' 글쓰기의 탈구조주의 버전이다. 순수하게 쓸 수 있는 텍스트란 독사적 논리를 빠져나가는 것, 그리고 최종적 기의의 폐쇄된 영역으로 기표를 이동시킬 가능성이 없음을 의미한다. 바르트는 이러한 텍스트를 다음과 같이 묘사한다.

　　그물망은 다양하며 서로 교차하기 때문에, 어느 하나가 나머지보다 우월할 수 없다. 이러한 텍스트는 기표의 은하계이지, 기의의 구조가 아니다. 이 텍스트는 시초도 없고 가역적이어서 여러 입구를 통해 다가갈 수 있으며, 그중 단 하나의 입구만이 권위 있고 중요한 입구라고 주장할 수도 없다. 이러한 텍스트가 동원하는 약호들은 **시선을 따라 최대한**으로 확장되는, 규정할 수 없는 약호들이다.(SW : 5-6)

　굵게 표시된 구절은 바르트의 《텔켈》 그룹 동료였던 필립 솔레르스(Sollers 1986 : 1을 보라.)가 쓴 책을 암시하고 있다. 한 에세이에서 바르트는 '쓸 수 있는scriptible' 텍스트라는 이상적 측면에서 솔레르스의 소설 『드라마Drame』를 다룬다.(SW : 39-67, Sollers 1985 : 85-104를 보라.) 솔레르스의 텍스트는 쓸 수 있는 텍스트가 될 만한 측면들을 지니고 있다. 이 텍스트는 이야기도 없고 서사적 약호들로부터 완전히 자유롭다.(가역적이다.) 그리고 세계의 모든 사물들이 이미 의미화되어 있고 상호텍스트적인 것의 일부임을 인식함으로써 리얼리즘의 환상을 피해 나간다. 『드라마』에서 재현된 세계는 읽힐 수 있는 하나의 사물의 세계가 아니라, (언제나 이미 의미화된) 사물들이 언어와 같은 층위에 존재하는 글쓰기(또는 상호텍스트성)의 영역이다.(SW : 59) 『드라마』의 세계 뒤에는 추론된 현실(리얼리즘적 허구 양식으로서)이 아닌, 단지 심화된 말, 글쓰기의 심화된 층위들이 있을 뿐이다.

솔레르스의 『드라마』의 가장 중요한 특징이자 이 소설이 복수적이고 완전히 가역적인 텍스트임을 가장 명확하게 보여주는 것은, 전통적인 문법적 발화 표기에서 일어난 변화이다. 솔레르스 글쓰기의 이러한 특징은, 바르트의 발자크 읽기로 되돌아가 보면 이해할 수 있다. 거기서 바르트는 서사적 발화(서술하는 '나')와, 이야기의 인물들이 보여주는 표면적 사유 간의 전통적 관계에서 혼란이 발생한다는 점을 지적한 바 있다.

누가 말하고 있는가?

일례로 바르트가 「저자의 죽음」 첫 부분에서 다시 사용한 문장을 보

자. 바르트는 "갑작스러운 공포, 설명할 수 없는 변덕, 본능적인 불안, 충동적인 대담성, 공연한 야단법석, 섬세한 감수성. 이것은 여성 자체였다."(S/Z : 172)라는 문장을 하나의 렉시아로 만든다. 이 문장은 잠비넬라가 뱀 때문에 놀라는 에피소드 바로 다음에 나온다. 바르트는 '누가 말하고 있는가'라는 질문을 던진다. 그는 잠비넬라가 거세된 남자임을 알고 있으니, 화자일 수 없다. 그는 화자도 아니기 때문에 사라진느일 수도 없다. 그가 만약 발자크라면 왜 잠비넬라가 여자라는 허구적 상황에 빠져 있는가? 왜 그는 여기서 갑자기 자신의 목소리를 여성의 목소리로 대치하는가? 바르트는 묻는다. "누가 말하고 있는가? 사라진느인가? 화자인가? 저자인가? 저자 발자크인가? 남성 발자크인가? 낭만주의인가? 부르주아지인가? 보편적 지혜인가? 이 모든 기원의 교차가 글쓰기를 창조한다."(S/Z : 172-3)

이 순간 서사의 전통적 관습은 깨진다. 관습적 서사는 서사적 목소리(화자의 목소리)를 사용한다. 그리고 독자인 우리는 그 목소리에서 저자의 사상과 신념과 메시지를 짐작하기도 하고, 때로 인물들의 말에서 저자의 목소리를 추론하기도 한다. 그러나 서사적 허구에 대한 전통적 연구에서 중요한 것은, 서사적 목소리, 인물의 말, 저자의 메시지를 계속하여 끝까지 분리시키는 것이다.

바르트가 제시한 예에서, 혼란은 이런 식으로 혹은 목소리의 위계에서 생겨난다. 그것은 텍스트의 목소리와 텍스트 외부에 존재하는 저자의 목소리를 더 이상 분리할 수 없음을 보여주는 혼란스러운 과정이며, 이러한 계기는 텍스트를 쓰고 있는 것이 궁극적으로 말하는 주체(저자)가 아니라 문화적 텍스트를 구성하는 상호텍스트적 담론과 일반적 약호와 관습들일 가능성을 보여준다. 이 문화적 텍스트는 텍스트 이전에 존재하며 텍스트를 위한 토대를 형성할 뿐만 아니라, 저자 이전에 존재하면서 저자들을 사유하고 글쓰는 주체로 만들어준다.

바르트가 제시하는 예가 보여준 가능성은, 앞에서 인용된 발자크의 문장을 생산하는 것은 바로 글쓰기 그 자체라는 점이다. 이 가능성은 저자와 텍스트를 동일한 단계에, 즉 글쓰기의 단계에 위치시킨다. 저자의 목소리는 단지 다른 목소리일 뿐이다. 모든 목소리는 이미 쓰여진 것, 이미 말해진 것, 이미 읽혀진 것의 일부이다. 바르트는 솔레르스의 텍스트가 관습적 의미 개념에 근본적으로 도전하고 있으며, 인간 주체가 언어와 맺고 있는 관계를 인식하고 이를 이용한다고 주장한다. 솔레르스의 소설에서는 기존의 발화 양식에 대한 의문이 제기된다.

『드라마』에서 화자는 단지 이야기의 일부일 뿐이며, 우리가 '발화 주체'('나'와 '그')라고 표시하는 기본 명사들은 체스판의 회고 검은 장기말들처럼 대체될 수 있다. 다시 말해, 솔레르스의『드라마』를 서사화시키는 목소리는 텍스트의 외부에 선행적으로 존재하는 저자의 목소리를 떠올리게 하지 않는다. 이 소설에서 서사적 목소리는 단지 텍스트의 일부로서, 저자라는 주체가 텍스트의 목소리의 기의라고 짐작하는 전통적 독해 방법을 깨뜨려버린다.

그러므로 근본적으로 쓸 수 있는 텍스트란, 독자가 그것을 텍스트로 쓰는(활동하고 생산하는) 것 이상을 의미한다. 언어와 인간 주체의 관계 및 인간 주체의 존재에 대한 근본적 관념에 의문을 제기한다는 데에 더 심오한 의미가 있다. 이러한 텍스트는 주체가 텍스트성 혹은 글쓰기의 일부라는 것, 즉 우리가 사유하고 쓰고 있는 문화적 텍스트를 구성하는 수많은 약호와 관습과 담론들의 산물이라는 점을 보여준다. 텍스트 배후의 저자에 대한 탐구가 결국 더 깊은 글쓰기, 더 심화된 텍스트성에 다다른 것이다.

하지만 독자인 우리는 그 넓은 상호텍스트적 광장의 일부이기도 하다. 바르트가 생의 마지막 시기였던 1970년대에 썼던 저서들은, 탈구조주의적 언어 연구 및 기호와 텍스트성이 언어를 통해 관습적 주체 관념에 일으켰던 변화와 관련된다.

의미의 기원 파괴한 상호텍스트성 이론

이 장에서는 바르트가 어떻게 텍스트 이론을 발전시켰는지 살펴보았다. 이 이론에서 상호텍스트성은 의미, 저자, 독자, 그리고 궁극적으로는 인간 주체에 대한 고정관념을 깨뜨린다.

바르트의 텍스트 분석은 구조주의적 연구방식과 달리 비과학적이고 잠정적일 뿐 아니라, 반복 불가능한 생산행위로 존재한다. 그는 독자적 텍스트를 작가적 텍스트와 대조시키고, 후자가 독자에게 생산적 글쓰기를 요구한다는 사실을 강조한다. 기호의 비판은 시니피앙스에 대한 찬사에서 절정에 달하는데, '시니피앙스'란 최종적이고 안정적인 기의를 지니지 않지만, 과정적이고 기표의 영역에 남아 있는 의미의 양식이다.

바르트의 탈구조주의적 저서가 보여주는 이 이론적 움직임을 따라가면, 『S/Z』에서 보여준 발자크 텍스트의 분석과 필립 솔레르스의 소설에 대한 옹호 사이의 관계를 밝힐 수 있다.

07

중립적 글쓰기
– 쾌락·폭력·소설

1970년대에 바르트의 글쓰기는, 기의(안정적 의미)로 복귀하여 글쓰기(기표 층위의 언어)를 손상시키거나 흡수해버리려 하는 언어적 경향에 점차 저항하게 된다. 『텍스트의 즐거움』(1973), 『롤랑 바르트가 쓴 롤랑 바르트』(1975), 『사랑의 단상』(1977)에서 바르트는 언어에 잠재된 폭력성을 날카롭게 의식하고, 일반화되거나 방법론화된 그리고 반복 가능한 모든 것에서 멀리 달아나는 텍스트 이론을 전개한다.

독사/파라독사, 권력적 언어/비권력적 언어

『롤랑 바르트가 쓴 롤랑 바르트 Roland Barthes by Roland Barthes』는 작가로시의 사유와 실천에 대한 바르트의 여러 멋진 통찰을 보여주는 텍스트이다. 바르트는 이 책이 자신의 생각에 대한 책인 동시에 "자신의 생각에 저항하는 책"이라고 말한다.(RB : 119) 이 저항은 종종 예전 저서의 이론적 실천 패턴을 비판적으로 사고하는 일과 관련된다. 지금까지 이 책에서도 밝혀왔고, 가장 빈번하게 논의되었던 그러한 패턴에 대해 바르트는 이를 다음과 같이 서술한다.

모든 것이 다 그의 담론이 이항적 변증법을 따라 전개되는 것을 보여주는 듯하다. 여론과 그 반대, 독사와 파라독사, 전형과 혁신, 피로와 신선함,

의욕과 혐오. 내가 좋아하는 것/내가 좋아하지 않는 것.(RB : 68)

여기서 독사Doxa란 "여론, 대다수 프티부르주아의 마음"이다.(RB : 47) 『신화론』 전체가 독사 비판이라고도 할 수 있다. 하지만 바르트의 말대로, 그가 이론가이자 작가로서 보여주었던 모든 움직임들은, 부르주아들이 가장 대중적·보편적으로 받아들이고 있는 관념과 1970년대에 점차 확산되고 있던 대중문화에 맞서려는 욕망에서 나온 듯하다.

독사는 주류 문화에 동화된 것, 자연의 모습으로 받아들여지는 것인데, 바르트는 자기 자신의 생각에 저항함으로써, 자신의 글쓰기가 자연화되어 또 다른 독사가 되지 않게 하려는 시도를 계속할 수 있었다. 바르트는 '독사/파라독사'라는 소제목이 달린 부분에서 그때까지 자신의 삶, 곧 자연화될 위험에 저항하기 위해 자신이 시도한 각 연구방식들에 스스로 도전하고 그것을 초월하고자 했던 삶을 압축적으로 제시한다. 그리고 그 마지막 시도는 구조주의의 과학이라는 꿈을 거부하고 그것을 텍스트의 이론으로 대신하는 것이라고 말한다. 하지만 바르트는 이러한 시도조차 자연화될 위험이 있으며, 최후의 입장인 텍스트 이론조차 '허튼 소리'로 타락할 위험이 있다고 경계한다.(RB : 71)

바르트는 자신의 사유와 저작에서 이 패턴이 반복되는 것을 의식했기 때문에, 필연적으로 독사/파라독사의 대립 자체를 의문시하고 이 대립을 '번역'(대체)할 수 있는 '제3항'을 탐구하게 된다. 그 새로운 번역어, '제3항'은 무엇일까? 『롤랑 바르트가 쓴 롤랑 바르트』의 한

1975년작 『롤랑 바르트가 쓴 롤랑 바르트』

이 책은 바르트 본인의 생각을 담은 책이자, 동시에 이 생각에 "저항하는 책"이다. 여기서 자신의 예전 저서의 이론적 실천 패턴을 비판적으로 돌아보는 것은 이 때문이다. 1970년대에 바르트의 글쓰기는, 안정적 의미로 복귀하여 글쓰기를 손상 혹은 흡수하려는 언어적 경향에 점차 저항하는 양상을 띤다. 그리하여 언어에 잠재된 폭력성을 의식하고, 일반화되고 반복 가능한 모든 것에서 멀리 달아나는 텍스트 이론을 전개한다.

부분에서 그는 매우 명쾌하게 새로운 '마나의 말mana-word'이 "'육체'라는 단어'라고 말한다.(RB : 130)

이 장에서 우리는 바르트의 이론적 어휘목록에 새롭게 들어갈 중요한 단어들을 보게 될 터인데, 그중 쾌락pleasure과 쾌락주의hedonism는 주목할 만하다. 하지만 『롤랑 바르트가 쓴 롤랑 바르트』에서 이 새로운 '제3항'의 일차 후보는 '중립le neutre'라는 말이다. 바르트는 '중립'이란 독사와 파라독사의 갈등을 해결하는 '제3항'이 아니라 "새로운 패러다임의 제2항이며, 제1항은 폭력(전투, 승리, 연극, 오만)"이라고 쓰고 있다.(RB : 132-3)

폭력과 중립의 대립은 1970년대에 바르트가 언어와 권력의 관계를 새롭게 분석한 사실과 관련이 있다. 1973년에 쓴 두 에세이 「언어의 전쟁The War of Languages」과 「언어의 분할The Division of Languages」(RL : 106-10 ; 111-24)에서, 바르트는 '권력적encratique' 언어와 '비권력적acratique' 언어를 구분한다.〔둘 다 사전에 올라 있지 않은, 바르트의 신조어들이다. acratique는 그리스어 akrasia에서 차용한 단어로, 아리스토텔레스는 이 단어를 『니코마코스 윤리학』에서 의지가 약하거나 무절제한 정신상태를 지칭하기 위해 사용했으나, 어원을 그대로 풀이해보면 akrasia는 powerless의 뜻이 된다. encratique는 acratique를 이용해 접두사를 바꾼 조어로 추측된다. OED online 참조.〕

권력적 언어란 자연적인 것, 곧 독사로 제시되는 언어이다. 반대로 비권력적 언어란 '권력의 외부에 있는' 담론과 관련된다.(RL : 120) 처음엔 어떻게 언어가 권력의 외부에 존재할 수 있을지 이해하기 어렵겠지만, 바르트가 이 책에서 말한 다른 대립을 살펴보면 이를 잘 이해할 수 있다.

권력적 언어와 비권력적 언어의 대립은 에크리방스écrivance와 에크리튀르écriture라는 또 다른 중요한 대립과 관련된다. 이 두 용어는 두 종류의 글쓰기를 대변한다. 바르트가 1972년에 쓴 에세이 「텍스트의 수확Outcomes of the Text」에서 밝혔듯이, 에크리방스는 글쓰기(에크리튀르)와 대립하는 것으로 번역해야 한다. "에크리방스는 에크리튀르가 아니라 사이비 형식이다."(RL : 244)

『작가 솔레르스Sollers Writer』에서 바르트가 덧붙인 말에 따르면, '에크리방스와 에크리튀르를 구별하는 유일하게 믿을 만한 방법'은 다음과 같다. "언어는 에크리방스에서와 같이 관념 혹은 정보를 전달하기 위해 사용될 때에는 요약될 수 있지만, 에크리튀르에서처럼 자기 자신을 위해 사용될 때에는 요약될 수 없다."(SW : 84)

바르트에게 에크리튀르 혹은 적절한 글쓰기란 '자기 자신을 위해 사용된' 언어이며, 또 자신의 조건이 언어라고 생각하는 언어라고 할 수 있다. 반대로 에크리방스는 관념을 실어 나르는 매개물로 사용되는 언어이다. 에크리방스는 '저자의 언어'처럼 반짝거릴 수는 있지만, 단언적이며 단일하고 안정된 의미를 전달하는 투명한 매개물로 간주되고자 한다. 이런 의미에서 에크리방스는 권력의 언어이다. 이데올로기를 대표하여 작용하는 언어이기 때문이다. 에크리방스는 '권력적' 언어에 상응하고, 에크리튀르는 '비권력적' 언어에 상응한다.

에크리방스/에크리튀르, 폭력/중립

이 대립들이 바르트의 폭력/중립의 대립을 이해하는 데 어떤 도움이 될까? 『롤랑 바르트가 쓴 롤랑 바르트』에서 바르트는 많은 작가들이 종종 낮에 썼던 자기 글을 되돌아보며 '어쩐지 글의 양식이 그 목표를 넘어서는 이중적 담론을 생산하는 듯한 느낌' 때문에 '일종의 두려움'을 느끼게 된다면서, 이는 "작가의 담론이 목표로 삼는 것은 진리가 아님에도 불구하고, 작가의 담론은 단언적assertive이기 때문"이라고 했다.(RB : 48)

바르트는 에크리튀르 혹은 비권력적 글쓰기를 생산하려고 했지만, 자신이 낮에 썼던 글에서 단언적, 규정적, 권력적 글쓰기(에크리방스)의 흔적을 발견하게 되는 것이다.

> 그는 매우 일찍부터 이런 종류의 당황스러움을 느끼기 시작했다. 그는 단언적인 것은 언어이지 그가 아니라는 것을 계속 떠올리며 그것을 극복하려고 애쓴다. 그렇지 않으면 글쓰기를 그만둬야 할 지도 모르기 때문이다.(RB : 48)

사람들은 모두 분명 비슷한 현상을 경험해본 적이 있을 것이다. 필자는 사람들이 태어난 곳이 어디냐고 물을 때 그런 느낌이 든다. '런던'이라는 나의 대답은 질문에 간단하고 정중하게 답한 것이다. 그러나 때로는 빈정대는 말이 되어('나는 런던에서 왔지만, 지금 여기서 산다. 삶은 예견할 수 없지 않은가?'), 의도하지는 않았지만 다른 사람들에게 오만한 표현처럼 들릴 수도 있다. 질문자의 귀에는 '나는 빅 스모크

Big Smoke〔런던의 속칭으로, 대도시를 뜻한다.〕에서 왔다는 말처럼 들릴 수도 있기 때문이다. '런던'이라는 단어는 그 말을 하는 나도 길들이거나 중립화시킬 수 없는 단언적 특성을 지니고 있다. 화자 혹은 작가가 확실성이나 독단성과 반대되는 의도를 가지고 있다 해도, 언어는 단언적이고 폭력적이며 진리와 확실성의 전달자가 되려는 경향이 있다.

바르트가 말하는 '중립적인 것'과 반대되는 폭력은 언어에 내재된 폭력을 의미한다. 바르트가 동성애자였다는 측면에서 볼 때, 그의 글쓰기는 중립적 글쓰기의 의미를 보여주는 좋은 예가 된다. 그가 죽은 지 7년 후에 출판된 『사건들*Incidents*』이라는 책에서 바르트는 결코 명쾌하고 규정적으로 '게이'라는 말을 쓰지 않는다. 하지만 분명 바르트의 동성애는 꼬집어 말할 수 없는 방식으로 『S/Z』, 『기호의 제국』, 『사랑의 단상』, 『신화론』, 『모드의 체계』 등 그의 여러 주요 텍스트를 맴돌면서 울리고 있다. 르노 카뮈Renaud Camus〔1946년 프랑스에서 태어난 소설가로, 1979년 『속임수』를 출간했다.〕의 『속임수*Tricks*』에 대한 서평에서 바르트는 바로 자신이 동성애자라고 직접 언급하지는 않지만, 동성애를 사회문화적 현상으로 다룬다.

동성애는 〔이제〕 별로 충격을 주지 못하게 되었지만, 언제나 흥미로운 것이다. 동성애는 아직도 담론의 곡예를 일으키는 흥분의 무대이다. 동성애에 대해 말하는 것은, 동성애자가 아닌 사람들에게는 자신이 얼마나 개방적이고 자유롭고 현대적인지 보여주고, 동성애인 사람들에게는 그 증거를 제시하고 책임을 생각하고 동참하게 해준다. 모든 사람들이 각자 다른 방식으로 행동하기에 바쁘다.

하지만 자신이 가치 있는 존재라고 주장하는 것은, 언제나 복수심에 불타는 타자a vengeful Other의 명령에 대해 말하는 것이자, 타자의 담론에 들어가 그와 논쟁하고 그에게서 정체성의 단편을 찾는 것이다. '당신은 ……이다' '그래, 나는 …… 이다'. 궁극적으로 속성은 중요하지 않다. 사회는 내가 아무 존재도 아니라는 것을 용납하지 않을 것이다. 더 정확히 말해, 내가 가치 있는 존재여야 한다는 것은 임시적이고 취소할 수 있으며 중요하지도 않고 비본질적인 것으로, 부적절한 말로 공개적으로 표현되어야 한다. 그냥 '나다'라고 말해야 사회적으로 구원받을 수 있다."(RL : 291-2)

사회는 타자성 혹은 차이의 기호를 뿌리뽑으려는 욕망 때문에 모든 사물과 사람에게 이름을 부여하고 싶어한다. 『롤랑 바르트가 쓴 롤랑 바르트』에서 바르트는 이것이 "하나의 (지적인) 장소에 할당되고 분류되어 틀 안에 갇히게 되는" 과정이라고 이야기한다.(RB : 49) 이러한 과정에 맞서 바르트는 르노 카뮈의 글쓰기에 대해 서술한다. 바르트의 글은, 중립적 글쓰기라는 용어는 등장하지 않지만 그 개념과 명백히 관련이 있다.

르노 카뮈의 『속임수』는 간단하다. 이 작품은 동성애를 이야기하면서도 동성애에 대해 한 마디도 하지 않으며, 어떤 순간에도 동성애를 환기시키지 않는다.(그건 간단한 일이다. '이름들'Names을 환기시키지도 않고 언어로 만들지도 않는다. '이름Name'이란 논쟁, 교만, 도덕화의 원천일 뿐이다.)(RL : 292)

바르트는 자신이 예전에 전개한 운동들에 구조주의, 기호학, 마르크스주의, 정신분석학 등의 사회적 '이름'이 부여되는 과정에 점점 더 저항하게 되었던 것 같다. 그는 1978년 「이미지The Image」라는 에세이에서, 사회적으로 명명되는(이미지가 부여되는) 경험을 기름 속에서 튀겨지는 감자튀김에 비유한다. 이에 맞서 바르트가 내세운 중립적 글쓰기와 관련된 전략은 '언어, 단어'를 타락시켜 '이미지를 위협하는' 것이다. 바르트는 "나는 타락자의 자리까지 가버렸다."고 말한다.(RL : 357)

하지만 여기서 바르트의 논리에 문제점이 있다고 느낄 수도 있다. 그가 말한 중립적 글쓰기의 이념과 사회적 '이름' 및 이미지의 타락 사이에는 일종의 길항(拮抗 맞버팀)이 있는 듯하다. 타락자가 된다는 것은, 분명 일종의 폭력이 포함된 과정에 참여하는 것이다. 이미지의 의도적 타락(전통적 용어로는 '우상파괴')은 폭력적 행위와 연결되어 있다. 이 길항 상태를 해결하면, 후기 바르트 글쓰기의 핵심에 다다를 수 있다.

여기서 폭력이란 오류·가상·권력(문화, 독사)에 대한 도전이 아니라, 언어의 이데올로기적 특성과 관련된 것임을 기억해야 한다. 1970년대까지 바르트에게 이데올로기란 곧 '이름' 혹은 '이름 붙이기'를 의미했다. 그것은 기표에 안정적 기의를 부여하는 번역 과정에 의존하는 모든 언어를 말한다. 바르트는 저서에서 마르크스주의적이고 정치적으로 좌파적인 견해를 보이지만, 1970년대까지 바르트는 모든 이데올로기적인 언어를 독사의 폭력에 참여하는 것으로 본다.(RB : 104)

이데올로기적 언어는 모두 폭력적이고 독사에 참여하고 있기 때문에, (국가에서 나오는) 지배이데올로기와 (국가에 저항하는) 전복적 이데올로기를 구분하는 것은 아무 의미가 없다고 주장하는 것이다. 모든 이데올로기적 언어는 지배적 속성을 지니고 있다.(PT : 32-3) 중립적 글쓰기는 이데올로기적 언어와 독사에 대항하여 싸우기 때문에 갈등을 초월하지 않는다. 하지만 바르트는 이러한 투쟁이 좌파적·마르크스주의적 언어에 대해서뿐만 아니라, '지배'문화의 언어에 대해서도 행해져야 한다고 점차 강조하게 되었다.(RB : 53)

바르트의 글쓰기가 궁극적으로 저항했던 폭력은 투사적 언어라고 표현하는 게 정확할 것이다. 그는 이렇게 쓴다. "나는 세 가지 교만 때문에 괴롭다. 그것은 과학의 교만, 독사의 교만, 투사적인 것의 교만이다."(RB : 47)

투사적인 좌파나 투사적인 게이(요즘 용어로는 '퀴어queer')의 글쓰기는 전형, '이름', 그리고 안정적이고 확고한 기의에 대한 환상에 의존할 뿐 아니라, 부르주아적 지배문화와 프티부르주아 문화에도 의존한다. 바르트는 어떤 사람이 공적으로 얻는 스캔들이나 악명도, 담론이 부르주아적인지 아니면 좌파적인지에 따라 변화한다고 말한다. 부르주아 담론은 '사적인 성생활'의 노출 때문에 스캔들이 되고, 좌파의 담론은 '열정, 우정, 온화함, 센티멘탈리티, 글쓰기의 기쁨 같은 부르주아 이데올로기를 고백한 흔적' 때문에 스캔들이 된다.(RB : 82-3)

하지만 두 담론 모두 다른 사람들이 옹호하는 특정 양식의 언어와 글쓰기와 행동을 억압하기 때문에, 폭력적이고 사회적으로 인정받는 특권화된 양식이다. 부르주아 문화와 프티부르주아 문화는 투사적 좌파 및 마르크스주의 담론과 함께 주체를 독사적인 언어로 분류하는 특성을 공유한다. 그들의 언어는 얼어붙어 있어서, 전형에서 벗어난 자유로운 글쓰기와 텍스트성, 에크리튀르를 통해 자유를 추구하는 주체들을 속박한다.

쾌락 / 쾌락주의

바르트 후기 저작의 동력은, 대중문화의 정통성에 맞서는 저항이다. 하지만 더 중요한 점은 바르트가 좌파적이고 마르크스주의적인 정통성에도 저항한다는 사실이다. 바르트는 이를 '위반의 위반'이라 부르고, 이론적 담론에 '약간의 센티멘탈리티'를 허용해주는 것은 이러한 과정의 한 예가 될 수 있다. "약간의 센티멘탈리티. 그것이 궁극적 위반이 아닐까? 위반 자체에 대한 위반. 결국 그것은 사랑일 것이기 때문이다. 사랑은 되돌아온다. 그러나 다른 장소로 돌아온다."(RB : 66)

급진적(좌파적) 담론의 독사the Doxa를 피하기 위해, 바르트는 그 담론의 권위가 엄격하게 추방했던 테마와 어조(여기서는 사랑과 센티멘탈리티)를 자신의 글쓰기에 부여한다. 곧 바르트의 욕망, 다수성과 차이를 억압하고 은폐하는 '이름', 그리고 독사로 공고화되는 과정에서 글쓰기(에크리튀르)를 보호하는 것이다. 그의 후기 저작에서 이 욕망은 작가로서 외적으로 유행에 뒤떨어진 태도, 특히 개인적이고 쾌락주의적인 주체의 태도와 매우 철저하게 얽혀 있다. 바르트는 종종 이 (중립적) 글쓰기를 육체에서 나오는 글쓰기와 연결시킨다.(RB : 90)

바르트에 따르면, 글 쓰는 주체의 육체는 (성도착적 관념을 가진) 부르주아 문화와 프티부르주아 문화는 물론이고, (개인적인 것, 센티멘탈한 것, 쾌락적인 것을 반대하는) 마르크스주의적 좌파 담론에 모두 수치스러운 것이다. 보수적 담론과 좌파적 담론은 서로 협력하여 글 쓰는 주체가 육체의 쾌락과 도착성에 빠지는 것을 막는다. 이러한 쾌락은 부르주아 문화에는 기껏해야 자기탐닉적이거나 죄책감을 느끼게 하는 것으로, 좌파 문화에는 반동적·부르주아적인 개성적 표현에 빠져 정치를 벗어난 주체(육체)라는 보수적 신념을 가진 작가에게 해당되는 것처럼 보인다. 정치적 좌파와 우파의 이러한 권위주의에 맞서, 바르트는 대담하게 탈구조주의적 이론을 가지고 자신의 육체와 쾌락으로 직진한다.

『텍스트의 즐거움*Le Plaisir du Texte*』(영어 제목 'The Pleasure of the Text')〔이 책의 한국어판 제목은 '텍스트의 즐거움'이다. 번역자 김희영이 불문학자 김현의 견해를 따라 plaisir를 '즐거움'으로, jouissance는 '즐김'으로 번역했기 때문이다. 그러나 '즐거움'과 '즐김'만으로는 원어의 의미가 충분히 살아나지 못한다고 생각해서, 이 책에서는 다른 번역자들이 종종 쓰는 '쾌락과

쾌락주의 블랙번Simon Blackburn은 쾌락주의를 '자신의 쾌락을 본질적인 목표로 추구하는 것'이라고 정의한다.(Blackburn 1994 : 168) 이러한 정의는 다른 사람을 희생시키고 자아만 생각한다는 뜻을 포함하기 때문에, 보통 쾌락주의를 비윤리적인 것으로 간주한다. 그러나 쾌락은 자선 사업, 우정, 심지어 교육처럼 사회적으로 긍정적인 활동에서도 많이 발견된다. 이 단어의 통상적인 의미를 포착하면, 쾌락주의는 개인적이고 반反사회적이며 사회적 유용성이 결여된 쾌락의 추구로 정의될 것이다. 쾌락주의가 하나의 가치라고 주장하는 철학은 거의 없으며, 바르트가 쾌락주의에 끌린 것도 바로 이 개념을 둘러싸고 있는 철학적이고 윤리적인 터부 때문이다.

'희열'로 번역했다.]에 대해 토론하던 1975년 인터뷰에서 바르트는 쾌락에 집중하게 만든 충동을 다음과 같이 묘사한다.

> 내가 전술적 방법이라 부르는 것이 있는데, 그 단어(쾌락)는 거기서 나타났습니다. 나는 오늘날의 지적 언어가 즐거움과 희열의 관념을 제거하라는 도덕적 명령에 너무 쉽게 굴복하고 있다고 느꼈지요. 그래서 나는 반대로 이 단어를 내 개인적 영역으로 다시 끌어들여 검열을 풀어주고 싶었고, 또 이 단어를 막지 않고 억압에서 해방시키고 싶었습니다.(GV : 205)

바르트의 말처럼 '쾌락'이라는 테마는 텍스트 이론이 공고화될 가능성에서 빠져나올 수 있도록 충격을 주고, 또 그 이론이 예전에 추방당했던 영역으로 되돌아올 수 있게 해준다. 이러한 의미에서 바르트는 쾌락이 텍스트 이론에 제기된 문제라고 본다.

> 쾌락은 사소하고 가치 없는 이름(오늘날 누가 무표정한 얼굴로 자신이 쾌락주의자라고 하겠는가?)으로써, 텍스트가 도덕성으로, 진리로, 진리의 도덕성으로 귀환하는 과정에 혼선을 빚게 한다. 쾌락은 빗나간 사선an oblique이며 띄움닻drag anchor이다. 다시 말해, 만약 쾌락이 없다면 텍스트 이론은 중심화된 체계와 의미의 철학으로 복귀해버릴 것이다.(PT : 64-5)

텍스트 이론이 '중심화된 체계'가 되는 것을 막기 위해, 바르트는 쾌락을 가져오고, 작가인 자신도 쾌락주의의 영역으로 옮겨간다.
『S/Z』에서 표명된 텍스트 이론이 『텍스트의 즐거움』에서 다시 반복되지는 않는다. 오히려 『텍스트의 즐거움』은, 크리스테바의 용어를 따르자면 '전위(傳位-transposition)'에 충실한 책이다. 『텍스트의 즐거움』에서도 여전히 텍스트 이론을 읽을 수는 있지만, 그것은 이동(전위)되어 있고, 그런 까닭에 독자들은 『S/Z』를 『텍스트의 즐거움』을 설명해주는 '교사적 텍스트'로 읽을 수가 없다.

유명한 예로, 바르트가 구분한 쾌락과 희열plaisir and jouissance을 들 수 있다. 바르트는 『텍스트의 즐거움』에서 쾌락의 텍스트와 희열의 텍스트라는 두 가지 텍스트를 말하는데, 이 용어를 『S/Z』에서 제시된 독자적(읽을 수 있는) 텍스트와 작가적(쓸 수 있는) 텍스트의 구분으로 번역할 수는 없다. 쾌락과 희열은 모두 작가적 텍스트와 관계된다. 다만 쾌락이 종종 발자크의 「사라진느」처럼 부분적으로 가역적인 종류의 텍스트에서 발견되는 반면, 희열은 솔레르스의 작품처럼 현대적이고 아방가르드적인 텍스트에서 나타난다. 그러나 독자는 신중해야 한다. 바르트가 자신의 글쓰기에서 가장 미묘한 움직임들을 끝까지 탐험하고 있기 때문이다. 그의 글쓰기는 어느 순간 문장이나 단락의 지시대상을 텍스트들(쾌락과 희열의 텍스트)로 만들고, 또 다른 순간에는 읽기의 텍스트(쾌락으로서의 읽기, 희열로서의 읽기)로 만든다.

바르트는 『텍스트의 즐거움』에서 자신의 저서 전체에 드러나는 긴장, 곧 표면적으로 고전문학과 아방가르드 텍스트 중 하나를 선택해야 한다는 요구에서 나온 긴장을 끝내 해결하지 않을 수 있는 방법을 찾아낸다. 바르트의 책은 문학 텍스트 자체의 본질에 대한 연구서일 뿐만 아니라 읽기reading에 대한 연구서이기 때문에, 그는 고전문학 저서들을 긍정적으로 평가하면서도 동시에 '언어의 신선함'(문학적

1973년 『텍스트의 즐거움』의 출간을 알리는 《르 피가로》 일러스트
바르트는 후기에 접어들어 대중문화의 정통성에 맞서지만, 동시에 좌파적·마르크스주의적 정통성에도 저항한다. 이른바 '위반의 위반'이다. "센티멘탈한 필치. 그것이 궁극적 위반이 아닐까? 위반 자체에 대한 위반. 결국 그것은 사랑일 것이기 때문이다. 사랑은 되돌아온다. 그러나 다른 장소로." 바르트는 텍스트 이론이 '중심화된 체계'가 되는 것은 막기 위해 쾌락을 가져오고, 작가인 자신도 쾌락주의의 영역으로 옮겨간다.

전형을 깨뜨리려는 아방가르드의 욕망)에도 집착한다. 바르트가 새롭게 다루고 있는 쾌락이 정의상 모순되는 것이기 때문에, 이렇게 균형을 잡을 수 있다. 바르트는 책 첫머리에 이렇게 쓴다. "누가 부끄러워하지 않으면서 모순을 견디는가? 이제 반-영웅anti-hero이 나타난다. 그는 쾌락을 얻는 순간의 텍스트의 독자이다."(PT : 3)

바르트는 쾌락을 쾌락주의적으로 다룬다. 쾌락은 사회적 담론의 보수파와 좌파 양쪽 모두의 확실성에 저항하고, 사회와 사회 개혁에 투사적으로 참여하는 이론을 벗어난 곳에 존재한다. 그러나 또한 쾌락은 보수적인 아카데믹 비평이 아름다움의 가치를 강조하고 과거의 위대한 저작을 수동적으로 찬미하는 것 이상을 의미한다. 바르트의 설명에 따르면, 쾌락은 중립적이거나 중성적이다. '그것은 하나의 표류a drift이다'.

> 쾌락은 혁명적인 동시에 반反사회적이다. 어떤 집단성, 멘탈리티, 개인어ideolect도 쾌락을 점거할 수 없다. 이게 중성적인neuter 것인가? 확실히 텍스트의 쾌락은 수치스러운 것이다. 비도덕적이기 때문이 아니라 탈장소적atopic이기 때문이다.(PT : 23)

> 토포스 토포스topos는 고대부터 존재했던 단어로 '진부한commonplace' 것을 의미하며, 여기서 화제topic라는 단어가 나왔다. 고전적 수사학에서 진부한 것이란 일반적으로 받아들여지는 개념(전형 혹은 상투어)을 의미하기도 하고, 담론 내부에 있는 일반적 장소를 의미하기도 한다. 아이들에게 들려주는 이야기를 '옛날 옛적에'라고 시작하는 것이 잘 알려진 토포스의 예다. 바르트는 토포스를 '이름Name'의 의미로, 이미 존재하는 예측 가능한 담론적 요소라는 의미로 사용했다.

쾌락은, 보수적이든 급진적이든 모든 기성 담론들의 기대를 거부한 다는 점에서 '탈장소적'이다. 쾌락에서 가장 탈장소적인 것은 반사회적, 반反집단적 경향이다.

그러나 바르트의 독자는 이 마지막 지점에서 명확히 해야 할 것이 있다. 바르트는 쾌락의 읽기와 희열의 읽기를 구분하면서, 자신이 지성인으로서 모순적 위치에 있음을 요약해서 보여준다. 쾌락은 읽기가 주는 편안한 즐거움으로, 주로 발자크·플로베르·프루스트처럼 문화적 유산들이 된 텍스트들에서 나온다. 이런 점에서 볼 때, 이 텍스트들이 주는 쾌락은 독자들이 사회적으로 공유되는 가치와 접속하게 하는 것으로 보인다.

주체가 상실되는 쾌락주의적 텍스트

하지만 희열의 읽기는 근본적으로 반사회적이다. 희열은 성적 절정과 유사한 경험이다.(희열을 가리키는 바르트의 용어 주이상스jouissance는 때로 엑스타시ecstasy로 번역될 수 있다. 혹은 현대 영어 'coming'으로 번역될 수도 있다.) 성性과 사회적 활동을 결합시킬 수도 있겠지만, 바르트에게 희열이나 커밍coming이란 자신을 발견하거나 자신과 대화하는 것이 아니라, 자신을 잃어버리는 순간 자아를 분산시키고 흩어지게 하는 것이다.

쾌락의 텍스트는 만족시키고, 충족시키며, 행복감을 선사한다. 쾌락의 텍스트는 문화에서 비롯되며, 문화와 단절하지 않고, 안락한 읽기와 결부되어 있다. 희열의 텍스트는 상실의 상태를 강요하고, 불편하게 하며(어떤 권태감까지 느끼게 하고), 독자의 역사적·문화적·심리적 억측들과 취향, 가치관, 기억의 일관성을 뒤흔들어 독자가 언어와 맺고 있는 관계를 위태롭게 한다.(PT : 14)

『텍스트의 즐거움』에서 바르트의 텍스트론은, 이 명백히 대립적인 상태(텍스트의 쾌락, 텍스트의 희열) 중 하나를 선택하지 않고 두 상태를 모두 기반으로 삼는다. 바르트의 텍스트가 제시한(혹은 상상한) 독자는 자의식적으로 모순적인 주체이다. "그는 자아의 일관성도 즐기

> 주체 전통적으로 주체subject는 '사유하는 주체의 의식'이라는 관념을 지칭하거나 개인의 자아 또는 에고를 가리키는 말이었다.(Hawthorn 1992 : 180-2) 플라톤 이후 철학은 주체에 지대한 관심을 기울였으며, 보통 주체를 (바르트가 말한 전통적 저자 개념처럼) 의미의 중심이자 기원으로 설정했다. 그러나 주체를 특권화시키는 전통적 발상은 구조주의에서, 특히 탈구조주의에서 공격을 받게 된다. 탈구조주의에서 주체는 지배이데올로기나 언어로 구성된 것으로 간주되기 시작한다. 전자(지배이데올로기)의 길을 따르는 이론가들은 마르크스주의 사상의 영향을 받은 사람들로, 이는 특히 루이 알튀세의 저서에 잘 나타난다. 반면 후자(언어)의 길을 따르는 이론가들은 일반적으로 자크 라캉의 정신분석학 이론의 영향을 받는다. 프로이트는 무의식에 대한 설명을 발전시킴으로써 전통적인 주체 개념에 중요한 도전을 했다. 프로이트에게 무의식은 주체가 알 수 없는 것인 동시에 주체의 행위와 욕망, 가족관계와 사회관계의 원천이기도 하다.
> 정신분석학적 탐구 덕분에, 주체에는 혼란스러운 틈 또는 분열이 나타나게 된다. 현대 언어학에 기대어 프로이트를 다시 읽는 데 집중한 라캉의 이론은 무의식이 언어처럼 구조화되어 있다는 유명한 선

고(쾌락), 자아의 상실도 추구한다(희열). 그는 이중으로 분열되어 있고, 이중으로 도착적인 주체이다."(PT : 14)

바르트는 바로 이러한 진술들을 통해, 쾌락주의의 의미를 완전히 분명하게 하기 시작한다. 바르트의 쾌락주의적 텍스트론은, 좌파적 이론이 짐작하는 것처럼 개인적 주체를 나르시시즘으로 옹호하는 것이 아니다. 바르트의 쾌락주의적 텍스트는 희열과 쾌락의 바로 그 순간 주체가 해체되고 상실되는 텍스트이기 때문이다.

바르트는 『롤랑 바르트가 쓴 롤랑 바르트』에서 이를 다음과 같이 강조한다. "오늘날 주체는 자신이 다른 곳에 있다는 것을 감지하고 언에서 절정에 달한다. 주체는 더 이상 인간의 행위와 사유의 원천이나 기원이 아니라, 언어의 현존이 감지되는 장소가 된다. 이러한 생각은 문법적 주어(주체)Subject의 특성에 대한 고찰을 통해 더욱 강화된다. 하나의 문장에서 주어는 '동사를 끝내기 위한 "주격 nominative"을 구성하는 단어 혹은 단어들'(OED)이다. 주어는 문장의 술어를 지배한다. '나는 당신을 사랑한다I love you'처럼 일반적인 문장에서 주어는 'I'라는 단어이다. 바르트 같은 탈구조주의자들은 이 문법적 의미에서 보이는 주어의 배후 또는 주어를 초월한 곳에 아무것도 존재하지 않는다고 단언하고 싶어한다. 예컨대 '나는 당신을 사랑한다'고 말할 때, 우리는 유일하고 순수하게 개인적인 감정(전통적으로 생각된 주체의 의미)을 표현한다고 생각할 수도 있다. 그러나 우리는 단지 술어 앞에 주어, 목적어 앞에 술어를 두는 식으로 필요한 문장의 구성을 반복하고 있을 뿐이며, 또한 가장 남용된 상투어를 생산하고 있는 것이기도 하다. 이때 주체는 언어에서 사라지고, 언어에 의해서 또는 언어를 통해서 구성되고 있다. 탈구조주의는 모든 언어가 이러한 방식으로 작동한다고 본다. 의미의 원천은 인간 주체가 아니라 주어 안에서 혹은 주어를 통해 작동하는 언어이다.

있다. 주관성은 해체되고 분해되고 이동되고 닻을 잃어버린 채, 나선상으로 다른 지점에 돌아온다. 왜 나는 '나'에 대해 말해서는 안 되는 것일까? '나moi'가 더 이상 '그soi'가 아니기 때문에?"(RB : 168) 여기서 바르트는, 간결하지만 집약적으로, 탈구조주의 이론의 중요한 주장, 즉 전통적 관념인 인간적 주체의 해체 혹은 분해를 분명하게 드러낸다.

마지막 장이 끝날 무렵, 우리는 솔레르스와 같은 아방가르드 작가가 장기판 위의 검은 말과 흰 말처럼 일인칭(나)과 삼인칭(그) 사이에서 이동하면서, 자신이 쓴 문장들에서 대명사적 주체와 어떻게 유희를 벌이는지 보게 된다. 이러한 글쓰기는 텍스트 배후의 단일하고 비언어적인 주체라는 전통적 관념을 교란시키는 효과를 낳는다. 바르트도 『롤랑 바르트가 쓴 롤랑 바르트』에서 비슷한 테크닉을 사용하여, '나', '그', 'R. B' 사이를 이동한다. 이 대명사들은 텍스트 뒤에 숨어 있는 권위적·비언어적 현존의 기호가 아니라, 오히려 바르트의 사유에 많은 영향을 미쳤던 언어학자이자 구조주의 비평가인 로만 야콥슨Roman Jakobson(1896~1982)이 말한 '전환사shifters'와 유사하다.〔이 개념은 역자에 따라 전환사, 전이사, 연동자, 연동소 등 다양한 용어로 번역되는데, 여기서는 야콥슨 저서의 한국어 번역판을 따랐다.〕

이 개념은 '나', '그', 또는 문장의 적절한 이름이 맥락에 따라 지시대상 이상의 것을 지시하는 것을 말한다. 이 대명사적 주체들은 지시대상들을 이동시키면서 탈중심화된 의미 혹은 시니피앙스를 창조하는데, 이는 바르트가 이미 「사라진느」 읽기에서 지적한 것이다. 『롤랑 바르트가 쓴 롤랑 바르트』에서 바르트는 이 효과가 간결하고 산문적으로 나타난 예로 자신이 받은 한 엽서를 든다. "월요일. 내일 되돌아 감. 장 루이." 바르트는 "그렇게 간단한 언명에서 야콥슨이 분석한 이중적 작동자인 전환사의 흔적을 발견하고 경탄"하며 이렇게 말한다.

장 루이는 자신이 누구인지, 어느 날 글을 썼는지 완벽히 알고 있겠지만, 내 손에 들어와 있는 그의 메시지는 아주 불확실하다. 어느 월요일일까? 어느 장 루이일까? 내 관점에서 즉각 장 루이를 하나 선택하고 몇 개의 월요일들을 골라야 할 테지만, 내가 어떻게 알 수 있단 말인가? 비록 약호화되어 있기는 하지만 이 작동자들 중에서 가장 익숙한 것 하나만 말해보자. 그것은 전환사the shifter가 소통을 깨뜨리는 복합적인 수단—언어 자체가 제공하는—으로 나타난다는 것이다.(RB : 165-6)

바르트에게 희열jouissance이란 언어의 안정된 주체성이 상실되는 것을 의미힌디. 그것은 주체로서의 독자와 객체로서의 저자가 텍스트성의 영역에서 해체되는 순간이다. 바르트는 이 순간을 이렇게 묘사한다. "텍스트의 배후에 능동적인 사람(작가)과 전면적으로 수동적인 사람(독자)은 없다. 즉, 주체와 객체는 없다."(PT : 16) 이러한 희열의 순간은 독자의 자아가 언어로, 텍스트성으로 해체되고 흩어지게 한다. 그것은 '반사회적인' 순간이지만, '주체(주관성)의 상기'와 관련되지는 않는다. 바르트는 "모든 것이 완전히 사라진다."고 말한다.(PT : 39)

바르트의 글쓰기에서 희열 혹은 '커밍coming'이라는 성적이고 육체적인 메타포는, 정확하게 말해 자아의 공고화 혹은 단언이라기보다 자아의 상실 같은 경험과 비슷한 성질을 띠고 있다. "희열은 읽기 혹은 발화의 체계로, 이를 통해 주체는 자신을 확립하는 대신 자신을 상실하게 된다. 적절하게 말하자면, 그것은 그 대가가 희열임을 경험하는 것이다."(GV : 206)

중요한 것은, 독자가 희열을 느끼는 순간이 독사와 전형을 재생산하지 않는 글쓰기와 대면할 때 일어난다는 점이다. 독사와 전형에 직면한다는 것은 주체성을 문제적 상황에 처하게 하는 것이다. 앞에서 인용한 바르트의 동성애에 대한 구절은 이 과정을 증명해준다. 적어도 바르트에게 희열의 텍스트와 직면한다는 것은, 선택과 이데올로기적 충성이 가능하거나 그것을 욕망하는 단일한 주체라는 난처한 가상에서 해방됨을 뜻한다. 다시 말해 희열의 순간은, 주체가 정체성에 대한 사회적 질문('너는 ……인가?')을 던지지 않는 언어에 직면할 때, 그리고 주체가 정체성을 진술할('나는 ……이다) 가능성을 부정하는 언어로 도망갈 때 나타난다. 보수적 담론과 좌파적 담론은 전형과 독사를 해체하기 위하여 전통적인 주체 관념에 의존한다. 하지만 희열의 텍스트는 이러한 과정을 교란시킨다. 바르트는 "극복되고 분열된 것은 사회가 인간의 모든 산물에 요구하는 도덕적 단일성"이라고 주장한다.(PT : 31)

따라서 『텍스트의 즐거움』에서 바르트가 제시한 주장은, 여러 가지로 그의 첫 번째 책이었던 『글쓰기의 영도』와 다시 연결된다. 왜냐하면 희열의 텍스트는 궁극적으로 독자에게 근본적으로 새로운(신선한, 상투어와 반복을 넘어선) 것을 제공하는 그 무엇이기 때문이다. 희열의 텍스트는 아직 문화적 변용을 거치지 않았으며 따라서 '이름'이나 단일한 정체성에 대한 사회적 요구 바깥에서 말하는 텍스트라고 할 수

도 있겠다.(PT : 40-1)

하지만 『텍스트의 즐거움』에서 바르트가 설명한 '새로운' 것과, 『글쓰기의 영도』에서 말한 새로운 것의 가장 중요한 차이점 중 하나는, 모든 희열의 텍스트가 오직 읽히는 현재의 순간에만 나타난다는 점에 대한 인식이다. 『텍스트의 즐거움』에서 바르트는 『S/Z』에서 강조했던 독자의 텍스트 생산행위를 다시 강조하면서도, 희열의 텍스트는 반복될 수 없으며, 오직 역사 혹은 모든 체계적 언어의 바깥에서 현재의 시간에만 일어날 수 있다고 강조한다. 아방가르드에 대한 바르트의 시각은 명쾌하다. "아방가르드는 앞으로 회복될 반항의 언어이다."(PT : 54)

하지만 이 이론에서 또 하나 분명한 것은, 바르트 자신이 읽기의 일반적, 방법론적, 소통적 모델을 생산하려고 하던 노력에서 얼마나 멀리 나가버렸는가 하는 점이다. 『텍스트의 즐거움』에서 바르트의 육체적이고 쾌락으로 가득 찬, 때로는 오르가즘적이기까지 한 읽기론은, 문학의 과학이라는 구조주의적 이상은 물론 일반적 의미의 모든 이론적 견해에서 상상할 수 있는 한 멀리 떨어져 있다. 1970년대 씌어진 바르트의 이 저서는 독사와 '이름'의 폭력을 피하고자 하는 글쓰기의 양식을 강조하고, '이론적' 글쓰기의 정체에 대한 우리의 감각에 도전한다. 왜냐하면 이 책은 여러 종류의 글쓰기(허구적인 글쓰기와 비허구적인 글쓰기, 소설적인 글쓰기와 비평적인 글쓰기)의 구분이 붕괴되는 곳에 자리잡고 있기 때문이다.

소설적 텍스트 『사랑의 단상』

바르트는 1978년 프루스트에 대한 에세이에서, 자신이 이론과 결별하고 소설적 글쓰기를 할 수 있을지 궁금해한다. '유토피아적 소설'을 쓰려고 했던 이 계획이 바르트가 죽기 직전까지 얼마나 진전되었는지 추측도 많았다. 그러나 분명한 점은 바르트가 생의 마지막 시기에 전통적 소설 장르와 자신이 '소설적인 것'이라고 칭했던 형식의 글쓰기를 분명하게 구분하기 시작했다는 것이다.

1973년의 인터뷰에서 바르트는 '에세이'라는 말을 '시험' 또는 '실험'의 의미로 쓰면서, 이렇게 말한다. "나의 글쓰기는 이미 소설적인 것으로 가득합니다."(GV : 176) 바르트가 『롤랑 바르트가 쓴 롤랑 바르트』의 서두에서 "이 책은 전부 다 소설 속의 한 인물이 말하는 것으로 간주되어야 한다."고 했던 것은 유명한 사실이다.(RB : 1) 1975년 인터뷰에서 그는 『롤랑 바르트가 쓴 롤랑 바르트』를 다음과 같이 묘사한다.

> 이 책은 소설입니다. 전기가 아닙니다. 우회로detour가 같지 않은 거죠. 이 책은 지적인 측면에서 볼 때 소설적입니다. 두 가지 이유에서 그렇습니다. 무엇보다 수많은 단장들이 삶의 소설적 표면과 관련되어 있습니다. 게다가 이 단장들에서 제시한 혹은 무대화한 것들은 하나의 상상-목록image-repertoire, 다시 말해 바로 소설의 담론입니다. 이 책의 담론은 지적이라기보다 소설적인 것입니다.(GV : 223)

이 개념을 어느 정도 보여주는 책이 영어로 『사랑하는 사람의 담

론: 단상들A Lover's Discourse: Fragments』로 번역된 바르트의 『사랑의 단상Fragments d'un discours amoureux』(1977)일 것이다. 『사랑의 단상』은 바르트의 저작 가운데서 가장 소설적이다. 이 텍스트가 소설적 글쓰기의 특성을 가지고 있다는 단서는, 위의 인용문에서 바르트가 사용한 '상상-목록image-repertoire'이라는 용어에서 찾을 수 있다.

바르트의 『사랑의 단상』은 알파벳 순서로 정렬된 80개의 문형(文型)figure들을 따라 구조화되어 있다. 이 문형들은 '약호의 출력지printout'처럼 사랑에 빠진 주체의 마음속에서 솟아오른 것으로, 사랑의 담론의 상호텍스트적 요소들이다. 바르트는 "사랑에 빠진 주체는 필요와 명령 혹은 상상-목록의 쾌락에 기대어 문형의 저장고[寶庫]를 이용한다."고 쓴다.(LD : 6)

사랑에 빠진 주체의 근본적인 아이러니는 이 관찰에 이미 포함되어 있다. 사랑은 가장 은밀한 감정이지만, 주체는 일반적이고 비개인적인 보고에서 단편적 약호들이 출현하는 방식으로 사랑을 경험한다. 주체가 즉시 이 아이러니를 인식하지 않는 이유, 또한 표면적으로 보면 개인적인 반응들이 일반적 비유들의 어휘목록의 일부인 이유는, '상상-목록'이라는 개념의 정신분석학적 배경과 관련된다.

사랑에 빠진 주체의 상상-목록

상상-목록은 라캉Jaques Lacan의 용어 '상상계l'imaginaire'를 바르트가 변형한 것이고, 상상계는 라캉이 프로이트의 '거울 단계'를 수정해서 만들어낸 유명한 개념이다.

비연속적 애피소드를 이어가면서, 또는 바르트의 말을 사용하자면 비연속적 사건들을 이어가면서, 바르트는 사랑에 빠진 주체의 상상-목록 혹은 상상계를 보여준다. 사랑하는 사람의 담론은 언제나 사랑받는 대상인 '당신'을 향한다. 이는 문학, 정신분석학, 철학, 종교, 음악, 개인적 경험에서 비롯된 상호텍스트적 흔적의 짜임이자 텍스트이다.

이에 대해 우리는 사랑의 담론이 상상계의 일부, 다시 말해 바르트가 어떤 글에서 광기에 비유했던 허구가 아닐까 하고 물어볼 수 있다.(LD : 121) 그런데 왜 바르트는 이를 옹호하려는 욕망이 동기가 되었음이 분명한 텍스트를 썼을까? 책 첫머리에서 바르트는 사랑의 담론이 "이미 말해진 것, 수천 명의 주체가 이미 말했던 것이지만 …… 아무도 이를 정당화하지 못했다. 사랑의 담론은 주위의 언어에서 완

상상계와 거울 단계 흔히 「거울 단계The Mirror Stage」라고 축약되어 알려진 라캉의 글에서(Lacan 1989 : 1-7), 어린아이는 처음에는 자아에 대한 감각이 없을 뿐 아니라, 자기 자신의 몸과 주위의 다른 사람들의 몸에 대한 차이의 감각도 없는 것으로 서술된다. 엘리자베스 그로츠 Elizabeth Grosz[호주의 저명한 페미니스트 이론가]가 표현했듯이, 이 단계에서 아이의 몸은 "부분들이 좌표화되지 않은 불연속적 집합체이며, 규제적 조직화나 내적 응집성을 드러내지 않는다."(Grosz : 44) '거울 단계'는 아이가 자아의 통일성에 대한 감각을 조립하게 되는 방식을 가리키는 라캉의 용어이다. 통일된 자아 또는 에고에 대한 이러한 감각은 타자에게서, 즉 거울에 비친 자아의 이미지나 어머니의 몸에서 온다. 중요한 것은 단일화된 에고 혹은 자아가 하나의 이미지(아직도 의존적이고 비좌표화된 어린아이의 몸 바깥에 있는 어떤 것)에 입각하고 있다는 것이다. 라캉은 이렇게 말한다. "중요한 것은 이 형식이 사회적으로 결정되기 이전의 에고의 활동을 허

전히 거부당했으며, 무시와 비방과 조소의 대상이었다."고 지적하고, 이 사회적 추방 때문에 사랑의 담론이 '긍정'의 장소가 되었다며, '그 긍정이 지금 시작하려는 책의 주제'라고 덧붙인다.(LD : 1)

앞서 바르트가 후기 저서에서 급진적 이론이 배제한 견해와 주제들을 의도적으로 선택하는 방식을 살펴보았지만, 그렇다 해도 책 서두에 밝힌 바르트의 논리는 명쾌하기보다 갑작스럽게 느껴진다. 거부당한 담론을 긍정해야 할 이유가 정말 이것일까? 사랑의 담론이 '비실재적'**이라는**(is 'unreal') 단지 그 이유 때문에 거부당했다고 할 수 있을까?

사회가 사람들에게 사랑에 빠지라고(사랑하는 주체의 상상계로 들어가라고) 격려함으로써 우리의 에너지를 다른 곳으로 돌린다고 주장할

> 구적 방향에 위치시킨다는 것이다. 이는 홀로 존재하는 자아에게 언제나 돌이킬 수 없는 것이 된다."(Lacan 1989 : 2) 그러므로 거울 단계는 우리가 (내면화된 이미지의 토대에 대해) 상상하는 과정을 시작하게 하며, 이 단계에서 우리는 신체적 단일성과 주체로서의 단일성을 형성하게 된다. 그러므로 상상계는 우리들이 자신을 단일화된 주체라고 생각하게 되는 허구와 관련이 깊다. 이것이 허구인 가장 큰 이유는, 우리가 우리 바깥의 이미지와 타자성에서 단일화된 자아의 개념을 구성한다는 사실에 있다. 상상계에는 아주 큰 손실 또는 틈이 있다. 따라서 자아에 대한 이미지는 허구적인 동시에 자아의 상실 또는 틈에 기초하고 있는 것처럼 보인다. 물론 사회는 근본적으로 성인의 삶에 자아의 허구를 구성할 수 있는 수많은 이미지들을 제공하여 이 틈을 강화한다. 이를 토대로 아내, 사업가, 교수, 영화 스타, 정치가, 사회적 반역행위의 상상계를 분석할 수 있으며, 바르트처럼 사랑에 빠진 주체도 분석할 수 있게 된다.

수는 있다. 그렇지 않으면 이 에너지가 다른 반역적 행위에 사용될 수 있기 때문이다. 사랑의 담론 덕분에 현대 자본주의가 사람들을 불평 많은 소비자들로 전환시킬 수 있다는 것은 거의 확실한 사실이다.

그런데 왜 바르트는 사랑의 담론을 긍정하고자 하는 텍스트를 썼을까? 이 의문에 관해 처음 지적할 것은, 바르트가 말하는 '사랑에 빠진 사람', 즉 그의 텍스트의 '나'라는 인물이 사랑을 긍정으로 경험하고 있지 않다는 점이다.

'나'는 오히려 사소한 기호들에서 언제나 미묘한 긍정적 의미를 발견한 다음 느끼는 상실, 일련의 좌절, 근심, 긴장, 기대, 신경증적 요구로 사랑을 경험한다. 바르트가 묘사한 사랑에 빠진 사람은 기호를 읽는 사람이자 사랑의 기호학자이다.(모두 다 그런 것은 아니지만, 많은 경우 그렇다.) 사랑하는 자는 타자가 상상계에, 그러니까 자기 자신의 허구에 참여하는 기호를 끊임없이 찾으려 한다. 그러나 사랑하는 사람의 상상계에서 사랑받는 사람은 타자이기 때문에, 긍정적 기호에 대한 요구는 필연적으로 절망, 좌절, 상실로 귀결될 뿐이다.

사랑하는 사람이 보상받는 사랑의 기호(공유된 상상-목록의 기호라고도 할 수 있다.)를 끊임없이 찾아다니는 것은, 자신의 사랑의 기호를 제시함으로써 사랑받는 사람 혹은 그 사람의 이미지를 사랑받는 사람에게 깨닫게 하려는 욕구와 관련이 있다. 사랑하는 사람의 상상계는 실재적real이다. 아니, 차라리 '실재계the Real'에 연결되어 있다고 해야 할 것이다.

나는 내 슬픔이 환상이 아니라는 것을 나 자신에게 증명하기 위하여 일부러 눈물을 흘린다. 눈물은 기호이지 표현이 아니다. 나는 내 눈물로 이야기를 하고 슬픔의 신화를 만들어낸다. 그럼으로써 나는 나를 적응시키고 눈물과 함께 살아간다. 왜냐하면 눈물을 흘림으로써, 나는 가장 진실한 메시지를, 즉 내 말이 아닌 내 육체의 가장 진실한 메시지를 받아들이는 뚜렷한 대화 상대를 나에게 선사할 수 있기 때문이다.(LD : 182)

사랑하는 주체, 바르트 텍스트의 '나'는, 그의 소설에 등장하는 인물이다. 혹은 『사랑의 단상』의 '나'는 또 다른 소설(상상계가 실재계가 되는 소설) 속 인물이 되고자 하는 소설(보상 없는 사랑의 소설, 실재계에 대항하는 상상계의 소설)의 인물이라고 할 수 있다.

바르트는 한 인터뷰에서 '사랑의 담론에 대한 학술논문'을 쓰지 않겠다는 결심을 이야기하며, 그러한 논문은 "일종의 거짓말일 것이다.(나는 더 이상 내 저서가 과학적 일반성을 지니기를 바라지 않는다.)"라고 말했다. 이러한 논문에서 바르트는 "위장되고" "조작된" "어느 사랑하는 사람의 담론을 쓰기로 결정했다. 누군가가 반드시 나 자신은 아니지 않은가?" 바르트는 이어 "그 결과는 구성되고 정립되거나 "조립된" 담론(몽타주의 결과)"이라고 말한다.(GV : 284-5)

『사랑의 단상』은 소설적인 텍스트이다. 이 책은 소설적 허구에서 살면서 또 다른 허구에서 살 수 있기를 바라는, (문학적·철학적·경험적 담론과 다른 종류의 담론들에서 상호 텍스트적으로 편집된) 허구적 인물을 제시하는 텍스트이다. 이 텍스트가 낳는 결과들은 매우 복잡하다.

사랑에 빠진 사람의 담론에 대한 바르트의 글쓰기는, 어떤 층위에서 보면 사랑의 담론의 가상적·신화적 본질을 드러내고 있다. 그러나 동시에 바르트의 텍스트는 사랑에 빠진 그 사람을 애정으로 다루고 긍정하며, 지적 담론에서 거부당했던 것을 회복시킨다. 그 결과 이 책은 사랑의 담론의 허구적이고 현혹적인 본질을 증명하는 텍스트를 보여주면서, 탈신화화적 비평의 폭력도 피해 나간다.

『사랑의 단상』은 바르트의 중립적 글쓰기의 구체화인 동시에 그것과 대립하는 특성도 포용하고 있다. 이 책은 사랑의 담론을 폭로하는 전투적 언어와 그것을 감성화하고 자연화시키는 보수적 언어 사이에 걸쳐 있으면서, 독자들에게 혼란스럽지만 쾌락적인 거울을 제시한다. 『사랑의 단상』의 독자는, 문화적 신화에 대한 암묵적 비판에 공감하면서 동시에 그 신화적 담론을 말하는 '나'(인물)와 일체감을 느낀다. 결과적으로 우리가 사랑의 담론과 맺고 있는 관계는 의문스러운 것이 되며, 사랑의 담론에 대한 확고한 규정적·객관적 이론을 확인할 수 없다.

쾌락과 희열의 읽기, 사랑의 글쓰기

생애의 마지막 시기인 1970년대에 씌어진 바르트의 저서는 그가 다른 형식의 글쓰기로 이동했음을 보여준다. 여전히 급진적인 이론적 아이디어와 견해들이 특징적으로 나타나지만, 그의 글쓰기는 기존의 방법론에 저항하며 허구적인 글쓰기와 비허구적인 글쓰기 사이의 경계를 교란시킨다.

바르트는 급진적 정치 담론과 지적 담론의 전형성과 반복적 특성을 점점 더 의식하게 되었기 때문에, 독사the Doxa(자연화된 언어)에 역설의 탈신비화로 맞서지 않는 글쓰기 양식들을 탐구한다. 바르트는 사랑, 감성, 쾌락 등 시대에 뒤떨어진 주제들을 자신의 글쓰기에 끌어들임으로써, 텍스트 이론을 더욱 육체적인 영역으로, 텍스트의 쾌락주의적 쾌락으로 확장시킨다. 이러한 탐구들은 이론적이라기보다 소설적이라고 할 수 있는 글쓰기 양식으로 귀결된다.

08

음악과 사진, 영화

Roland Barthes

문학예술보다 시각적인 것에 관심이 많은 독자들은, 사진과 영화에 대한 저서를 통해 바르트에 입문한다. 음악에 대한 바르트의 저술은 이 분야에서 일하는 사람들에게 매우 중요하다. 이 장에서는 바르트가 음악에 기여한 바가 무엇인지 보고, 다음 장에서 검토할 바르트의 마지막 저서 『카메라 루시다』의 배경을 살펴볼 것이다.

육체의 언어, '목소리의 씨앗'

1970년대에 바르트는 음악에 대한 여러 편의 에세이를 썼다. 이 에세이에서 바르트는 이 시기 그의 저작에서 핵심적인 개념들을 신선하게 빛나는 관점들로 보여준다. 1970년에 출간된 「무지카 프락티카 Musica Practica」가 좋은 예이다.

이 에세이에서 바르트는 음악 연주에 대한 견해를 발전시키는데, 그것은 『S/Z』에서 했던 중요한 주장들과 연관성이 있다. 바르트는 점점 더 녹음된 형식으로 전문적 음악을 소비하려고 하는 문화적 경향을 저평가하고, 작가적 텍스트의 이론과 명확히 관련되는 적극적 음악론을 전개한다. 바르트는 이렇게 묻는다. "음악이 콘서트라는 울타리와 고독한 라디오 청취에 한정된다면, 작곡의 용도는 무엇인가? 적어도 경향적으로 말해 소비는 행위를 제공하고, 듣기가 아닌 쓰기를

제공해야 한다."(RF : 265)

이렇게 음악 악보의 적극적인 연주와 수동적인 소비를 구분하는 태도는, 1970년대 이후의 에세이에서 프로페셔널과 반대되는 아마추어를 옹호하는 태도로 귀결된다. 바르트는 어렸을 때부터 헌신적인 아마추어 뮤지션이었다. 1970년대 후반기의 여러 에세이들 중 상당수는 로베르트 알렉산더 슈만Robert Alexander Schumann(1810~1856)의 음악을 적극적으로 평가하려는 글들이다. 아마추어 음악 연주를 옹호하는 이 글들은 텍스트의 가역적 읽기, 생산적인 것에 대한 바르트의 이론과 명백히 연관성이 있다. 바르트는 1979년의 에세이 「슈만을 사랑하기Loving Schumann」에서 이렇게 쓴다. "오늘날 음악 감상은 실천과 유리되어 있다. 많은 거장들과 감상자들은 집단으로 존재한다. 하지만 실천자, 아마추어들은 극소수이다."(RF : 294)

바르트는 『텍스트의 즐거움』에서, 공식 통계를 근거로 이제 프랑스 국민의 절반만이 책을 읽는다는 슬픈 사실을 말한 바 있다. 바르트가 이 사실을 유감스러워하는 것은 읽기의 교화적 본질이라는 부르주아의 일상적·도덕적 개념 때문이 아니다. 곧, 사람들이 문학의 도덕적 교훈과 멀어져서가 아니라, 텍스트가 선사하는 육체적·잠재적 엑스타시의 쾌락에서 유리되기 때문에 유감스러운 것이다.

음악 연주에 대한 바르트의 언급에는 능동적 읽기에 대한 권장이 반영되어 있다. 아마추어의 음악 생산을 찬양하는 것도, 점점 더 편리해지는 대중문화 예술에 반대하고, 음악에 대해 육체적이고 참여적이며 적극적인 관계를 맺을 것을 옹호하기 때문이다. 지금은 세계화되어버린 국가적 미디어들(라디오와 텔레비전 등)을 통해 방송되는 레코딩 음악과 전문 음악 같은 대중문화는 완전히 수동적인 음악 수용만을 낳는다. 대중문화는 바르트가 말한 시니피앙스에 상응하는 음악을 말살하겠다고 위협한다. 시니피앙스는 독자 혹은 음악 연주자/감상자에게 명쾌한 기의가 아닌 기표를 제공한다. 그리고 시니피앙스는 이미 안정된 의미보다 또는 이런 말을 사용할 수 있다면 '패키지화된' 의미의 수동적인 수용보다, 육체적이고 적극적인 반응을 요구한다.

바르트는 두 가수를 비교함으로써 자신이 말하는 음악적 시니피앙스의 의미가 담긴 예들을 설명한다. 1·2차대전 사이에 인기가 있었던 '프랑스 예술 가수'로 1930년대 후반 바르트에게 성악 수업을 해주었던 샤를르 팡제라Charles Panzera는 불행히도 "장시간 연주 녹음이 도래할 즈음 성악을 그만두었다."(RF : 280) 반대로 전문 성악가 디트리히 피셔-디스카우Dietrich Fischer-Dieskau는 전후 시기 클래식 녹음 음악계에서 지배력을 발휘했다. 피셔 디스카우의 목소리는 전문화되어 있으며, '표현적이고, 드라마틱하며 감정적으로 명쾌하고', 따라서 생산품으로서의 음악을 원하는 문화에 완벽하게 맞춰져 있다고 바르트는 분석한다.

이 문화는 녹음된 음악 청취의 확대와 연주의 감소(더 이상 아마추어 연주자는 없다.)로 규정된다. 이 문화는, 명쾌하고 감정을 '번역'해주며 기의(시의 의미)를 재현하는 예술과 음악을 갈망한다. 즐거움을 진공 상태처럼 비우는 예술(즐거움을 이미 알려진, 약호화된 감정으로 환원시킴으로써), 음악의 주제를 말할 수 있는 것과 일치시키고, 아카데미·비평·여론이 이미

단정적으로 말한 것과 일치시키는 예술을 갈망하는 것이다.(RF : 273)

피셔 디스카우는 완벽하게 음악의 전문적이고 문화적인 이상을 전달하는 기의적 음악 연주를 제공한다. 이런 의미에서 그의 노래는 독사, 즉 음악이란 무엇이며 또 무엇이어야 하는지에 대한 일반적인 견해와 통한다. 그의 노래에는 쾌락으로 보이는 시니피앙스, 감상자에게 음악적 희열을 주는 기표적 형식의 음악에 대한 여지가 전혀 없다. 반면 팡제라의 노래 예술에는 시니피앙스, 바르트가 '목소리의 씨앗'이라고 이름붙인 음악적 특징이 있다.

바르트에게 목소리의 씨앗이란 성악가 혹은 음악가의 육체에서 오는 것으로, 이는 앞 장에서 보았던 육체적 텍스트의 일반적 가치화에서 나온 개념이다. 바르트는 줄리아 크리스테바에게서 현상텍스트

현상 텍스트와 생성 텍스트 크리스테바가 구분한 현상 텍스트pheno-text와 생성 텍스트geno-text는, 바르트가 말한 육체적 텍스트의 의미를 설명하는 데 도움이 된다. 크리스테바는 1960년대 후반부터 1970년대 초에 쓴 저서들에서 상징적인 것the Symbolic과 기호적인 것the Semiotic을 구분한다. 상징적인 것은 라캉에게 가져온 개념으로 논리적이며 명쾌한 의사소통과 관련된 담론, 즉 사회의 지배적 언어를 말한다. 그러나 크리스테바의 심리학적 주체는 이 지배적 언어와 언어에 대한 육체적 관계 사이에서 분열되어 있다. 언어에 대한 육체적 관계는 주체가 어린아이가 사회의 공식 언어를 배우기 이전인 초기 단계에서 비롯된다. 상징적 질서로 들어가기 이전의 어린이-주체는 욕망과 충동, 육체적 리듬의 장소이다. 이것은 기호적인 것le sémiotique이며, 크리스테바가 말하는 시적poetic인 것의 위대한 원천이다. 급진적 언어와 예술(크리스테바가 말하는 시적 언어)은 기호

pheno-text와 생성텍스트geno-text의 구분을 가져와 이 개념을 정의한다. 목소리의 씨앗은 현대의 전문 음악이 음악 연주에서 말소시키려 하는 육체(생성 텍스트)의 언어이다.

바르트가 음악에서 주목한 이 개념은 그 자체로도 중요하지만, 그의 문학에 대한 글쓰기와 사진에 대한 저술의 관계를 인식할 수 있도록 도와준다. 이 관계는 육체에서 나와 육체에 영향을 미치는 텍스트의 요소들과 더 연관이 많다. 이 요소들은 텍스트의 구조와 비평의 방법론으로 포착될 수도 없고 내포될 수도 없는 것으로, 모든 구조 바깥에 놓여 있는 잉여 혹은 보충을 구성한다.

저인 것을 개척하고자 하며, 상징적인 것의 투명하고 자연화된 억압적 언어에 파열을 내고자 한다.
상징적인 것과 기호적인 것의 갈등은 논리에 대한 공격의 측면에서, 즉 공식 장르의 파열과 논리 이전의 리드미컬한 표현을 통해 나오는 담론의 측면에서 설명될 수 있다.(Kristeva 1984) 크리스테바가 대립시킨 두 텍스트 중에서, 현상 텍스트는 상징적 질서의 언어를 통해, 그리고 그 언어를 준수함으로서 소통되는 텍스트의 일부이다. 생성 텍스트는 명확하게 소통되는 구절에 틈을 내고 파열시키고 혼란시키는 것으로, 현상 텍스트로 느낄 수 있는 텍스트의 어떤 일부이다. 어떤 텍스트도 생성 텍스트 혹은 기호적인 것의 힘을 직접적으로 제시할 수는 없다. 그 힘은 언어 자체보다 우선하는 힘이기 때문이다. 그러나 생성 텍스트는 상징적 질서의 지배력에 저항하는 특정 텍스트에서만 느낄 수 있는 것이다.

피아노를 연주하는 롤랑 바르트
'부르주아지는 눈을 감고서 피아노 연주를 듣는다.'
1970년대에 바르트는 음악에 대한 여러 편의 에세이를 썼다. 아마추어의 음악 생산을 찬양하고, 대중문화 예술에 반대하는 바르트의 주장에는 능동적 읽기에 대한 권장이 담겨 있다.

사진의 지시대상 문제

사진에 대한 바르트의 초기 저술은, 그가 『신화론』에서 행했던 자연화된 약호의 비판과 관련시켜 읽을 수 있다. 「사진의 메시지The Photographic Message」와 「이미지의 수사학The Rhetoric of the Image」(1964) 같은 에세이들은, 문화적 신화에 대한 기호학적 분석에 사진 이미지를 적용하려고 했던 글이다.

여기서 바르트는 사진이 텍스트에 의존하는 다른 문화적 메시지들과 똑같은 방식으로 메시지를 생산하지 않는다는 점에 주목한다. 바르트는 사진이 기호의 역사에서 혁명적인 측면을 지닌다고 지적하는데, 이는 사진이 외적으로 '약호 없는 메시지'를 생산하고 있다는 점과 관련된다.(RF : 5) 바르트는, 텍스트에 기반한 메시지는 아날로지analogy, 즉 기호와 지시대상 사이의 외적 상응 혹은 유사성에 의존한다고 주장한다.

하지만 사진은 다른 기호들과 달리 실재하는 지시대상이 있기 때문에, 기호학적 측면에서 잠재적인 문제를 제시한다. 다른 기호들은 약호, 즉 외연적 의미와 내포적 의미 사이의 운동에 의존한다. 이 기호들의 지시대상으로 제시되는 것은, 사실 내포적 메시지를 암묵적으로 소통시키기 위한 외연적 메시지다. 이러한 기호들은 적어도 두 층위 이상의 의미 혹은 의미작용을 지니고 있기 때문에 약호화되어 있다고 할 수 있다.

반면 사진은 우리에게 약호화되지 않은 지시대상을 제시하는 것처럼 보인다. 무슨 근거로 사진의 재현물이 내포를 감춘 외연에 지나지 않는다고 주장할 수 있을까? 사진의 재현물은 분명 카메라가 포착한 바로 그 방식 그대로 존재할까? 즉, 사진이 보여주는 것은 엄밀한 의미에서 지시대상일까?

다른 모든 예술은 지시대상을 생성하거나 창조하는 것처럼 보인다.

지시대상 지시대상은 현대 언어학에서 문제적인 개념이기 때문에 수없이 논의되어왔다. 이는 기호 혹은 기호들이 지시하는 것과 관련된 개념이다. 예를 들어 '나무'라는 단어의 지시대상은 실제의 나무 혹은 이 '나무'라는 기호가 가리키는 나무들일 것이다. 그러나 우리는 이미 소쉬르 이후 언어의 지시성에 대한 생각, 다시 말해 언어가 실질적으로 세상에 존재하는 것을 가리킨다는 생각이 오류로 간주된다는 것을 살펴보았다. 3장에서 보았듯이, 기호는 자의적이다. 기호 '나무'와 우리가 나무라고 부르는 이 세상의 실제의 사물 사이에는 아무런 실질적(필연적이고 자연적인) 지시 관계가 없다. 그러나 단어의 직접적인(자연적이고 필연적인) 지시성이라는 생각을 거부하는 것이, 곧 언어가 (관습적으로, 체계적으로) 이 세상의 사물을 지시할 수 없다는 것을 의미하지는 않는다. 예컨대 이 책에서 사용된 단어들은 이 세상의 수많은 사물들을 지시하고 있다. 중요한 것은 여기서 말하는 지시성이 자연적이라기보다 관습적이고, 필연적인 것이라기보다 자의적이며, 문자 그대로의 것이라기보다 매개된 것이라는 점이다. 바르트가 평생 동안 아날로지를 비판했던 것은, 언어의 이 같은 자의성을 의식했던 데서 비롯된다.

바르트가 『신화론』이나 『모드의 체계』 같은 저서에서 보여준 기호학적 과정은 다음과 같이 서술될 수 있다. 첫째로, 그는 아날로지의 추측성을 비판한다. 둘째로, 그는 기호의 외적 지시대상과 기호 체계는 언제나 자연적인 것이 아니라 문화적이라는 점을 증명한다. 셋째로, 그는 지시대상이 언제나 사람들이 대상이 존재한다고 믿는 곳이 아니라 어딘가 다른 곳에 존재한다는 점을 증명한다. 마지막으로, 바르트는 지시대상은 자연적인 것이 아니라 구성된 것이며 이데올로기적인 것이라는 점을 증명한다.

앞에서 확인했듯이, 심지어 명백히 '리얼리즘적'인 예술 형식도 문학적 지시대상의 가상을 생산하는 약호와 관습에 의존한다. 사진은 새로운 형식 속에 지시대상을 창조하지 않고, 실재하는 지시대상을 단지 포착하여 이미지를 제시하는 것처럼 보인다. 사진의 이미지(지시대상)는 (예술적 형식의 약호를 거쳐) 창조되지 않았다는 점에서 약호화되지 않았으며, 단지 포착되기만 한 듯 보인다. 이는 분명 약호 없는 이미지다.

사실 우리는 이미 바르트가 사진에서 약호화된 메시지(내포적 의미)를 발견하는 것을 살펴본 바 있다. 『신화론』에서 젊은 프랑스 병사의 사진에 대한 바르트의 논의는 그 이미지의 약호성을 증명하는 데 그치지 않는다. 바르트는 그 이미지의 외연적 권력의 범위 안에서 이데올로기의 자연화 작업이 진행되고 있음을 증명하고 있다. 또한 「이미지의 수사학」에서는 팡자니Panzani 식료품 회사의 광고 분석을 통해, 사진 이미지의 사용을 탈신화론적으로 읽을 수 있는 또 다른 방법을 제시한다. 이러한 광고는 문화적·이데올로기적 의미를 자연화시키기 위해 지시대상을, 즉 그 이미지의 외연을 이용한다.

외연적 이미지는 상징적 메시지를 자연화시키고, (특히 광고에서) 의미론적 책략이 매우 집약적으로 담겨 있는 내포를 '무죄의' 것으로 만든다. 팡자니 포스터는 '상징들'로 가득하지만, 그럼에도 불구하고 사진은 사실 그대로라는 메시지가 충분하다는 한에서 사물들의 자연적인 거기-있음being-there으로 가득하다. 자연은 사진에 제시된 장면들을 자연발생적인 것으로 만든다 …… 약호의 부재는 메시지를 탈-지성화de-intellectualize시킨다.

그것이 본질적으로 문화의 기호를 구성하는 것처럼 보이기 때문이다.(RF : 34)

팡자니 광고는 극도로 약호화되어 있다. 이 광고는 파스타·쌀·소스 통조림·야채 같은 자연 생산물들을 패키지로 묶어 그 상품들(문화적이면서도 자연적인)을 쏟아지는 듯한 모습으로(이미지 그 자체를 위해) 개방된 스트링 바에 놓아두었다.(IMT, 이미지 XVII를 보라.) 이 이미지에 자연성, 건강, 이탈리아적인 것(바르트가 부르는 대로)이 내포되어 있음을 어렵지 않게 알아챌 수 있다. 하지만 이 사물들이 사진에 찍힌 것과 같은 형식대로 존재한다는 것도 사실이다. 젊은 프랑스 병사의 이미지처럼, 이 이미지의 내포 역시 사실 그대로 존재하는 지시대상으로 자연화될 수도 있다.

바르트가 사진 이미지의 표면적으로 약호화되지 않은 자연성(순수한 외연)에 복잡하게 반응하긴 하지만, 적어도 거기서 두 가지 양상을 찾아낼 수 있다. 첫째는 사진의 지시대상이라는 의문점을 매우 신중하게 다루는 태도이다. 간단히 말해 그는 이 문제를 하나의 의문으로 신중하게 다룬다. 바르트는 반복해서 사진의 지시대상이 사실 그대로의(약호화되지 않은) 것이라는 생각을 신화라고, 즉 사진에 대한 하나의 사실이 아니라 일반화된 생각일 뿐이라고 말한다.(RF : 7, 21)

바르트는 「이미지의 수사학」에서, 만약 사진 이미지에서 사실 그대로의 층위가 성립할 수 있다 해도 그것은 사람들이 말하는 실재하는 지시대상의 의미와 연관이 없다는 점을 설명하기 위해 매우 애를 쓴다. 일반적 또는 '신화적' 생각이란, 사진이 사실 그대로의 대상 그 자

바르트가 분석한 '팡자니' 광고

『신화론』에서 이미지의 외연적 권력 범위 안에서 이데올로기의 자연화 작업을 입증했던 바르트는, 「이미지의 수사학」에서 사진 이미지의 사용을 탈신화론적으로 읽을 수 있는 또 다른 방법을 제시한다.

이 팡자니 광고는 파스타·쌀·소스 통조림·야채 같은 자연 생산물들을 패키지로 묶어서 쏟아내는 듯한 모습을 담고 있는데, 이 이미지에는 자연성·건강·이탈리아적인 것이 내포돼 있다. 이미지의 외연을 이용해 문화적·이데올로기적 의미를 자연화시키고 있는 것이다.

체를 재현한다는 생각을 말하는데, 바르트는 이를 사물의 '거기 있음 being-there'으로 부른다.

하지만 바르트가 명확히 하고 있듯이, 모든 이미지들은 약호화되어 있다 해도 그것들이 재현하는 사물의 '거기 있음'을 증명할 수 있다. 우리는 아무리 그림이 양식화되어 있어도 삶에서 비롯된 그림의 대상의 '거기 있음'을 추측한다. 사진의 이미지가 그림, 회화, 영화 같은 양식보다 더 나은 순수한 재현의 양식이기 때문은 아니다. 오히려 사진 이미지의 고유성은, 사진에 재현된 대로 옛날에 존재했던 이미지를 제시한다는 사실에 있다. 바르트는 이러한 의미에서 사진의 이미지는 사물의 '거기에 있었음having-been-there'을 제시한다고 말한다. 다시 말해, 사진의 이미지는 외연적이거나 실재했던 거기 있음thereness을 재현하는 듯 보이지만, 그 이미지는 언제나 지금 보고 있는 시간보다 앞선 과거에서의 거기 있음이다. 바르트는 이렇게 쓴다.

> 우리는 외연적 메시지 혹은 약호 없는 메시지의 층위에서 사진의 실재적 비실재성real unreality을 이해할 수 있다. 그 비실재성은 여기here의 것이다. 사진은 결코 가상으로 경험되지도 않고, 결코 현존presence도 아니기 때문이다. 우리는 사진 이미지의 마술적 성격을 평가절하해야 한다. 그 실재성은 거기에 있었음의 것that of having-been-there이다. 모든 사진에는 항상 사람 지각을 마비시키는, '이것은 과거의 존재 방식'이라는 증거가 있기 때문이다. 우리는 귀중한 기적 같은 몇 장의 사진들로 우리가 떠나온 현실을 소유하는 것이다.(RF : 33)

바르트의 이 구절은 한 가지 문제를 제기한다. 이 문제는 사진이 사실 그대로 재현하는 양식인지 혹은 사진의 시간성(시간과의 관계)의 문제를 제시한 것인지 하는 문제보다 훨씬 더 복잡하다. 이 문제는 『카메라 루시다Camera Lucida』에서 중요한 역할을 하게 된다.

바르트는 초기 연구에서 사진과 사진의 지시대상 문제를 성급하고 단순하게 해결하지 않는 면모를 보여주는데, 이는 바로 기호학 덕분이다. 문화가 이데올로기적(2차 체계의) 의미를 전달하기 위해 이미지와 텍스트를 사용하는 방식에 초점을 맞춘 기호학 덕분에, 바르트는 사진 이미지의 외적인 층위, 사실 그대로라는 층위가 2차 체계의 의미 혹은 내포적 의미를 생산하기 위한 목적으로 이용되는 방식을 분석하는 데 대부분의 노력을 쏟을 수 있었다. 따라서 바르트가 이 문제를 해결할 필요성은 적어졌는데, 왜냐하면 그의 일차적 관심은 사진의 본질에 대한 정의가 아니라 사진이 이용되는 방식에 있기 때문에, 다시 말해 이 초기 저술에서 바르트가 강조하고 있는 것은, 순수하게 아날로지적인 메시지가 실제로 존재하는지에 대한 것이 아니라 아날로지와 지시라는 개념을 둘러싼 신화에 대한 것이다.

사진의 지시대상 문제는 바르트의 후기 저서에서 다른 형식으로 다시 나타난다. 「제3의 의미: 에이젠슈타인의 몇 장의 사진에 대한 연구 노트The Third Meaning: Research Notes on Several Eisenstein Stills」(1970)에서 바르트의 관심사는 엄격한 기호학에서 다른 곳으로 이동한다. 그 새로운 관심에는 『S/Z』에서 가역적 텍스트를 찬미했던 징표가 남아 있다.

이 글에서 바르트는 러시아 영화감독 세르게이 에이젠슈타인Sergei

Eisenstein(1898~1948)이 만든 영화 〈전함 포템킨Battleship Potemkin〉과 〈폭군 이반Ivan the Terrible〉의 스틸 사진을 살펴본다. 바르트가 『S/Z』에서 상술하고 『텍스트의 즐거움』에서 발전시킨 텍스트 이론이 이 글을 읽을 수 있게 밝혀주는 틀을 제공한다.

바르트가 말하는 '영화적인' 것

바르트는 이미 여러 곳에서 자신이 영화보다 영화 사진을 더 좋아한다는 암시를 한 바 있다.(예컨대 RL : 345-9를 보라.) 바르트는 영화가 독자적readerly이고 불가역적 텍스트에 해당한다고 본다. 서사적 약호에 의존하며 관객들로 하여금 자신과 주인공을 수동적으로 동일시하게 만드는 방식 때문에 근본적으로 복수적 텍스트와 무관하다는 것이다.

영화는 시니피앙스, 곧 생산적이고 희열에 가득 찬 관객들의 (다시)쓰기(re)writing와 별로 관련이 없다.(바르트의 영화론을 다룬 좋은 논문으로, Burgin 1996 : 161-76을 보라. 이 글은 Rabaté 1997 : 19-31에 재수록되었다.) 하지만 역설적이게도 에이젠슈타인의 영화에서 분리시킨 스틸 사진은, 에이젠슈타인의 영화에서 바르트가 말하는 '영화적인 것the filmic'을 발견할 수 있게 해준다.

대부분의 주석자들은 영화예술의 본질이 연대기·서사·인물과 플롯의 발전이라고 서술하는데, 바르트에게 '영화적인 것'이란 이러한 것들에 대한 저항인 듯하다. 바르트가 말하는 '영화적'인 것은, 아방가르드 문학의 근본적 텍스트성처럼 기능하는 것을, 곧 연대기적 서사

영화에 출연한 바르트
바르트는 프랑스 감독 앙드레 테시네 감독의 〈브론테 자매들 Les Soeurs Brote〉에서 19세기 영국 소설가 윌리엄 새커리 역을 맡아 마리프랑스 피지에르와 함께 공연했다. 바르트가 죽기 두 해 전인 1978년 일이다.

그러나 바르트는 영화보다는 '영화 사진'을 더 좋아했다. 영화는 서사적 약호에 의존하고, 관객들로 하여금 자신과 주인공을 수동적으로 동일시하게 하는 '독자적讀者的'이고 불가역적인 텍스트라고 보았기 때문이다.

에 저항하고, 독자들을 기표나 시니피앙스와 쾌락적이고 개방적이며 끝없는 계약에 참여하게 하는 것을 의미한다.

그렇다면 바르트는 에이젠슈타인의 스틸사진에 나타난 '영화적' 요소를 어떤 방식으로 서술할까? 바르트는 그 요소들 안에서 의미의 세 층위를 찾아내 구분한다.

우선 '정보적' 층위는 독자나 관객에게 스틸사진에 존재하는 더 복잡한 사회적 상징주의를 전달한다. 예컨대 바르트가 첫 부분에서 분석하는 〈폭군 이반〉의 스틸사진을 보면, 두 신하가 젊은 차르 황제의 머리에 금을 뿌리고 있다.

둘째, '상징적' 층위는 사회 안에서 작동하는 상징적 약호들이 복잡하게 배열된 것으로, 차르의 머리에 뿌리는 금은 부, 입사, 사회적 교화를 의미하는 기호이다. 이 상징적 층위들은 분명 스틸사진의 내포에 문제를 제기하고 있으며, 그 층위들은 바르트가 1960년대에 발전시킨 기호학적 읽기 방식으로 명명되고 논의될 수 있다.

그러나 바르트는 상징적 층위에서 이 이미지들을 읽어내는 데 그치지 않는다. 바르트는 '확실한 의미'라고 표현한 상징적 의미들을 불러내어 자신이 '둔한 의미'라고 부르는 것과 대조시킨다.

그는 문제의 스틸사진에, 이름을 붙일 수 있는 상징 혹은 2차 체계에 해당하는 내포적 의미에 상응하는 것이 없어도, 관객들의 주의를 끄는 다른 특징이 있다고 지적한다. 두 신하 중 한 명은 아주 진한 화장을 하고 있고 다른 한 명은 부드럽고 창백한 화장을 하고 있다. 한 명이 '어리석은' 코를 가진 데 반해 다른 한 명은 섬세한 눈꺼풀을 지니고 있으며, 한 사람의 머리는 가발처럼 보인다. 관객들이 어떻게 읽

바르트가 분석한 영화 〈폭군 이반〉의 스틸 사진
후기 들어 바르트의 관심사는 엄격한 기호학에서 다른 곳으로 이동한다. 사진의 지시대상 문제도 다른 형식으로 나타난다. 「제3의 의미: 에이젠슈타인의 몇 장의 사진에 대한 연구 노트」에서 바르트는 러시아 영화감독 세르게이 에이젠슈타인의 영화 〈폭군 이반〉의 스틸 사진을 분석한다. 바르트에 따르면, 사진 속 차르의 머리에 뿌리는 금은 부와 사회적 교화를 의미하는 기호이다.

어야 할지 모르는 이 기호들은, '둔한' 의미 혹은 '제3의' 의미를 형성한다. 바르트는 '둔하다'는 말이 '무디고 둥글다'는 것을 의미하며, 이 특징들이 '명확한 의미'의 독해를 '미끄러지게' 한다고 주장한다.

제3의 의미 또는 둔한 의미의 인식은 에이젠슈타인의 스틸사진들을 쾌락 혹은 희열의 텍스트로 변환시킨다. 이 인식 때문에 연대기적 서사를 빠져나가는 읽기 행위가 가능하며, 더 중요하게는 이 이미지 안에서 구조를 발견하는 엄격한 구조주의적 읽기에서 빠져나갈 수 있다. 이 구조화할 수 없고 동화시킬 수 없는 의미들은 오직 기표(이 의미를 종결시키고 완결시킬 기의는 없다.)의 층위에서만 존재하며, 따라서 이것은 시니피앙스의 근본적 유희를 여는 의미다. 바르트는 "제3의 의미는 이론적으로 자리매김할 수는 있지만 서술할 수는 없다. 그 의미는 언어에서 시니피앙스로의 이행으로, 영화적인 것 자체를 성립시키는 행위로 나타난다."(RF : 59)고 쓴다.

바르트는 『카메라 루시다』(1980)에서 사진의 제3의 의미 혹은 둔한 의미를 계속 분석하는데, 책에서는 바르트가 초기의 사진론에서 미뤄두었던 사진의 지시대상 문제가 다시 나타난다.

대중문화에 저항하는 음악과 사진 읽기

바르트는 『텍스트의 즐거움』과 같은 저서에서 이미 확립시켰던 테마들을 여러 편의 음악론에서 다시 상술한다. 특히 바르트는 음악 연주에 기대어 텍스트적 시니피앙스 논의를 발전시키는데, 그는 '목소리의 씨앗'이라는 관점에서 이를 말하고 있다.

바르트의 사진, 그리고 광고의 사진 이미지에 대한 초기 저술들은 문화적 기호와 신화에 대한 일반적인 기호학적 분석이었다. 사진 이미지의 지시대상이 표면적으로 자연적이거나 사실 그대로의 것처럼 보인다는 문제는 이미 그의 기호학적 저서에서 엄격하게 탐구되었지만, 이후 더 심도 깊게 탐구된다.

카메라 루시다
– 불가능한 텍스트

바르트의 어머니 앙리에트 바르트는 1977년 10월 25일에 죽었다. 일생 동안 같이 살아왔던 어머니의 부재가 바르트에게 미친 영향은, 어머니가 사망했을 때부터 3년 뒤 그가 때아닌 죽음을 맞이할 때까지 씌어진 거의 모든 글에서 확인할 수 있다. 그중에서도 『카메라 루시다』는 직접적으로 어머니와 어머니의 죽음이 바르트 자신에게 끼친 영향을 다루고 있다. 바르트는 사진 이미지의 본질에 대한 이론을 서술하는 듯하면서도, 일생 동안 가장 큰 사랑의 대상이자 원천이었던 사람에게 바치는, 너무나 훌륭하고 애정 어린 헌사를 써냈다.

제3의 의미 혹은 둔한 의미, '푼크툼'

『카메라 루시다』는 두 부분으로 나뉜다. 사진 이론과 관련된 부분과, 가족, 특히 어머니의 사진에 그 이론을 적용하는 부분이다. 사진 이론과 어머니에 대한 애도라는 모순적 대상들은 결과적으로 독자들을 혼란스럽게 하는 텍스트를 만들어냈고, 이 텍스트는 7장의 테마로 돌아가야 비로소 이해될 수 있다.

『카메라 루시다』는 『롤랑 바르트가 쓴 롤랑 바르트』와 『사랑의 단상』과 많은 측면에서 다르지만, 소설적이라는 점에서는 공통된다. 이 책은 확실히 방법론(이론)의 담론이나 언어를 완전히 개인적인 (애도의) 담론과 뒤섞는 텍스트이며, 따라서 이 텍스트는 결과적으로 미해결의 혼란스러운 것이 된다. 낸시 쇼크로스Nancy Shawcross〔롤랑 바르트의 사진론에 대한 책을 저술한 이론가〕는 『카메라 루시다』에서 바르트의 글쓰기는 "보편적인 성격을 지니는 동시에 개인적인 특성을 지니고 있다는 느낌, 다시 말해 사진 일반에 대한 담론인 동시에 그의 어머니에 대한 일종의 추모곡이라는 느낌을 논박하기도 하고 확증하기도 한다."고 쓰고 있다.(Shawcross, 1997 : 80)

이 텍스트는 이론과 추모를 결합시킴으로써, 다시 말해 사진에 대한 일반적 방법론과 가족에 대한 정서적이고 주관적인 '회상'(불어로 바르트는 'note'라는 단어를 사용한다.)〔『카메라 루시다』의 부제가 '사진에 관한 노트'이다.〕그리고 약간의 공적인 사진을 직접적으로 결합(또는 혼성)시킴으로써, 바르트의 후기 글쓰기에서 '중립적' 연구를 확대시킨다. 이 책이 매우 개인적인 사건(어머니의 죽음)에 기반하고 있음을 감안할 때, 이 책이 제시하는 사진 이미지 이론에 대해서 어떻게 생각해야 할까?

일반적인 이론적 담론과 개인적 감정 혹은 육체적 반응 사이의 유희가, 바르트가 이 책에서 보여준 바로 그 이론에 요약되어 있다. 바르트는 자신의 글「제3의 의미」에서 사용한 용어를 새로운 어휘로 번역하여 '스투디움studium'과 '푼크툼punctum'이라는 용어를 만들어낸다.

사진의 스투디움이란 명백한 상징적 의미로, 이는 문화적으로 약호화된 의미를 제시하며, 따라서 사진 이미지를 보는 모든 사람들이 동의하는 것을 뜻한다. 스투디움은 내포적 의미와 관련이 있다. 1979년 전쟁으로 찢겨진 니카라과 거리를 찍은 코엔 웨싱Koen Wessing의 사진에서, 스투디움은 무장한 병사, 돌조각이 되어버린 거리, 그리고 그 거리를 막 지나가는 두 명의 간호사를 병치시킴으로써 확립된다. 전쟁기의 일상적 삶, 전쟁과 공무 지역 사이에서 가능한 관계, 또는 폭력과 문화라는 일반적 문화 기호의 병치에 함축된 것은, 감상자들이 분간하기 어려운 이미지는 아니다. 그것들은 집단적인 사회적 상징의 일부이기 때문이다. 바르트가 제시한 대로, 이 사진은 순수하게 스투디움과 관련되어 있다.

반대로 푼크툼은 사진의 명쾌한 이미지를 혼란시킨다. 그것은 바르트가 에이젠슈타인에 대한 에세이에서 논의했던 제3의 의미 혹은 둔한 의미에 정확히 상응한다. 바르트는 푼크툼이 이미지로부터 '화살처럼' 쏘아져 감상자를 관통하는 하나 또는 여러 개의 요소들이라고 주장한다. 푼크툼은 사진의 의미(스투디움)를 중단시키고, 결과적으로 감상자를 찌르거나 꿰뚫는다. "사진의 푼크툼은 나를 쑤시듯 아프게 하는(뿐만 아니라 나에게 상처를 주고 날카롭게 찌르는) 사건이다."(CL : 27)

이 용어들을 텍스트 이론과 관련시키는 것은 어렵지 않다. 스투디움은 독자적readerly 텍스트의 방식으로 읽힌다. 이는 궁극적으로 이미지의 기의 또는 기의(안정된 의미)로 귀결되는 문화적 약호들의 명쾌한 소통과 관련된다. 반대로 푼크툼은 기표의 층위에 존재하는 것으로, 정확히 말해 공유 가능한 약호와 일반적 서술을 벗어난다. 푼크툼은 사진 이미지의 의미작용을 방해하고 그 이미지를 읽는 개인 독자들에게 과학적 또는 일반적·이론적 의사소통을 넘어서는 가역적 시니피앙스의 희열을 생산해준다. 바르트는 이렇게 표현한다. "스투디움은 언제나 궁극적으로 약호화되어 있지만, 푼크툼은 그렇지 않다. 내가 이름붙일 수 있는 것은 나를 진정으로 아프게 할 수 없다. 이름을 붙일 수 없다는 것은 혼란의 좋은 징후이다."(CL : 51)

하지만 많은 주석자들이 지적하고 있듯이, 스투디움과 푼크툼의 구분에는 문제가 있다. 바르트는 『카메라 루시다』에 여러 장의 사진을 싣고, 매번 자신이 찾아낸 푼크툼을 언급한다. 윌리엄 클라인William Klein이 뉴욕 거리의 어린 아이들을 찍은 사진에서는 아이의 썩은 이빨이, 제임스 반 데어 지James Van Der Zee의 〈가족의 초상〉에는 '편안한 흑인 유모'가 신고 있는 띠가 달린 신발이, 루이스 하인즈Lewis H. Heines가 뉴저지 주의 학교에서 두 아이를 찍은 사진에서는 남자 아이의 당통식 칼라와 여자 아이의 붕대를 감은 손가락이 그렇다.

그런데 데릭 애트리지Derek Attridge〔남아공 출신의 문학이론가로, 현재 영국 요크 대학 교수이다.〕가 지적했듯이, 이 예들에는 모두 문제가 있다. 만약 바르트가 외적으로 무의미한 이 디테일들에 푼크툼이 존재한다는 것을 독자들에게 성공적으로 확인시킨다면, 그 디테일들은 푼크툼의 질서가 아니라 사회적으로 소통 가능한 기호들, 즉 스투디움이 되어버리기 때문이다.(Attridge 1997 : 81-3) 푼크툼은 일단 소통될 수 있는 것이 되면 스투디움이 되므로, 분명 소통될 수 없는 것이어야 한다.

바르트 자신도 이 문제를 알고 있었다. 『카메라 루시다』1부 결론의 한 구절을 다시 인용해보자. "내가 이름을 붙일 수 있는 것은 진정으로 나를 아프게 하지 못한다."(CL : 51) 비평가들과 주석자들은 두 용어를 놓고 뜨겁게 논쟁해왔지만, 바르트는 그 용어들을 『카메라 루시다』 2부의 도입부에서 거두어버린다. 2부는 바르트가 자기 어머니가 다섯 살 무렵에 찍은 사진을 발견한 데 기초하여 푼크툼의 새로운 정의를 향해 나아간다. 최근에 찍은 수많은 사진들을 쭉 훑어본 후, 바르트는 이 한 장의 사진에서 결국 그 자신의 표현대로 어머니의 '본질'을 전달하는 이미지를 발견해낸다. '온실 사진'을 찾아낸 데 대한 바르트의 설명은, 그의 말대로 텍스트 전체의 감정적 중심이자 이론적 중심이다. 매우 개인적이고 고통스러울 만치 솔직한 언어로, 바르트는 이 사진을 처음 발견했을 때 이야기를 자세히 서술하며 그를 사로잡은 이 사진의 본질을 설명한다.

온실 사진의 발견은 바르트에게 푼크툼의 개념을 재형식화하라고 촉구한다. 바르트는 "나에게 확실하게 존재하는 이 유일한 사진으로부터 모든 사진(그 '본질')을 '끌어내고', 어쨌든 이 사진을 나의 마지막 탐구를 위한 안내자로 삼기로" 결정한다. 이 결정은 사진의 푼크툼을 새롭게 정의하는 매우 명확한 결과로 귀결된다. 그러나 이는 또한 내담하고 비논리적인 특이한 행동이기도 하다. 이 책이 출판된 이후 어구에 얽매여 잘못된 반응들이 나왔는데, 이를 피하고자 한다면 바르트가 내린 결정의 특이함을 좀 더 명확하게 해야 한다.

소통 불가능한 '개인적인' 이론

바르트의 주장은 『카메라 루시다』의 1부 마지막에서 막다른 골목에 이르게 된다. 이 난국이 생겨난 것은, 사진 이미지의 푼크툼 이론이 푼크툼으로서의 고유성을 상실해야만 일반 이론의 주제가 될 수 있기 때문이다. 바르트는 이 난감한 문제를 새겨두고 2부를 시작하는데, 여기서 개인적인 영역으로 옮겨가 어머니의 결정적 이미지를 찾는다. 바르트는 이 결정적 이미지를 발견했다고 믿고, 그 이미지를 모든 사진 이론의 기초로 삼겠다고 결심한다.

이 책의 주석자들은 종종 이를 놓치는데, 그 결과 바르트의 새로운 사진 이론은 1부에서 확립한 이론을 부인하는 바로 그 난국을 토대로 삼는다. 바르트는 자신이 1부에서 이미 보여준 내용이 사진의 일반 이론을 성립시킬 수 없다고 전제하고 과감하게 새로운 이론을 제시한다. 따라서『카메라 루시다』2부에서 제시된 이론은 정확히 말해 불가능한 것이다. 하지만 더 중요한 것은 그 이론이 자의식적으로 불가능한 것으로 제시되고 있다는 것이다.

자크 데리다가「롤랑 바르트의 죽음The Deaths of Roland Barthes」에서 지적했듯이, 지금 말하고 있는 불가능성이 일반적인 관점에서 말하는 개인의(육체적) 고유한 경험만을 의미하지는 않는다. 더 중요한 것은, 바르트에게 이 불가능성은 자신의 어머니를 '어머니' 일반에 대한 상징으로 전환시키지 않고 말해야 한다는 것을 의미한다는 점이다. 다시 말해, 바르트는 독자들이 어떻게 자신의 말을 일반화시키지 않도록, 자신의 어머니가 일반적 사회 범주가 되지 않도록 하면서 자기 어머니에 대해 쓸 수 있을까?(Derrida 2001 : 45-6) 또는 어떻게 독자들이 자신의 글쓰기가 지시하는 대상을 모든 어머니the Mother의 전형으로 전환시키지 않게끔 자기 어머니에 대해 쓸 수 있을까?

바르트 텍스트의 여러 요소들은 그가 제시하는 이론의 불가능성을 우리에게 주의시킨다. 바르트는 '온실 사진'을 다음과 같은 방식으로

『카메라 루시다』에 실린 사진 〈가족의 초상〉
제임스 반 데어 지가 찍은 이 사진에서, 바르트는 '편안한 흑인 유모'가 신고 있는 띠 달린 신발이 '푼크툼'이라고 말한다. 푼크툼은 사진의 명백한 의미인 '스투디움'을 혼란시키는 것이다. 바르트가 에이젠슈타인 논의에서 '제3의 의미'(둔한 의미)라고 불렀던 이것은, 이미지에서 쏘아져 감상자를 관통하는 하나 또는 여러 개의 요소들이다.

묘사한다. "이 사진은 고유한 존재에 대한 불가능한 과학을 유토피아적으로 이룰 수 있게 해주었다."(CL : 71) 그는 어머니의 마지막 날들에 대해, 그리고 그가 어머니 침대 머리맡에서 간호할 때 어떻게 어머니가 거의 어린아이의 모습이 되었는지 이야기한다.

결국 나는 오랫동안 나의 강렬한 내적 법규였던 어머니를 나의 딸로 체험했다. …… 자식을 낳아본 적이 없는 내가, 바로 어머니의 병을 통해 나의 어머니를 낳은 것이다.(CL : 72)

여기서 그 온실 사진이 다섯 살 아이 시절의 어머니 사진이라는 것을 기억해야 한다. 사실 그 사진은 『카메라 루시다』에 실려 있지 않다. 그래서 다이애나 나이트Diana Knight[『바르트와 유토피아』의 저자로, 현재 영국 노팅햄 대학 교수이다.]는, 그 사진이 실제로는 존재하지 않으며, 바르트가 설명하는 온실 사진은 실상 그가 '혈통*The Stock*'이라고 이름붙인 개인적 사진에 대한 것이며, 따라서 그 온실 사진이 책에 실렸다는, 매우 강력하고 설득력 있는 주장을 하기에 이른다.(Diana Knight, 1997a : 244-69와 1997b : 132-43을 보라.) 그러나 분명 바르트는 온실 사진을 책에 싣지 않은 이유를 설명하고 있다.

나는 온실 사진을 재연할 수 없다. 그 사진은 오직 나를 위해 존재한다. 사람들에게 그 사진은 무관한 사진, '일상적인 것'을 표현한 수천 장의 사진 중 한 장에 불과할 것이다. 그 사진은 결코 가시적인 과학의 대상이 될 수 없으며, 실증적인 의미의 객관성을 성립시키지도 못한다. 기껏해야 이 사진은 시대, 의상, 촬영효과 같은 스투디움 때문에 흥미를 끌 것이다. 그러나 독자는 이 사진에서 아무런 상처도 보지 못할 것이다.(CL : 73)

바르트가 온실 사진의 개인성과 소통 불가능성의 토대 위에서 상술한 이 이론은, 사진의 지시대상이라는 문제로 돌아온다. 바르트는 문자로 씌어진 텍스트나 회화 이미지와 달리 '사진에서는 그것이 거기 있었다는 것을 결코 부정할 수 없다.'고 주장한다. 사진은 '지시대상과 함께 상호-자연적'인 것이다. 사진은 그것이 재현의 매개로 창조되지 않았음을 말해준다는 것이다.

물론 이 주장은 문제가 많다. 마르조리에 페를로프Marjorie Perloff〔미국 태생의 저명한 문학이론가〕는 바르트의 에세이와 크리스티앙 볼탕스키Christian Boltansky(1944~)〔프랑스 현대 사진을 대표하는 사진작가〕의 예술사진을 비교하면서, 볼탕스키의 사진에서 실재하는 지시대상처럼 보이는 것들이 종종 보이는 것과 다르다는 사실을 증명한다.

볼탕스키의 〈크리스티앙 볼탕스키의 10개의 초상 사진〉은 볼탕스키가 소년 시절의 자신을 각기 다른 시기별로 찍은 시리즈 사진이다. 하지만 이 시리즈 사진은 사실 같은 날 찍은 것이다. 실제로 볼탕스키는 사진가로 활동하던 내내 '사진은 거짓말한다. …… 사진은 진실이 아니라 문화적 약호에 대해 말한다.'는 사실을 증명하고자 했다.(Perloff 1997 : 42)

그러나 바르트는 단순히 사진이 실재하는 지시대상을 가지고 있다고 단언하는 것보다 좀 더 복잡한 주장을 펼친다. 어머니가 다섯 살 때 찍은 사진에서 그가 이끌어내는 것은 푼크툼의 새로운 정의이다.

더 이상 '디테일'과 관련된 것은 없다. 이제 푼크툼은 "시간, 노에메 noeme("있었던 것that-has-been")에 대한 괴로운 강조와 그것의 순수한 재현"이 된다.(CL : 95)

불가능에 도전하는 '육체의 텍스트'

바르트의 주장에 따르면, 사진은 삶과 살아 있는 것을 분명히 포착할 수 있는 현대적 매개체로 여겨지지만, 사진의 역설은 사진의 푼크툼과 참된 본질이 죽음의 현실, 즉 그 지시대상의 '있었던 것'을 증명하는 데 있다. 『기호의 제국』에 실린 여러 장의 사진 중 특히 두 장의 사진은 이를 설명하는 데 적절하다.

노기 장군과 그의 부인(두 사진의 지시대상)은 황제의 죽음을 알게 되자 1912년 9월 자살하기로 결심하고, 자살 전날 사진을 찍기로 했다. 『기호의 제국』에 실린 이 부부의 사진 두 장은 바르트가 말한 푼크툼의 새로운 정의를 완벽하게 포착한다. 그 사진은 이미 죽은, 그러나 사진에서는 '죽을 예정'인 두 사람의 '거기 있었음'을 보여준다.

바르트에 따르면, 이는 모든 사진이 지시대상의 현존과 실재성을 보여줄 때나 지시대상의 과거성을 단언할 때나 공통된 것이다. 사진의 지시대상은 과거에 존재하는, 즉 현재 상실된 어떤 현실을 제시한다. 그러므로 사진은 이미지와 지시대상 간의 직접적인 아날로지를 제공하지 않는다. 오히려 사진은 소멸한 것 또는 소멸할 것의 실재성을 입증한다. 사진은 이미지와 실재성의 투명하고 약호화되지 않은 매개물을 제시하기보다, 공간과 시간에 대한 우리의 습관적 이해를

『카메라 루시다』에 실린 노기 장군 부부 사진
일본의 노기 장군 부부는 1912년 9월 황제의 죽음을 알고 자살을 결심한다. 그리고 자살 전날 사진을 찍는다. 이 두 장의 사진은 바르트가 말한 '푼크툼'의 새로운 정의를 완벽하게 포착한다. 바로, 이미 죽었으나 사진에서는 '죽을 예정'인 두 사람의 '거기 있었음'을 보여주는 것이다. 이처럼 사진은 이미지와 실재성의 투명하고 약호화되지 않은 매개물을 제시하기보다, 오히려 시공간에 대한 우리의 습관적 이해를 혼란시킨다.

혼란시킨다. 바르트는 이렇게 쓴다.

> 어쨌든 사진의 부동성은 두 개의 개념, 즉 실재적인 것과 살아 있는 것이 부당하게 혼합된 결과이다. 사진은 대상이 실재적이었다는 것을 입증함으로써, 은밀하게 그 대상이 살아 있다는 믿음을 유도한다. 이 미혹 때문에 사람들은 현실을 절대적으로 우월하고 영원한 가치라고 생각한다. 그러나 사진은 이 현실을 과거로 이동시킴으로써('그것은 존재했었다'), 대상이 이미 죽었다는 것을 보여준다.(CL : 79)

바르트는 온실 사진의 발견을 설명하는 클라이맥스 부분에서, 이 사진의 특성을 이중적 상실이라는 측면에서 경험했던 사실을 서술한다. 어머니가 어린아이였던 사진을 발견했을 때,

> 그때 나는 어머니를 두 번 잃었다. 마지막에 쇠약해졌던 어머니와 최초의 사진 속의 어머니를. 나에게는 그것이 마지막이었다. 그러나 바로 그 순간 모든 것이 일변했고, 나는 그 안에서 어머니를 발견했다.(CL : 71)

사진의 푼크툼에 대한 새로운 정의를 다양하게 서술하며, 바르트는 이 이중 효과를 반복해서 설명한다. 그것은 잃어버린 것이 다시 발견되었다가 또다시 상실되는 과정이다.

> 나를 아프게 하는 것은 이 등가관계의 발견이다. 어머니의 어린 시절 사진 앞에서 나는 '어머니는 죽을 거야'라고 독백한다. 나는 …… 이미 일

어난 파국에 전율한다. 모든 사진은, 사진의 주체가 이미 죽었든 아니든 간에, 이러한 파국이다.(CL : 96)

사랑하는 사람을 잃었다가 사진에서 그들을 다시 발견하고 다시 필연적으로 상실의 경험을 반복하는 패턴은, 바르트에 이르러 '모든 것이 일변하는' 순간으로 형상화된다. 사실 이 패턴은 『카메라 루시다』를 분석하며 이미 지적했던 것이다. 이 책의 1부에서 스투디움과 푼크툼을 구별하던 이론은 붕괴한다. 2부에서 바르트는 이론적 구분을 하나의 토대—어머니의 사진과 그 사진에 대한 개인적 반응—에 기초하여 다시 세우지만, 그 토대 때문에 새로운 이론은 일반 이론으로서의 자격을 얻지 못한다. 이 패턴이 이 책 전체에서 하나의 상징으로 기능하고 있음을 이해한다면, 『카메라 루시다』의 역설을 설명할 수 있다.

바르트의 텍스트는 사진의 일반 이론을 전혀 제시하지 않으면서도, 개인적·삼성석 반응을 언어(글쓰기의 일반화된 기호 체계)로 전환시킬 수 없음을 눈부시게 포착한다. 그는 모든 것을 일반화시키는 언어의 폭력에 저항하며, 개인적·감정적 반응에 경의를 표하고 싶어한다. 바르트의 마지막 저서는 경탄할 만한 도전 행위이며, 스스로 불가능한 지식에 도전하는(그럼에도 불구하고 쓰는) 텍스트이다. 그것은 그가 평생 동안 투쟁해왔던 힘, 즉 새로운 것과 특수한 것을 문화적으로 받아들여질 수 있는 것과 일반화되어 실체가 없는 것으로 동화시키는 언어의 권력에 대항하여 쓰여진 텍스트이다.

『카메라 루시다』는 이러한 방어가 불가능한 줄 알면서도 어머니의 이미지를 문화적 변용(언어의 일반화시키는 폭력)에서 방어하려고 한다. 그것은 바르트 자신의 육체로부터 썩어진 텍스트이며, 아마 그의 수많은 저작들 중에서도 가장 생생하고 심오하게 바르트만의 반역적 목소리의 씨앗을 명백하게 표현한 텍스트일 것이다.

개인적 글쓰기와 이론적 글쓰기의 혼합

이 장에서는 바르트의 마지막 저서를 그의 후기 글쓰기의 맥락에서 읽어보면서, 이 개인적 텍스트에 모든 언어에 내재해 있는 견고한 폭력에 저항하려는 시도가 담겨 있음을 확인해보았다.

『카메라 루시다』에서 바르트는 반복 불가능성을 단적으로 증명하는 텍스트를 보여주기 위해 이론적 글쓰기를 자신의 어머니에 대한 애절한 애도와 뒤섞는다.

바르트의 『카메라 루시다』는 '불가능한'(이론적이지만 개인적이며, 일반적이면서도 순수히 개인적인) 글쓰기의 실천을 추구하고, 자신의 어머니를 '어머니' 일반(The Mother)으로 변화시키려는 언어의 폭력에 저항하고 도전하려고 한다. 『카메라 루시다』는 이러한 개인적 글쓰기를 수행하며, 비록 즉각적으로 유용한 것은 아니지만, 독자들에게 사진과 재현 일반의 본질과 관련한 수많은 빛나는 통찰들을 제공한다.

바르트 이후

대체 불가능한 사람

사람들은 작가의 영향력을 이야기할 때, 그것이 마치 계량할 수 있는 것이라도 되는 양 수량적인 평가를 내리는 실수를 저지른다. 바르트의 저서가 미친 영향들 중 하나는, 영향력을 이렇듯 진부하게 생각하는 경향을 다시 생각하게 만드는 것이다. 결국 수많은 종류의 영향이 있다고 할 수 있다. 이러한 사실을 지적할 수 있는 한 가지 방식은 '바르트 이후'와 같은 구절의 의미를 생각해보는 것이다.

'이후after'라는 단어는 다양한 문학적 울림을 지니고 있다. 18세기와 19세기 사이에 연극계에서 인기를 끌었던 '사후 극after-piece'〔극 뒤에 공연되는 익살맞은 촌극〕을 생각할 수도 있다. 사후극은 흔히 희극적이거나 익살맞은 특성을 지닌 극으로, 보통 한 막으로 되어 있으며 본 공연 다음에 나온다. 또는 '셰익스피어 이후' 혹은 '존 키츠John Keats 이후'처럼, 거장을 따라 '이후' 스타일로 시를 쓰는 전통을 생각할 수도 있다.

물론 문자적 의미 그대로 단어를 생각할 필요도 있다. 사전을 찾아보면, 이 단어에 서로 충돌하는 의미가 있음을 알 수 있다. 우선 '장소 혹은 배치에서의 뒤'라는 뜻이 있는데, 예컨대 경주에서 승자 뒤에 있는 사람도 있다. 뿐만 아니라, '시간적으로 이후인, 다음에 오는'이라는 뜻이 있는데, 다른 말로 하면 누군가 혹은 무엇인가를 계승하는(다음에 오는) 사람 혹은 사물도 있다는 것이다. '이후'라는 단어는 뒤에 있을 수도 있고 앞에 있을 수도 있다는 의미로 보인다.

우리가 찾아낸 '이후'라는 단어의 첫째 의미는 바르트의 죽음이라는 사건과 그 사건 때문에 당시 생겨났던 영향을 생각하게 한다. 이는 바르트의 삶에 대한 사소하고 익살맞기까지 한 사후극으로, 수많은 방식으로 공연되었다.

둘째 의미는 좀 더 전통적 의미에서의 '영향'이라는 단어로, 특히 바르트의 저작이 이후의 이론가와 평론가들이 모방하고 그에 필적하려고 애쓸 만한 재료들을 남겨놓았는가 하는 질문을 떠오르게 한다.

'이후'라는 단어의 마지막 의미는 바르트의 저작이 지닌 좀 더 복잡한 패턴의 영향을 생각하게 하는데, 그것은 바르트의 저작에서 어떤 요소들이 대체되고 극복되었는가 하는 점뿐만 아니라, 어떤 요소들이 아직도 남아 있고 실현되지 않았는가 하는 문제를 포함한다.

사르트르의 죽음에 묻힌 바르트의 죽음

1980년 2월 25일 바르트는 훗날 프랑스 대통령이 된 프랑수와 미테랑 François Mitterand이 주최한 점심 파티에 참석했다. 이런 파티에 초대받았다는 사실은 바르트가 인생 후반기에 얼마나 명성을 얻었는지 분명하게 보여준다. 미테랑은 프랑스의 일상적인 문화생활을 기술한 『신화론』을 특히 좋아했다고 한다.(Calvet 1994 : 248) 파티장을 나와 집까지 걸어가던 바르트는, 에콜 거리를 건너려고 발걸음을 떼는 순간 지나가던 세탁소 트럭에 치었다. 칼베는 이렇게 쓰고 있다.

1978년 대통령과의 오찬에 초대받은 롤랑 바르트
이때 프랑스 대통령은 발레리 지스카르 데스텡이었다. 말년에 바르트가 프랑스 문화계에서 차지했던 위상을 보여주는 대목이다. 1980년 2월 25일, 바르트가 교통사고를 당한 것도 훗날 프랑스 대통령이 되는 프랑수아 미테랑이 주최한 점심 파티에 참석한 뒤였다. 파티장을 나와서 집까지 걸어가다가 세탁소 트럭에 치인 것이다. 바르트는 꼭 한 달간 병원에서 치료를 받다가 사망했다.

그는 의식을 잃고 코에서 피를 흘리면서, 신분증이나 신분을 증명해줄 수 있는 다른 서류도 없이 구급차에 실려 살페트리에르 병원에 실려 갔다. 아무도 그가 누구인지 몰랐다. 한참 후에야 매체들이 그 소식을 포착했기 때문이다.(Calvet 1994 : 248)

바르트는 거의 정확히 한 달 동안 병원에서 링거를 맞았으며, 3월 26일 사망할 때까지 친구들과 동료들의 방문을 받았다. 많은 방문자들의 눈에 바르트는 어머니의 죽음에서 벗어나지 못해 회복하려는 의지가 별로 없는 듯했다. 최근 출판된 『카메라 루시다』에서도 바르트는 이 책을 '나의 마지막 연구서'라고 말하고 있다.(Todorov 2000 : 128)

바르트는 온실 사진과 어머니의 죽음이 지닌 내포를 생각하며 이렇게 쓴다. "어머니가 돌아가시고 나니, 내게는 더 이상 생의 약동Elan Vital[원래 프랑스 철학자 H. 베르그송의 용어로, 여기서는 인간의 생명력을 의미한다.]의 행진에 보조를 맞춰야 할 이유가 없어졌다. …… 지금부터 나는 나 자신의 완전한 비변증법적인 죽음을 기다리는 것밖에 할 일이 없다."(CL : 72)

바르트의 죽음은 세탁소 트럭에 치인 희극적 사건 때문이었지만, 어머니의 죽음으로 비극적으로 예비된 것이기도 했다. 바르트의 죽음은, 그것을 대중이 주목할 즈음 갑자기 다른 인물이 사망하며 묻혀버렸다. 1980년 4월 15일 장 폴 사르트르가 죽었다. 칼베는 이렇게 쓴다.

위르 묘지에서 열린 바르트의 장례식에는 몇 사람의 친구들만이 참석했

바르트의 어머니 앙리에트 방제
"어머니가 돌아가시고 나니, 내게는 더 이상의 생의 약동의 행진에 보조를 맞춰야 할 이유가 없어졌다. …… 지금부터 나는 나 자신의 완전한 비변증법적인 죽음을 기다리는 것밖에 할 일이 없다."

바르트의 인생에서 어머니는 그 누구보다도 중요한 존재였다. 실제로 교통사고를 당한 뒤 병원에 입원해 있을 때, 바르트는 어머니의 죽음이 준 충격에서 벗어나지 못한 듯 회복 의지가 없어 보였다.

다. 그러나 몽파르나스에서 열린 사르트르의 장례식에는 5만 명 이상의 군중이 몰렸다. 게다가 1990년 바르트의 사후 10주년은 매체에서 거의 다루지 않은 반면, 사르트르의 10주기 때에는 라디오와 텔레비전이 사르트르에게 바치는 헌사들로 채워졌다.(Calvet 1994 : 254)

바르트의 죽음 직후 프랑스를 뜨겁게 달군 사르트르의 죽음은, 지식인들이 '유명한 사람'과 '덜 유명한 사람'으로 분류되는 방식과 미디어들의 표지 제목이 지닌 아이러니를 보여준다. 이는 바르트가 생전에 그토록 탈신화화시키고자 했던 것이다. 그런데 사람들은 칼베의 설명을 문자 그대로 잘못 받아들이고 바르트의 죽음을 일종의 희비극으로, 마치 역사의 흐름(사트르르와 그의 서거에 대한 전 국민적 애도)이 즉각 그의 모든 이미지와 영향력을 삼켜버리기라도 한 것처럼 오해한다. 그러나 바르트는 1980년이나 1990년에도 복잡하지만 중요하고 지속적인 영향력을 갖고 있었으며, 현재에도 그렇다.

롤랑 바르트의 영향
바르트의 사상은 인문학 내의 수많은 영역들에 막대한 파급력을 미쳤다. 예컨대 오늘날 바르트의 「저자의 죽음」을 언급하지 않고서는, 지금도 뜨겁게 논쟁되고 있는 문학의 '저자성' 문제를 논할 수 없다. 텍스트와 상호텍스트성 같은 개념은 바르트의 독창적인 저작들에 지울 수 없이 남아 있으며, 아직도 문학 연구에 중요한 영향을 끼치고 있다. 문화 연구라는 현대적인 학문과 실천은 바르트의 영향을 받아

생했으며, 현재 그 형식 안에는 『신화론』, 『모드의 체계』 같은 텍스트들이나 바르트가 평생 동안 이론가로서 수많은 에세이들에서 끌어온 상당한 이론적 근거들이 존재한다. 미디어나 재현의 형식, 정치학과 문화에 관한 수업을 듣는 학생들도 바르트의 저작을 무시하고서는 앞으로 나아갈 수가 없다.

사진에 관한 이론적 논의는 아직도 바르트의 파격적인 저작에 크게 의존하고, 현대 언어학도 그의 저서에서 영향을 받고 있다. 이론과 비판 작업의 새로운 영역들, 특히 새로운 정보 기술과 컴퓨터 시스템 일반에 관련된 영역들도 바르트의 저작에서 많은 것을 끌어온다. 하이퍼텍스트 이론과 실천 영역의 개척자 조지 랜도우George P. Landow는 자신의 책에서 바르트를 가장 중요한 이론가로 평가했는데, 이는 이 분야의 다른 주요 이론가들도 마찬가지다.(Landow 1992, 1994, Tuman 1992를 보라.) 학자들과 비평가들이 컴퓨터 기술이 언어와 문학에 대한 사람들의 이해를 재평가하고 발전시키는 방식을 탐구할 때에도, 텍스트성과 작가적 텍스트의 전복 가능성은 앞으로도 이 연구들의 기초를 마련하는 가장 적절한 모델 중 하나이다.

바르트의 저작은 이론의 개념 및 실천과 아주 긴밀하게 연관되어 있다. 어떤 종류의 이론적 작업을 하더라도 바르트가 확립시킨 담론 양식들을 비켜 가기는 어렵다. 바르트의 저술은, 최근의 소위 이론적 글쓰기의 다양한 영역들에서 아직도 많이 참고되고 인용된다. 하지만 실은 아무도 바르트 이후의 이론을 실천하지 않는다고 말하는 게 더 맞는 듯하다.

츠베탕 토도로프Tzvetan Todorov〔불가리아 태생의 프랑스 구조주의 언어학자]는, 바르트는 열심히 배우고 모방하고 방법론적으로 추종할 수 있는 '거장'이 아니라고 본다. 토도로프는 "이 세상 어딘가에 만약 바르트주의자가 존재한다면, 그들은 일반적 개념의 저장고에서 자신들이 공유할 만한 정체성을 발견하지 못한 사람들이다."라고 했다. 토도로프의 주장에 따르면, 바르트는 "담론에 내재한 지배력을 전복시키기 위한 역할을 스스로 창조했으며, 그 역할을 수행하며 자기 자신을 대체 불가능한 사람으로 만들었다."(Todorov 2000 : 123-4) 줄리아 크리스테바 역시 바르트의 저작과 그 영향력을 회고하며, 바르트가 모방해야 할 거장이 아니라 대체 불가능한 작가라는 토도로프의 주장을 옹호한다. '바르트의 "제자"는 없다. 작가들이 대개 그러하듯, 오직 아류들만이 있을 뿐이다.'(Kristeva 2000 : 140)

이 책의 독자들은 바르트가 왜 다른 사람들이 엄격하게 모방할 수 있는 이론가가 아닌지 이해할 수 있을 것이다. 서사에 대한 바르트의 구조주의적 분석을 따르는 사람들은, 바르트가 텍스트 분석으로 이러한 과정을 스스로 해체시켰음을 알아야 한다. 『신화론』 같은 책에서 바르트가 행했던 탈신화화의 실천을 따르는 사람들은, 바르트가 후기 저서에서 이론적인 층위와 이데올로기적 층위에서 이에 대해 근본적으로 문제를 제기했음을 알아야 한다. 바르트 후기의 쾌락주의적 비평 스타일을 배우려는 사람들은, 이러한 방식이 사회적·지적 공동체의 영역을 벗어난다는 점, 다시 말해 이 방식이 정의상 공유하고 모방하고 추종할 수 있는 것들을 초월하고 있다는 사실을 피할 수 없다. 쾌락주의자를 따라서 쓸 수는 없는 것이다.

지금까지 살펴본 것처럼, 바르트는 일생 동안 글을 써오며 새로운 담론과 편리한 범주화에 저항하는 담론들에 참여했다. 바르트는 평생 당시까지 지배이데올로기가 변용시키지 않은 담론들 편에 서서 목소리를 냈다. 이는 그가 사상가이자 작가로서 남긴 유산에 담겨 있는 수많은 개념들, 유망한 시작과 에세이들, 다양한 일회적 연구방법들이 바르트 이후에 올 사람들을 기다린다는 것을 의미한다. 하지만 이 요소들 중 안정되고 영원한 방법론은 없다. 이 책에서 본 것처럼, 바르트는 지배문화에 동화되는 걸 피할 수 있는 방법론이 존재할 가능성을 믿지 않았다.

또한 바르트의 저작은 '이론'이라는 말의 의미에 문제를 제기하라고 압박한다. 이론은 체계적으로 문학적·문화적 텍스트들을 분석하는 방법론인가? 아니면 모든 유용한 방법론에 문제를 제기할 뿐 결코 규정적 방법론을 제공하지 않는 혼란스러운 힘인가? 이론은 인문학(문학 연구, 문화 연구, 역사학, 사회학, 언어학, 철학 등)을 구성하는 학문 영역 내의 긍정적 힘인가? 아니면 인문학의 다양한 학문들이 제 자신을 규정하는 방법론을 혼란시키고 대체하는 부정적 힘인가? 바르트의 영향력은 너무 널리 퍼져 있고 어려워서 정확하게 범주화하기 어렵다. 그는 방금 말한 이론의 두 자리 중 후자를 확고하게 선택했기 때문이다.

바르트의 저작은 사람들에게 바르트 자신의 방법론과 글쓰기 양식을 모방하는 불가능한 임무를 수행하기보다, 그를 따라 새로운 비평적 연구대상과 접근방식을 찾아내라고 부추긴다. 사실 오늘날 활용하기에 바르트의 다양한 방법론들은 제한적이고 국지적 혹은 전략적일 수 있다. 따라서 특수한 목적을 위해 그 방법론들을 채택하되, 그러한 실천의 한시성을 항상 인식하고 있어야 한다. 몇몇 정신분석학자들이 아직도 프로이트에 의지하고, 대부분의 물리학자들이 여전히 아인슈타인에 의존하듯, 그렇게 바르트의 방법론에 의존하기는 어렵다.

사실 바르트를 모방하는 것은 불가능하다. 수많은 '바르트' 중에서 바르트를 모방한다는 문제는, 저자에 대한 모방이라는 개념을 혼란스럽게 만든다. 바르트 이후를 쓴다는 것은 보았다시피 모순적이며, 그를 모방할 수 없다는 것을 의미한다. 바르트가 「저자의 죽음」에서 펼친 주장과 그가 '파생의 신화'〔아버지와 자식의 관계처럼 저자가 작품에 선행한다고 보는 이데올로기〕를 비판했던 사실을 기억해야 하는 이유는, 바르트가 말했던 저자의 특성이 이 명백한 역설을 보여주고 있기 때문이다. 바르트 이후의 사람들은 「저자의 죽음」의 저자를 '구조주의의 저자' 혹은 '텍스트 분석의 저자'로 환원시킬 수 없고 환원시켜도 안 된다. 이런 의미에서 바르트는 아주 신중하게 '저자'('대가大家')이 되는 것을 피했다.

바르트에게 글쓰기란 사상의 운동이나 학파의 성립으로 귀결되는 것이 아닌, 본인의 말대로 자동사, 즉 대상을 필요로 하지 않고 행위를 완결시키지 않는 동사였다.(RL : 11-21) 다시 말해 글쓰기의 의미는 글쓰기의 활동성이 생산하는 것에 있는 것이 아니라, 글쓰기 자체의 활동성에 있다. 바르트에게 글쓰기는 하나의 의미며, 아니면 아마도 의미의 생산이라기보다 의미의 혼란일 것이다.

기의 없는 기표로 남다

바르트가 1980년에 죽었을 때 막 생겨나기 시작했던 관심사들, 이론적 논쟁들, 사회적·문화적 변형들은 지난 20년 동안 지배적인 현상이 되었다. 이 시기에 이론의 지배적 논쟁 양식이었던 페미니즘 이론은 바르트에게서 중요한 아이디어와 이론적 사례들을 끌어냈다. 그러나 페미니즘은 바르트의 저작에서 근원적이거나 일차적이지 않은 논쟁점들을 만들어내 다시 읽기를 시도했을 뿐이다.(예컨대 Nancy K. Miller 1988을 보라.) 밀러D. A. Miller가 저서 『롤랑 바르트를 끌어내기 *Bringing Out Roland Barthes*』에서 동성애 작가 바르트에게서 '끌어낸' 것들도 '퀴어 이론'에서 유사한 기능을 하고 있다.

다만 만약 바르트가 현 역사의 긴급하고 중요한 의제들을 마주한다면 뭐라고 말할까 생각해볼 수는 있다. 현재 우리 역사는 세계화, 비극적이게도 '테러리즘'에 대항하는 진짜 전쟁, 실제로 존재하는 국가들과 무관한 내셔널리즘의 발흥, 인간과 인공지능, 인간 신체와 공학적 신체의 관계와 관련된 문제, '하드웨어적' 현실과 웹 세계의 관계 등등의 문제에 직면해 있다. 이런 문제들에 대해서도 바르트의 저술은 계속 섬광 같은 빛과 눈부신 제안을 내놓을 수 있을까?

바르트의 저작은 '전후 프랑스'라는 맥락에 집중되어 있으며, 예술 및 사상의 아방가르드와 자신이 마지막 순간까지 사회·문화의 지배적인 힘이라고 보았던 부르주아지 간의 대립을 맴돌았다. 콜린 맥케이브Colin MacCabe[영국 엑서터 대학 교수로, 조이스 등 영국 문학 연구자]는 이렇게 말한다.

그의 죽음 이후 …… 한 가지 관점에서만 바르트의 중요성을 평가하는 것은 어리석은 일이다. 바르트가 1990년대(또는 2000년대)의 상황과 논쟁에 참여할 수는 없을 것이다. 그는 영원히 자유주의에서 냉전기에 이르는 시기에 존재하는 사람이다. 그의 텍스트는 소비에트 기획의 최종적 실패, 2차 세계대전의 정치적 해결이 붕괴되는 현상에 대한 감각이나 내셔널리즘이 다시 새롭게 중요해진 상황을 반영하고 있지 않다. …… 그는 과거의 논쟁과 항목에 사로잡혀 있는 듯하다. 바르트의 글쓰기가 아무리 우아해도(이는 무시할 수 없는 사실이다.), 그의 텍스트는 종종 낡아 보인다."(MacCabe 1997 : 72)

다시 말해, 바르트가 태어나 살았던 세계는 지금 우리가 살고 있는 세계와 많이 다르다. 바르트는 겨우 20여 년 전에 죽었지만, 우리를 점유하고 있는 세계의 지도와 논점은 그 사이에 극적으로 바뀌었다. 하지만 바르트의 적절성과 잠재적 영향력이 소멸했다고 말하기 전에 고려할 점이 있다. 사실 이 말은 모든 가능한 맥락에 적절한 의미가 있는 방법론을 제시했던 이론가에게나 해당되는 말일 것이다. 변화된 사회적·문화적 조건은 이러한 이론가나 방법론에 매우 중요할 것이다. 그러나 바르트는 신중하게 일반적 시니피앙스를 주장하는 것을 거부했다. 자크 데리다는 「롤랑 바르트의 죽음」에서 묻는다. "그(바르트)는 바로 그 마지막 순간까지 자신의 죽음을 직접 언급했으며, 환유적으로 자신의 죽음들을 말하지 않았던가?"(Derrida 2001 : 59) 이는 바르트의 저작에서 사람들이 생각하지 못했던 많은 구절들을 조명해준다. 확실히 바르트는 『모드의 체계』를 시작하는 순간에도, 독자들에게 그 책에 제시된 방법론들이 이미 적절하게 그가 표현했

바르트가 그린 수채화와 펜화

'바르트의 "제자"는 없다. 작가들이 대개 그러하듯, 오직 아류들만이 있을 뿐이다.'

글과 음악, 미술 등 바르트는 여러 방면에 다재다능한 사람이었다. 바르트의 사상은 인문학 내의 수많은 영역에 막대한 영향을 미쳤지만, 오늘날 그에게는 '거장' 칭호가 주어지지 않는다. 토도로프의 말마따나, 바르트는 '모방해야 할 거장이 아니라 대체 불가능한 작가'이기 때문인지도 모른다.

만약 바르트가 살아서 지금 세상을 본다면 뭐라고 말할까? 세계화·테러리즘·내셔널리즘·인공지능·웹 세계……, 바르트는 여전히 눈부신 필치로 이것들을 분석해낼 수 있을까?

듯이 '이미 낡은 것'으로, 즉 덧붙여 말하자면 '소멸한' 방법으로 대체되고 있음을 말하고 있다.(FS : ix)

우리는 그가 1978년에 쓴 「이미지」 같은 에세이에서 사람과 형식에 안정적이고 고정된 이름을 부여하고, 글쓰기 형식을 죽음으로 이끄는 모든 이름과 과정을 바르트가 어떻게 서술했는지 이미 살펴보았다. 언제나 그랬듯이, 그는 작가로서의 자기 자신이 하나의 '이미지'로 전환되는 다양한 방식을 살핀다. 이 이미지란 일종의 죽음이며, 거짓 은폐, 의미의 굳어버린 형식으로 글쓰기를 질식시키는 전형이다.

에세이 「작가, 지식인, 교사Writers, Intellectuals, Teacher」에서 바르트는 "우리는 '작가'(이 말은 언제나 사회적 가치가 아닌 실천을 가리킨다.)를, 요약될 수 없는 '메시지'를 가진 송신자(그럼으로써 메시지로서의 본질을 즉각 파괴하는)로 부른다."(RL : 312)고 썼다.

바르트의 저작에서 죽음은 그가 평생 글을 쓰면서 그토록 저항하고자 애썼던 동화 과정 같은 것이다. 바르트에게 죽는다는 것은 하나의 이름, 이미지, 의미로 동화되는 것이자, 글쓰기가 단일하고 안정적이며 의사소통할 수 있는(요약 가능한) 의미로 변형되는 것이다. 바르트에게 궁극적 '죽음'이란, 바르트를 따라 글을 쓰는 '제자들'이 노예처럼 추종하는 이론적 방법을 생산해내는 것이었다는 사실을 생각하면 이 의미는 더욱 분명해진다.

바르트는 독자들에게 영향보다는 사례를 제시한다. 이 사례는 고정된 아이디어 묶음이나 방법론적 절차가 아니라, 아직 동화되지 않았으며 아직 학문적 혹은 일반적 문화의 합의에 귀속되지 않은 표현에 참여하는 글쓰기 양식을 실천하는 것이다. 바르트의 영향을 받는다는 것은, 모방할 수 없는 글쓰기와 무수한 형식들 속에서 계속 가능한 참여 양식을 증명하는 글쓰기를 실천한 사례들에서 영향을 받는다는 것이다. 이 참여는 이 책 전체의 주제와 관련되어 있으며, 롤랑 바르트라는 이름(궁극적 기의를 갖지 않는 기표)에 기대어 요약될 수 있을 뿐이다.

이론가, 소설가, 철학자, 사진가, 에세이를 쓰는 학생, 광고 디자이너 등등은 언어와 연관된 예기치 못한 작업을 할 때마다 롤랑 바르트의 영향을 느낄 것이다. 바르트가 보여준 예는 그의 저작, 즉 과거에서 들려오는 것인 동시에 우리가 미래에 이루어지기를 갈망하는 어떤 것이다.

바르트의 모든 것

■ 바르트가 쓴 책

바르트의 전 저작은 『전집*OEvres comlètes*』, three vols, (ed.) Eric Marty, Paris : Le Seuil, 1993~5 에 실려 있다. 〔프랑스에서 2002년에 전집 제 4권이 나왔다.〕

Le Degré zéro de l'écriture, Paris : Le Seuil, 1953(영어판, Writing Degree Zero, trans. Annette Lavers and Colin Smith, London : Jonathan Cape, 1984)

바르트의 첫 번째 주요 저서로, 사르트르의 『문학이란 무엇인가?』에 대한 응답이다. 이 책은 여러 사상들에서 받은 영향을 담고 있지만, 그중에서도 특히 언어, 스타일, 글쓰기(에크리튀르)의 문제를 중심으로 마르크스주의와 실존주의의 문학이론과 참여론의 방향을 수정하고 있다. 바르트는 18세기 이후의 프랑스 문학사를 따라 언어, 스타일, 에크리튀르의 이론을 제시한다. 알베르 카뮈 같은 동시대 작가들의 글쓰기를 지지하는 한편, 어떤 형식의 글쓰기도 부르주아 문화('문학')에 의해 부르주아 문화('문학')로 흡수되는 것에 저항할 수 없다고 주장한다. 이 책은 *Writing Degree Zero*, trans. Annette Lavers and Colin Smith (New York : Hill and Wang, 2001)으로 최근 다른 출판사에서 재출간되었는데, 여기에는 수잔 손탁Susan Sontag이 1968년에 쓴 서문이 실려 있다.

Michelet par lui-même, Paris : Le Seuil, 1954(영어판, Michelet, trans. Richard Howard, New York : Hill and Wang, 1987)

바르트가 19세기 역사가 미슐레를 독해한 책. 언어학, 역사적 비평, 정신분석학 비평 등 다양한 이론들을 결합시켜 미슐레를 읽어냈다. 뿐만 아니라 이 책은 이 시리즈의 의도에 따라 미슐레 자신이 쓴 글들에서 뽑아낸 발췌문들을 폭넓게 수록하고 있어, 저자 자신이 쓴(par lui-même) 저자를 읽을 수 있게 간행되었다.

Mythologies, Paris : Le Seuil, 1957(영어판 Mythologies, trans. Annette Lavers, London : Jonathan Cape, 1972 ; The Eiffel Tower and Other Mythologies, trans. Richard Howard, New York : Hill and Wang, 1979. ; 『신화론』, 정현 옮김, 현대미학사, 1995. ; 『신화에 대하여』, 이화여대 기호학연구소 옮김, 동문선, 2002.)

『신화론』은 1954년부터 1956년까지 주로 《레트르 누벨르》지에 매달 한 편씩 실린 일련의 에세이들을 묶은 것이다. 「점성술」 한 편을 제외한 모든 에세이들이 *Mythologies*와 *The Eiffel Tower and Other Mythologies*라는 두 가지 영역본 선집에 실려 있으며, 이 책들에는 프랑스어 판에는 실려 있지 않은 「두 개의 살롱」, 「식당차」, 「오두막집 산업」, 「부패가 뉴욕을 끝장내다」, 「에펠탑」 등 다섯 개의 에세이들이 추가되어 있다. 바르트의『신화론』은 그의 책 중에서도 가장 널리 읽히고 영향을 미친 책 중 하나이다. 이 책은 당대 사회(프랑스 사회)를 구성하는 수많은 '신화들'을 읽을 수 있는 기호학의 능력을 증명하려 했던 책으로, 때로 너무나 재치 있고 풍자적이다.

Sur Racine, Paris : Le Seuil, 1963(영어판 On Racine, trans. Richard Howard, New York : Hill and Wang, 1964. ; 『라신에 관하여』, 남수인 옮김, 동문선, 1998.)

『라신에 관하여』는 이 책을 당대의 비평적 연구의 맥락에서 평가하는 '서문'과, 프랑스의 정전적 희곡작가 라신에 대한 세 편의 에세이를 모은 책이다. 가장 긴 첫 번째 에세이 「라신적 인간」은 라신 비극의 근본 요소들을 분석하기 위해 구조주의와 정신분석학을 이용한다. 두 번째 에세이 「말해진 라신」은 라신의 비극을 친숙한 것으로 만들려고 하는 현대 부르주아 연극의 경향을 집중적으로 다룬다. 현대 부르주아 연극은 라신의 시에 나타난 알렉산더 시행[억양격 6시각詩脚으로 구성된 시행]의 형식적 의미보다 남녀 배우들의 공연과, 강조되어 있는 '디테일'에서 의미를 포착하여 전달하는 형식에 부적절할 정도로 비중을 두는 경향이 있다. 다시 말해 현대 부르주아 연극은 라신의 '음율'이 고도로 형식화되고 역사적으로 거리화된 라신의 시에서 나오는 것이 아니라, 남녀 배우의 전달력에 달려 있는 것으로 생각하는 것이다. 세 번째 에세이 「역사나 문학이냐」에서 바르트는 소위 '강단 비평'을 공격하고, 강단 비평을 이론적인 문학연구로 대체하자고 주장한다.

Essais critiques, Paris : Le Seuil, 1964(영어판 Critical Essays, trans. Richard Howard, Evanston : Northwestern University Press, 1972. ; 이 책 중에서 「두 개의 비평」, 「비평이란 무엇인가」, 「구조적 활동」이 『현대 비평의 혁명』, 김현 편역, 홍성사, 1979 에 번역되어 있다.) 이 책은 아마 바르트 생전에 출간된 에세이 모음집 중 가장 중요한 책일 것이다. 1960년대 중반까지 바르트가 했던 작업들이 잘 나타나 있는 이 선집은, 문학과 글쓰기 및 참여에 대한 작업, 브레히트 연극과 부르주아 연극에 대한 작업, 누보로망과 아방가르드, 현대의 '신화'에 대한 작업들을 보충하는 에세이들을 담고 있다. 또한 기호학과 구조주의의 등장을 알리는 중요한 에세이들도 수록하고 있다.

Elements de semiologie, Communication(1964), no. 4, Elements de semiologie, Paris : Gonthier, 1965.로 재출간되었다. 영어판으로는 Writing Degree Zero와 함께

출간된 Elements of Semiology, trans. Annette Laversand Colin Smith, London : Jonathan Cape, 1984.으로 재출간되었다.

『기호학의 요소들』은 바르트가 지속적으로 기호학적 작업들의 이론적 토대를 놓으려 했음을 보여주며, 이러한 시도는『신화론』,『모드의 체계』와 이 시기의 다른 저술들에서도 발견된다.

Critique et verité, Paris : Le Seuil, 1966(영어판 Criticism and Truth, trans. Katrine Pilcher Keuneman, London : The Athlone Press, 1987. ; 비록 일부에 지나지 않지만, 앞에서 언급한『현대 비평의 혁명』에 이 책의 I부가 번역되어 있다.)

『비평과 진실』은 레이몽 피카르의 「새로운 비평인가 새로운 사기인가?」와 그의 '신비평' 비판을 옹호하는 언론과 잡지 기사들에 대해 바르트가 응답한 내용을 담고 있다. 이 책은 두 부분으로 나뉘어 있는데, I부는 피카르와 그의 추종자들에게 직접 대답하는 부분이고, II부는 언어 그 자체와 관련되는 비평의 의미를 분석하여 제시하는 부분이다.

Systeme de la mode, Paris : Le Seuil, 1967(영어판 The Fashion System, trans. Matthew Ward and Richard Howard, New York : Hill and Wang, 1983. ; 한국어판『모드의 체계』, 이화여대 기호학연구소 옮김, 동문선, 1998.)

바르트는 1957년부터 1963년까지 연구한 내용을 내용을 바탕으로 이 두꺼운 연구서를 썼다. 이 연구서는 첫 부분에 1967년 출간 당시 씌어진 서문을 싣고 있는데, 이 서문은 바르트가 이미 기호학에서 탈구조주의적 기호론으로 이동하고 있음을 보여준다. 따라서 바르트의 독자들은 이 책을 읽으면서 '기호학 역사'(p. ix)의 중요한 순간을 볼 수 있다. 물론 이 책의 본문은 바르트가 기호학을 문화적 기호 체계의 과학적 읽기로 생각하고 있으며, 아직 기호학과 연계된 상태임을 보여준다.

L'Empire de signes, Geneva : Skira, 1970(영어판 Empires of Signs, trans. Richard Howard, New York : Hill and Wang, 1982. ; 한국어판 『기호의 제국』, 김주환·한은경 옮김, 민음사, 1997.)

바르트의 일본 연구서는 일본 문화를 날카롭게 분석하려는 책이 아니다. 바르트는 《텔켈》 동료들이 중국의 마르크스주의 체제를 지지하고 있을 때 이 책을 썼다. 따라서 이 책은 의도적으로 보수적이며, 실제 상황에 대한 서술을 보여주기보다 낯선(타자의) 문화의 물질적 기호에 대한 생산적 반응을 보여준다. 이 책에는 전후 일본의 자본주의적 현상에 대한 언급이 전혀 없다. 이 책은 오히려 일본을 하나의 텍스트로 읽고 있다. 바르트는 일본과 대면하여 당시 급진적 영향을 미치며 등장한 탈구조주의와 해체론을 탐구할 수 있게 되었으며, 또 자신의 저작을 작가적인 것으로 변형시킬 수 있게 되었다.

S/Z, Paris : Le Seuil, 1970(영어판 S/Z, trans. Richard Miller, New York : Hill and Wang, 1974.)

『S/Z』는 한 편의 문학 텍스트를 읽어낸 바르트의 글들 중에서 가장 중요한 텍스트이다. 바르트는 발자크의 단편 「사라진느」를 가지고 200쪽이 넘는 주석과 분석을 해내고, 이를 통해 문학 텍스트가 근본적으로 복수적plural임을 보여주려 한다. 『S/Z』는 흔히 구조주의 문학비평(특히 서사의 구조주의적 분석)에서 탈구조주의로 변해가던 당시 상황을 구체적으로 표현한 텍스트로 간주된다.

Sade, Fourier, Loyola, Paris : Le Seuil, 1971(영어판 Sade, Fourier, Loyola, trans. Richard Miller, New York : Hill and Wang, 1976.)

이 텍스트는 마르키 드 사드, 성 이그나티우스 로욜라, 샤를르 푸리에에 관한 글들을 모은 것이다. 이 책이 이 세 명의 작가들을 선택한 데에는 보수적인 의도가 숨어 있는데, 이 세 작가를 하나의 표제 아래 결합시킨다는 것은 곧 사드의 에로틱한(포르노그라피적) 글쓰기와 제수이트 교파의 대부 이그나티우스의 정신적 글쓰기, 푸리에의 정치적 유토피아니즘을 뒤섞는 것이기 때문이다. 그러나 바르트는 이 세 작가의 내용보다 그들이 보여준 글쓰기의 유사성에 관심을 기울인다. 그들의 텍스트가 전하는 '메시지'들은 매우 다르지만, 이 세 명의 작가들은 모두 '로고테테스logothetes'들이다. 바르트는 이 단어를 '언어의 설립자들'이라는 의미로 사용한다. 각 저자들이 체계와 약호, 범주화와 목록에 대해 강박적 관심을 가지고 있음을 밝혀주는 바르트의 독해는 탁월하다. 그의 분석은 이 세 명의 저자가 모두 궁극적으로 텍스트와 세계의 관계보다 언어의 일관성, 논리성, 내적 통일성에 각각 흥미를 지니고 있었음을 보여준다. 바르트가 보여준 대로, 이 세 저자들은 이러한 의미에서 『글쓰기의 영도』 같은 바르트의 초기 저서와 같은 맥락에서 글쓰기(에크리튀르)라는 용어의 의미를 이해하고 글쓰기를 실천한 사람들이다.

Nouveax essais critiques, Paris : Le Seuil, 1972(영어판 New Critical Essays, trans. Richard Howard, New York : Hill and Wang, 1980.)

원래 프랑스에서 『글쓰기의 영도』 재판과 함께 출간된 책이다. 이 책은 라로슈푸코La Rochefoucauld, 「백과사전의 장서표」, 샤토브리앙Chateaubriand의 『랑세의 삶*Life of Lancé*』에 대한 중요한 글을 싣고 있으며, 아마 가장 중요한 에세이는 「프루스트와 이름들」과 「플로베르와 문장」일 것이다.

Le Plaisir du texte, Paris : Le Seuil, 1973(영어판 The Pleasure of the Text, trans. Richard Miller, New York : Hill and Wang, 1975. ; 한국어판 『텍스트의 즐거움』, 김희영 옮김, 동문선, 1997.)

『텍스트의 즐거움』은 요약할 수 없는 책이다. 그러나 바르트가 에로틱하고 쾌락주의적인 읽기의 모델을 보여준 책이라고 할 수는 있을 것이다. 이 읽기의 모델은 텍스트에 대한 독자의 육체적 반응에 주의를 기울인다. 이 책은 46개의 단장으로 나뉘어 있으며, 각 단장들은 '차례' 페이지에 제시된 단어들의 첫 글자에 따라 알파벳 순서로 배치되어 구성되어 있으나, 정작 이 차례의 표제어들은 텍스트의 본문에서는 누락되어 있다. 『텍스트의 즐거움』은 가역적 텍스트이며, 일관된 주장을 선적으로 전개하는 데 저항하고 그 대신 쾌락과 희열 같은 여러 이항대립을 보여준다. 독자들은 옮긴이인 리차드 밀러가 시니피앙스signifiance를 일관되게 '의미작용signification'으로 번역해서, 영어판에서 시니피앙스라는 단어에 있는 뉘앙스를 삭제해버렸다는 점에 주의해야 한다.

Roland Barthes, Paris : Le Seuil, 1975(영어판 Roland Barthes by Roland Barthes, trans. Richard Howard, London : Macmillan, 1977. ; 한국어판 『롤랑 바르트가 쓴 롤랑 바르트』, 이상빈 옮김, 강, 1997.)

이 텍스트는 바르트가 쓴 『미슐레』와 같은 시리즈로 씌어졌으며, 쇠이유 출판사가 입문서 시리즈로 출간한 '오늘날의 작가들' 총서 중 한 권이다. 물론 이 책의 파격적인 특징은 바르트가 이 시리즈의 제목 '그 자신이 쓴'을 문자 그대로 취한 방식에 있다. 『롤랑 바르트가 쓴 롤랑 바르트』는 분류할 수 없는 텍스트이며, 전기, 자신의 이전 작업에 대한 비판, 그리고 'RB', '그', 일인칭('나')로 다양하게 칭해진 인물에 대한 허구적 설명 사이의 어딘가에 존재한다. 이 텍스트는 "이 책은 모두 소설 속의 한 인물이 말하는 것처럼 간주되어야 한다."는 문장으로 시작하여, 텍스트의 대상('롤랑 바르트')과 텍스트를 쓰고 있는 주체의 목소리('롤랑 바르트') 사이의 불안정성을 독자들에게 주의시킨다. 따라서 이 책은 다양한 방식으로 자아에 대한 글쓰기(자서전)가 '저자의 죽음'과 닮아 있음을 섬광처럼 보게 해주는 텍스트이다.

Fragments d'un discours amoureux, Paris : Le Seuil, 1977(영어판 A Lover's Discourse : Fragments, trans. Richard Howard, New York : Hill and Wang, 1978. ; 한국어판, 『사랑의 단상』, 김희영 옮김, 동문선, 2004.)

사랑에 빠진 주체(사랑하는 사람)의 담론을 탐구한 바르트의 이 유명한 책은, 출간 시점부터 지금까지 그의 책들 가운데서 가장 대중적이고 널리 읽힌 텍스트이다. 이 텍스트는 알파벳 순서로 배치된 간단한 단장들로 나뉘어져 있는데, 바르트는 독자들이 서양의 사랑에 대한 담론을 구성하는 주요 상호텍스트적 특징들을 파악할 수 있게 한다. 어떤 사람들은 이를 때로 소설적 여행이라고 생각하기도 한다. 이 텍스트는 하나의 주체, 바르트 자신이기도 하고 모든 독자이기도 한 주체, 다시 말해 궁극적으로 사랑의 담론을 말하는 '나'(모든 '나')에 의해 씌어진 것이다. 『사랑의 단상』은 이러한 의미에서 체계적 글쓰기와 개인화된 글쓰기의 혼합을 압축적으로 보여주고 있으며, 이는 바르트가 작가로서 보여준 후기 글쓰기 스타일의 특징이다.

Image-Music-Text, selected and trans. Stephen Heath, London : Fontana/Collins, 1977(이 책 중에서 「이야기의 구조적 분석 입문」은 《문학사상》 1978년 9~11월호에 처음 번역되었다가『구조주의와 문학비평』, 김치수 편, 홍성사, 1980에 재수록되었다. 그리고 「저자의 죽음」, 「작품에서 텍스트로」는『텍스트의 즐거움』에, 「사진의 메시지」, 「이미지의 수사학」, 「제3의 의미」는『이미지와 글쓰기』, 김인식 옮김, 세계사, 1993에 번역되어 있다.)

이 대중적인 에세이 모음집은 수많은 영어권 독자들이 바르트의 글쓰기에 처음 입문할 때 읽는 책이다. 바르트가 쓴 독창적 에세이들이 상당수 실려 있지만, 이 모음집의 의미는 이제 바르트의 중요한 글을 모은 다른 책들이 영어로 출간되며 다소 퇴색했다.

Leçon, Paris : Le Seuil, 1978(영어판, 'Inaugural Lecture, Collège de France' in Barthes : Selected Writings, ed. Susan Sontag, op.cit., 457-78. ; 한국어판, 앞에서 언급한『텍스트의 즐거움』115쪽부터 143쪽까지 실려 있다.)

바르트가 기호학과 교육에 대한 자신의 견해를 언급한 중요한 글이다.(그가 취임한 콜레주 드 프랑스의 자리는 '문학 기호학' 교수직이었다.) 이 글에서 바르트는 특히 교육학과 권력의 관계에 관심을 보인다.

Sollers Ecrivain, Paris : Le Seuil, 1979(영어판, Sollers Writer, trans. Philip Thody, London : The Athlone Press, 1987.)

이 텍스트는 바르트가 자신의 친구이자 동료인 아방가르드 소설가 필립 솔레르스에 대해 쓴 다양한 에세이들을 모은 것이다. 원래 1965년부터 1978년까지 여러 곳에 발표되었던 글들을 다시 모은 것으로, 이 책에 수록된 여섯 편의 에세이들 중에서 가장 중요한 글은 솔레르스의 텍스트『드라마』를 다루는 '드라마, 시, 소설'이라는 제목의 글이다. 이 에세이의 주요 부분은 원래 1965년 《비판Critique》지에 실렸으며, 이 책에 실린 판본은 바르트가 원래의 글에 붙인 주석도 싣고 있다. 바르트가 쓴 이 에세이의 다른 번역본이 솔레르스 소설의 영역판 뒷부분에 수록되어 있으며, 솔레르스의 소설 『드라마』는 브루스 벤더슨Bruce Benderson과 어슐 몰리나로Ursule Molinaro(Sollers 1986을 보라.)가 『사건Event』으로 번역했다.

La Chambre claire : note sur la photographie, Paris : Gallimard Le Seuil, 1980(영어판 Camera Lucida : Reflections on Photography, trans. Richard Howard, New York : Hill and Wang, 1981. ; 한국어판 『카메라 루시다』, 조광희·한정식 옮김, 열화당, 1998.)

바르트의 생전에 출간된 마지막 저서. 사진의 본질에 대한 분석적 연구서이자 어머니의 상실에 대한 개인적 성찰을 담은 책으로, 이 텍스트는 계속해서 중요한 논의와 논쟁들을 낳고 있다. 바르트가 사진에 대한 '노트'에서 끌어들인 스투디움과 푼크툼의 구분은, 바르트의 후기 저서를 지배하는 테마이다. 이 구분은 사진의 일반적이고 사회적으로 소통 가능한 의미와, 육체적 층위에서 나타나는 유일하고 반복 불가능하며 개인적인 의미의 차이를 보여준다. 몇몇 비평가들은 이 책에서 바르트가 펼치는 주장이 그의 탈구조주의적 저서가 보여준 공격적 필치와 모순된다고 주장한다. 그러나 이 책은 (본 서에서 보았듯이) 부르주아 문화에 동화시키는 언어의 폭력적 본성에 대한 바르트의 탈구조주의적 견해와 완전히 일치하는, 매우 단호하고 진지한 저서이다.

Le grain de la voix : entretiens 1962-1980, Paris : Le Seuil, 1981(영어판 The Grain of the Voice : Interviews 1962-1980, trans. Linda Coverdale, London : The Athlone Press,

1985. ; 이 책 중에서 스티븐 히스Stephen Heath와의 인터뷰는, 장 자크 브로시에 Jean-Jacques Brochier와의 대담, 베르나르 앙리 레비Bernard-Henri Lévy와의 대담은 『텍스트의 즐거움』 229쪽부터 252쪽에 번역되어 있다. 또한 「사진에 관하여」와 「기호학과 영화」는 『이미지와 글쓰기』, 김인식 옮김, 세계사, 1993에 번역되어 있다.)

바르트를 연구하려는 모든 사람들에게 영감을 주는 매우 중요한 책. 비록 총망라된 것은 아니지만, 1962년부터 그 이후의 인터뷰들을 매우 광범위하게 모았다. 바르트는 정기적으로 인터뷰를 했으며, 그의 매력과 위트는 언제나 그가 했던 말과 대답에 분명하게 드러나 있다. 이 대담집은 바르트가 서로 다른 담론적 맥락에 적응하는 방식을 증명해준다. 그는 《텔켈》, 《레트르 프랑세즈》, 《르 몽드》, 《피가로》와 《플레이보이》 유럽판과 가진 인터뷰들에서 한결같은 비평적·이론적 목소리로 말하지 않았기 때문이다.

Barthes : Selected Writings, ed. Susan Sontag, Oxford : Fontana, 1982.

이 책은 바르트의 주요 사상들이 영어권에서 퍼져나가는 데 『이미지-음악-텍스트』와 마찬가지로 큰 역할을 했지만, 그 책보다 더 광범위하게 다양한 텍스트들과 발췌문들을 수록했다. 편집자가 쓴 중요한 입문적 에세이가 수록되어 있을 뿐 아니라, 바르트의 「콜레주 드 프랑스 취임연설」이 포함되어 있어서 앞으로도 계속 필수적인 책이 될 것이다.

L'obvie et l'obtus, Paris : Le Seuil, 1982(영어판 The Responsibility of Forms : Critical Essays on Music, Arts, and Representation, trans. Richard Howard, New York : Hill and Wang, 1985. ; 이 책에는 『Image-Music-Text』에도 실려 있고 『이미지와 글쓰기』에 번역되어 있는 세 편의 글이 실려 있다. 또한 이 책 중에서 「회화는 언어체인가」, 「앙드레 마송의

기호화법」,「예술의 지혜」,「예술, 이 오래된 것」이 앞에서 언급한『이미지와 글쓰기』에 번역되어 있다.)

바르트의 음악론과 시각예술론에 관심 있는 독자들을 위한 에세이 모음집.『기호학의 도전』도 그렇지만, 이 책은 선집에 자주 수록되는 유명한 에세이들을 좀 더 완전하고 향상된 맥락에서 이해할 수 있게 해준다.

Le bruissement de la langue, Paris : Le Seuil, 1984(영어판 The Rustle of Language, trans. Richard Howard, New York : Hill and Wang, 1986. ; 이 책 중에서「심의」라는 글이 앞에서 언급한『텍스트의 즐거움』에 번역되어 있다.)

문학, 언어학, 이론의 영역에서 다양한 범위를 아우르는 주제들에 대한 에세이들을 모은 중요한 책.「저자의 죽음」과「작품에서 텍스트로」와 같은 에세이들이 수록되어 있으며, 별로 친숙하지 않지만 이와 관련이 있는 에세이들도 나란히 실려 있다. 리처드 하워드가 번역한 이 선집은 앞에서 인용된 여러 에세이들을 새롭게 번역·수록하고 있는데, 덕분에 영어권에서 정전화된 번역본들을 탈자연화시킬 수 있게 되었다. 이 책에서도 예전에 스티븐 히스가 번역하여『이미지-음악-텍스트』에 수록한 유명한 판본이 아니라, 리처드 하워드가 번역하여 수록한「저자의 죽음」을 인용했다.

L'aventure sémiologique, Paris : Le Seuil, 1985(영어판 The Semiotic Challenge, trans. Richard Howard, Oxford : Blackwell, 1988 ; 이 책의 I부에 있는「옛날의 수사학」은『수사학』, 김현 편, 문학과지성사, 1985에 번역되어 있으며,「서사의 구조주의적 분석 입문」번역은 앞에서 언급한 바 있다.)

바르트 사후에 출간된 책으로, 기호학과 서사이론에 대한 주요 에세이들을 모았다. 이 선집은 바르트의 학문적 여정 중에서도 구조주의적 단계에서 전개된 사상을 이해하는 데 매우 가치 있는 안내서이다. 특히 독자들은 바르트의 관심이 서사의 구조주의적 분석에서, 그가 '텍스트적 분석'이라고 부른 것으로 변형되는 과정을 볼 수 있다. 이 책은 서사적 허구에 대한 바르트의 연구가 어떻게 전개되었는지 관심있는 독자들에게 필수적인 텍스트이다.

Incidents, Paris : Le Seuil, 1987(영어판 Incidents, trans. Richard Howard, Berkeley and Los Angeles : University of California Press, 1992 ; 한국어판 『작은 사건들』, 김주경 옮김, 동문선, 2003.)

바르트 사후에 출간된, 자전적 성격의 글들이다. 이 책에 실려 있는 네 편의 에세이 중에서 「남서부의 빛」, 「오늘밤 팔라스에서……」는 예전에 1977년 《위마니테》지에 실렸었다. 그러나 바르트가 1968년부터 1969년까지 모로코에 머물 때 쓴 일기 「사건들」과 1979년에 씌어진 「파리의 저녁」은 출간된 적이 없다. 이 글들이 출간되었을 때 「사건들」에 담긴 성적인 내용과, 「파리의 저녁」에 담긴 친구와 동료들에 대한 묘사가 논쟁을 불러일으켰다. 많은 주석자들이 이 텍스트들이 과연 출간되었어야 했는지 문제를 제기하고 있다. 그러나 다이애나 나이트가 주장했듯이, 이 글들이 출간된 후 '이 글들을 바르트가 쓴 작품들로 받아들이지 않는 것'은 어려워졌다. 분명히 「사건들」과 「오늘밤 팔라스에서……」는 동성애 작가이자 사상가로서의 바르트에게 흥미가 있는 사람들에게 매혹적인 글일 것이다. 반면 「파리의 저녁」은 바르트가 말년에 느꼈던 고립감, 피로, 상실감을 느끼는 데 도움이 될 것이다.

■ 바르트에 대한 책들

• 저서들

Bensmaïa, Réda (1987) *The Barthes Effect : The Essays as Reflective Text*, trans. Pat Fedkiew, Minneapolis : University of Minnesota Press.
아주 오래 전부터 존재했지만 보통 간과돼온 에세이적 글쓰기의 전통 속에서 바르트의 저서를 연구한 책. 방스마이아는 바르트가 사용한 단장 형식이 글쓰기 장르에 대한 지배적 관념에 대한 도전이며, 이 형식이 그를 16세기의 에세이스트 몽테뉴처럼 분류할 수 없는 작가로 만들어준다고 주장한다.

Brown, Andrew (1992) *Roland Barthes : The Figures of Writing*, Oxford : Clarendon Press.
이 책이 서술하고 논의한 이론들은 중요한 업적이다. 브라운의 책은 작가로서의 바르트에게 복잡하고도 독창적인 관심을 보이는데, 그는 바르트를 다른 말로 설명할 수 있는 이론가가 아닌 작가로 다룬다. 이 연구서는 바르트의 작품에서 관찰할 수 있는 다양한 '글쓰기의 문형들', 즉 표류, 틀, 이름, 잡문, 트라우마 등으로 구성되어 있다.

Calvet, Louis-Jean (1994) *Roland Barthes : A Biography*, trans. Sarah Wykes, Oxford : Polity Press.
바르트의 삶을 알려주고 조명하는 재미있는 전기. 사회적・문화적 환경 속에서 바르트를 탐구한다. 바르트의 텍스트들을 논의하기는 하지만, 이 책은 비평서라기보다는 기본적으로 전기다.

Champagne, Roland (1984) *Literary History in the Wake of Roland Barthes : Redefining the Myths of Reading*, Birmingham, Alabama : Summa Publications.
샹파뉴는 바르트의 저서가 문학사에 대해 생각하고 실천하는 관습에 어떤 중요한 의미를 갖는지 증명하고자 한다.

Culler, Jonathan (2002) *Roland Barthes : A Very Short Introduction*, Oxford : Oxford University Press.(『롤랑 바르트』, 최미숙 옮김, 지성의 샘, 1995)
원래 폰타나Fontana 출판사의 '현대의 대가' 시리즈로 출판되었지만, 지금은 옥스포드 대학 출판부의 간단한 입문서 시리즈로 재출간되었다. 바르트의 기본 개념을 훌륭하게 안내해줄 뿐만 아니라, 지금 나오는 텍스트들과 견주어도 손색이 없다.

Freedman, Sanford and Carole Anne Taylor (1983) *Roland Barthes : A Bibliographical Reader's Guide*, New York and London : Garland.
바르트를 더 심도 있게 연구하는 데 필수적인 참고문헌 안내서. 여러 텍스트들에 담긴 유용한 요약문들을 수록하고 있기 때문에, 바르트를 잘 모르는 독자들에게도 유익하다. 물론 1980년대 초반까지의 책들만 수록되어 있기 때문에, 이 시기 이후 출간된 바르트 연구서나 바르트가 쓴 책에 대한 정보를 얻고자 할 때에는 다른 책을 이용해야 한다.

Knight, Diana (1997) *Barthes and Utopia : Space, Travel, Writing*, Oxford : Clarendon Press.

지금까지 씌어진 바르트 연구서들 중에서도 최상의 책 중 하나라고 할 수 있다. 나이트는 바르트의 저서에 나타난 유토피아적 특징을 안내판으로 삼아, 유명한 텍스트들은 물론 별로 유명하지 않은 글과 에세이들에 대해서도 신선한 관점들을 다양하고 보여주고 있다. 나이트의 책은 바르트가 쓴 저서들의 모든 측면에 풍부한 지식을 제공한다.

Knight, Diana (ed.) (2000) *Critical Essays of Roland Barthes*, New York : G. K. Hall.

바르트에 대한 에세이들을 모은 중요한 책. 이 모음집은 「프랑스의 수용 : 초기의 리뷰들(1953~1958)」, 「프랑스의 수용 : 절정기(1965~1984)」, 「프랑스의 수용 : 바르트를 추모하며(1980~1984)」처럼, 연대기적 순서에 따라 구분이 되어 있어 매우 유용하다. 다른 부분들은 영미 비평가들과 이론가들이 바르트에 대해 쓴 글들을 편집한 것이다.

Lavers, Annette (1982) *Roland Barthes : Structuralism and After*, London : Methuen.

바르트에 대한 초기 연구서로, 최상의 부피 있는 연구서 중 하나이다. 이 책은 요즘 학자와 주석자들에게도 여전히 인용되고 있으며, 바르트의 저서가 비평과 이론계에서 수용되는 데 한 획을 그은 책이라 할 수 있다.

Lombardo, Parrizia (1989) *The Three Pardoxes of Roland Barthes*, Athens and London : The University of Georgia Press.

바르트에 대한 매우 정교하고 깊이 있는 분석서로, 바르트의 가장 인기있는 용어인 역설paradox을 중심으로 구성되어 있다. 3장으로 나뉘어 있으며, 어떤 다양한 생산적 역설들을 낳는가 하는 관점에서 바르트를 분석한다.

McGraw, Betty R. and Steven Ungar (eds) (1989) *Signs in Culture : Roland Barthes Today*, Iowa : Unversity of Iowa Press.

바르트에 대한 에세이들을 모은 유용한 책으로, 리처드 하워드, 앙트완느 콩파뇽, 메리 라이든, 스티븐 언가가 쓴 글들을 수록하고 있다.

Miller, D. A. (1992) *Bringing Out Roland Barthes*, Berkeley : University of California Press.

밀러의 이 책은 바르트의 비평적·이론적 목소리와, 동성애자로서 갖는 존재의 문제를 다룬 중요한 책이다. 이 책은 기본적으로 바르트 자신의 작가적 목소리에서 출발하여 이를 포착하는 방식으로 씌어져 있다. 바르트의 독자들은 대부분 의도적이든 아니든 그의 책에서 동성애에 대한 옹호나 묘사들을 놓치는데, 이 책은 그런 독자들에 대한 강력한 도발이다.

Moriarty, Michael (1991) *Roland Barthes*, Oxford : Polity Press.

모든 바르트 독자들의 필독서. 바르트의 주요 저서를 명쾌하게 소개하면서도, 바르트의 글쓰기가 지닌 정치적·문화적·문학적 의미가 이론적으로 어떤 중요성을 지니는지 동시에 분석하고 있다.

Mortimer, Armine Kotin (1989) *The Gentlest Law : Roland Barthes's 'The Pleasure of the Text'*, New York : Peter Lang.

『텍스트의 즐거움』에 대한 정성스러운 안내서로, 바르트의 텍스트에 대한 주석과 상호텍스트적 해설을 제공한다. 특히 번역, 상호텍스트, 바르트의 텍스트가 놓여 있는 지성사적 맥락 등을 이해하는 데 유용하다.

Rabaté, Jean-Michel (ed.) (1997) *Writing the Image After Roland Barthes*, Philadelphia : University of Pennsylvania Press.

바르트가 특히 시각 예술과 사진 이론 및 비평에 끼친 영향에 관심 있는 사람들에게 필수적인 에세이 모음집. 이 분야의 저명한 저자들이 쓴 여러 에세이들을 수록하고 있으며, 바르트의 글쓰기가 해당 분야에서 중요한 위상을 차지하고 있음을 보여준다. 이 모음집은 또한 바르트와 문학적 토픽을 다룬 중요한 에세이들을 포함한다.

Ribière, Mireille (2002) *Barthes : A Beginner's Guide*, London : Hodder & Stoughton.

바르트 저서에서 중요한 이론적·비평적 측면들을 빨리 알고 싶어하는 사람들이 읽을 만한 안내서.

Rylance, Rick (1994) *Roland Barthes*, Modern Critical Theorists, Hemel Hempstead : Harvester Wheatsheaf.

이 연구서는 '현대 비평의 이론가' 시리즈로 출간되었으며, 바르트의 전체 저작에 대한 탁월한 입문서로 현재의 연구서들과 견주어도 여전히 유용하게 읽을 수 있는 책이다. 라일랜스는 '뜨거운' 바르트와 '차가운' 바르트라는 구분법을 사용하고 있는데, 이는 바르트 저작에 나타나는 체계적인 경향과 유희적인 경향을 구분할 수 있는 간편한 방법론이다.

Shawcross, Nancy M. (1997) *Roland Barthes on Photography : The Critical Tradition in Perspective*, Gainsville : University Press of Florida.

이 연구서는 사진에 대한 바르트 저술들을 더 알고 싶어하는 사람들에게 유용한 책이다. 특히 사진의 역사에 대한 논의를 담고 있어서 더욱 유익한데, 쇼크로스는 사진의 이미지에 대한 바르트의 논리 전개 과정을 명쾌하고 일관성 있게 설명한다.

Stafford, Andy (1998) *Roland Barthes, Phenomenon and Myth : An Intellectual Biography*, Edinburgh : Edinburgh University Press.

이 책은 바르트의 글과 주요 텍스트들을 구체적인 문화적 순간들 속에서 연구한다. 그 결과 바르트의 학문적 여정에 대한 통상적 설명과 아주 다른 설명들을 보여준다. 바르트의 개념들을 그 개념들이 탄생한 순간부터 사망할 때까지 달마다 나누어 설명한다.

Thody, Philip (1977) *Roland Barthes : A Conservative Estimate*, London : Macmillan.

이 미묘한 제목이 보여주고 있듯이, 이 책은 바르트의 저서를 냉소적으로 평가한다. 토디는 특히 바르트의 저작과 사유, 영국 비평과 문학 전통의 연구방식 사이의 유사성과 차이점을 주목한다. 토디는 영국의 경험론적 전통을 선호하기 때문에, 사람들이 바르트의 저작을 수용하기를 바라는지 아닌지 명확하게 드러나지 않는다.

Ungar, Steven (1983) *Roland Barthes : The Professor of Desire*, Lincoln and London : University of Nebraska Press.

바르트의 작품을 조명하는 예외적이라 할 만큼 명쾌한 연구서. 바르트가 구조주의에서 탈구조주의로 변화해가는 과정을 설명하며, 바르트의 교육론을 더 폭넓게 논의한다. 저자에 따르면, 바르트가 초기의 문학 과학에서 후기의 글쓰기의 '형상화figuration'로 옮겨간 것은, 욕망의 고백과 읽기의 육체적 토대 때문이다. 이 책은 비평뿐 아니라 교육학 분야에서도 중요한 의미가 있다.

Wiseman, Mary Bittner (1989) *The Ecstasies of Roland Barthes*, London : Routledge.

와이즈먼의 책은 특히 바르트의 후기 저서에 대한 상상적이고 철학적인 응답으로, 바르트의 저작에 길들여져 있는 독자와 연구자들에게는 일종의 도전이자 도발이다. 입문서는 아니다.

- 인터넷 자료

덴버에 있는 콜로라도 대학의 기호학 사이트[http://carbon.cudenver.edu/~mryder/itc_data/semiotics.html]에는 바르트에 관한 유용한 선별 목록[http://carbon.cudenver.edu/~mryder/itc_data/semiotics.html#barthes]이 있다. 이 사이트는 사라 줍코의 문화연구 센터, 즉 PopCultures.com이 링크되어 있는데, 이곳에는 학자들의 논문, 전기적 기사들, 바르트의 저서에서 선별된 글들이 있다.

조지 랜도우의 『롤랑 바르트와 작가적 텍스트』[http://muse.jhu.edu/press/books/landow/writerly.html]는 그의 책 『하이퍼텍스트』의 하이퍼텍스트 버전[http://

www.cyberartsweb.org/cpace/ht/jhup/contents.html]을 만들어냈는데, 여기에는 흥미로운 자료들도 덧붙여져 있다.〔조지 P. 랜도우의 홈페이지 참조 : http://www.thecore.nus.edu.sg/landow/cv/landow_ov.html〕로버트 클라크의『문학 백과사전과 문학 사전』〔http://www.litencyc.com/editors.php〕에는 이 연구서의 저자들이 쓴 바르트에 대한 수많은 목록들이 있다.〔http://www.litencyc.com/php/speople.php?rec=true&UID=282〕 이 책에 소개된 것보다 더 길게 바르트가 쓴 몇몇 텍스트들을 설명하고 있기 때문에, 바르트의 핵심 사상에 대한 지식을 확장시킬 때 유용하다.

■ 참고문헌

Adorno, Theodor (1991) *The Cultural Industry : Selected Essays on Mass Culture*, ed. and intro. J. M. Bernstein, London and New York : Routledge.(「문화산업」, 아도르노 & 호르크하이머, 『계몽의 변증법』, 김유동 옮김, 문학과지성사, 2001.)

Allen, Grahm (2000) *Intertextuality*, The New Critical Idiom, London : Routledge.

Attridge, Derek (1997) 'Roland Barthes's Obtuse, Sharp Meaning and the Responsibilities of Commentary', in Jean-Michael Rabaté (ed.) *Writing the Image After Roland Barthes*, Philadelphia : University of Pennsylvania Press.

Bakhtin, Mikhail (1984) *Problems of Dostoevsky's Poetics*, trans. and ed. C. Emerson, Minneapolis : University of Minnesota Press.(『도스또예프스끼 시학』, 김근식 옮김, 정음사, 1988.)

_____ (1986) *Speech Genres and Other Essays*, trans. V. W. McGee, eds. C. Emerson and M. Holquist, Austin, Tex. : University of Texas Press.

_____ and V. N. Volosonov (1986) *Marxism and the Philosophy of Language*, trans. L. Matejka and I. R. Titunik, Cambridge, Mass. and London : Harvard Unversity Press.(『마르크스주의와 언어철학』, 송기한 옮김, 한겨레, 1988.)

Roland Barthes (1964) *On Lacine*, trans. Richard Howard, New York : Hill and Wang.(『라신에 관하여』, 남수인 옮김, 동문선, 1988.)

_____ (1972) *Critical Essays*, trans. Richard Howard, Evanston : Northwestern University Press.

_____ (1972) *Mythologies*, trans. Annette Lavers, London : Jonathan Cape.(『신화론』, 정현 옮김, 현대미학사, 1995. ; 『신화에 대하여』, 이화여대 기호학연구소 옮김, 동문선, 2002.)

_____ (1974) *S/Z*, trans. Richard Miller, New York : Hill and Wang.

_____ (1975) *The Pleasure of the Text*, trans. Richard Miller, New York : Hill and

Wang.(『텍스트의 즐거움』, 김희영 옮김, 동문선, 1997.)

_____ (1976) *Sade, Fourier, Loyola*, trans. Richard Miller, New York : Hill and Wang.

_____ (1977) *Roland Barthes by Roland Barthes*, trans. Richard Howard, London : Macmillan.(『롤랑 바르트가 쓴 롤랑 바르트』, 이상빈 옮김, 강, 1997.)

_____ (1978) *Image-Music-Text*, selected and trans. Stephen Heath, London : Fontana/Collins.

_____ (1978) *A Lover's Discourse : Fragments*, trans. Richard Howard, New York : Hill and Wang.(『사랑의 단상』, 김희영 옮김, 동문선, 2004.)

_____ (1979) *The Eiffel Tower and Other Mythologies*, trans. Richard Howard, New York : Hill and Wang.

_____ (1980) *New Critical Essays*, trans. Richard Howard, New York : Hill and Wang.

_____ (1981) 'Theory of the Text' in Robert Young (ed.) *Untying the Text : A Post-Structuralist Reader*, trans. Ian McLeod, London : Routledge and Kegan Paul, 31-47.

_____ (1981) *Camera Lucida : Reflections on Photography*, trans. Richard Howard, New York : Hill and Wang.(『카메라 루시다』, 조광희·한성식 옮김, 열화당, 1998.)

_____ (1982) *Empires of Signs*, trans. Richard Howard, New York : Hill and Wang.(『기호의 제국』, 김주환·한은경 옮김, 민음사, 1997.)

_____ (1983) *Barthes : Selected Writings*, ed. Susan Sontag, Oxford : Fontana.

_____ (1983) *The Fashion System*, trans. Matthew Ward and Richard Howard, New York : Hill and Wang.(『모드의 체계』, 이화여대 기호학연구소 옮김, 동문선, 1998.)

_____ (1984) *Writing Degree Zero*, trans. Annette Lavers and Colin Smith, London : Jonathan Cape.

_____ (1984) *Elements of Semiology*, trans. Annette Laversand Colin Smith, London : Jonathan Cape.

_____ (1985) *The Grain of the Voice : Interviews 1962-1980*, trans. Linda Coverdale, London : The Athlone Press.

_____ (1985) *The Responsibility of Forms : Critical Essays on Music, Arts, and Representation*, trans. Richard Howard, New York : Hill and Wang.

_____ (1986) 'Event, Poem, Novel' in Philippe Sollers, *Event*, trans. Bruce Benderson and Ursule Molinaro, New York : Red Dust.

_____ (1986) *The Rustle of Language*, trans. Richard Howard, New York : Hill and Wang.

_____ (1987) *Sollers Writer*, trans. Philip Thody, London : The Athlone Press.

_____ (1987) *Michelet*, trans. Richard Howard, New York : Hill and Wang.

_____ (1987) *Criticism and Truth*, trans. Katrine Pilcher Keuneman, London : The Athlone Press.

_____ (1988) *The Semiotic Challenge*, trans. Richard Howard, Oxford : Blackwell.

_____ (1993-5) *OEvres comlètes* three vols., ed. Eric Marty, Paris : Le Seuil.

_____ (1998) 'Responses : Interview with *Tel Quel*' in Patrick ffrench and Roland-François Lack (eds) *The 'Tel Quel'* Reader, trans. Vérène Grieshaber, London and New York : Routledge.

_____ (2001) *Writing Degree Zero*, trans. Annette Lavers and Colin Smith, Preface by Susan Sontag, New York : Hill and Wang.

Bensmaïa, Réda (1987) *The Barthes Effect : The Essays as Reflective Text*, trans. Pat Fedkiew, Minneapolis : University of Minnesota Press.

Blackburn, Simon (1994) *Oxford Dictionary of Philosophy*, Oxford and New Yor k : Oxford Unversity Press.

Bourdieu, Pierre (1988) *Homo Academicus*, trans. Peter Collier, Cambridge : Polity Press.(『호모 아카데미쿠스』, 김정곤·임기대 옮김, 동문선, 2005.)

Brecht, Bertolt (1962) *Mother Courage and her Children. A Chronicle of the Thirty Years War*, trans. Eric Bentley, London : Methuen.

Brown, Andrew (1992) *Roland Barthes : The Figures of Writing*, Oxford : Clarendon Press.

Burgin, Victor (1996) *In/Different Spaces : Place and Memory in Visual Culture*, Berkeley, Los Angeles and London : Unversity of California Press.

----- (1997) 'Barthes's Discretion', in Jean-Michel Rabaté, (ed.) *Writing the Image After Roland Barthes*, Philadelphia : University of Pennsylvania Press.

Calvet, Louis-Jean (1994) *Roland Barthes : A Biography*, trans. Sarah Wykes, Oxford : Polity Press.

Camus, Albert (1975) *The Myth of Sisyphus*, Harmondsworth : Penguin.(『시지프스의 신화』, 김혜숙 옮김, 청하, 1994.)

----- (2000) *The Outsider*, Harmondsworth : Penguin.(『이방인』, 김남주 옮김, 청하, 1993.)

Champagne, Roland (1984) *Literary History in the Wake of Roland Barthes : Redefining the Myths of Reading*, Birmingham, Alabama : Summa Publications.

Cuddon, J. A. (1991) *Dictionary of Literary Terms and Literary Theory*, Harmondsworth : Penguin.

Culler, Jonathan (2002) *Roland Barthes : A Very Short Introduction*, Oxford : Oxford University Press.(『롤랑 바르트』, 최미숙 옮김, 지성의 샘, 1995)

Derrida, Jacques (1973) *Speech and Phenomenon and Other Essays on Husserl's Theory of Signs*, trans. David B. Allison, Evanston : Northwestern University Press.

_____ (1976) *Of Grammatology*, trans. Gayatri Chakravorty Spivak, Baltimore and London : The Johns Hopkins University Press.(『그라마톨로지에 대하여』, 김웅권 옮김, 동문선, 2004.)

_____ (1981) *Writing and Difference*, trans. Allan Bass, London : Routledge and Kegan Paul.(『글쓰기와 차이』, 남수인 옮김, 동문선, 2001.)

_____ (2001) 'The Deaths of Roland Barthes', in Pascale-Anne Brault and Michael Nass (eds) *The Work of Mourning*, Chicago and London : The University of Chicago Press, 31-67.

ffrench, Patrick (1995) *The Time of Theory : A History of 'Tel Quel'*, Oxford : Clarendon Press.

_____ and Roland-François Lack (eds) *The 'Tel Quel' Reader*, trans. Vérène

Grieshaber, London and New York : Routledge.

Foucault, Michel (1979) 'What is and Author?' in José V. Harari (ed.) *Textual Strategies : Perspective in Post-Structuralist Criticism*, New York : Cornell University Press, 141-60.(『미셸 푸코의 문학 비평』, 김현 편, 문학과지성사, 1989에 수록.)

Freedman, Sanford and Carole Anne Taylor (1983) *Roland Barthes : A Bibliographical Reader's Guide*, New York and London : Garland.

Grosz, Elizabeth (1990) *Jacques Lacan : A Feminist Introduction*, London and New York : Routledge.

Hawthorn, Jeremy (1992) *A Concise Glossary of Contemporary Literary Theory : A Comparative Introduction*, London : B. T. Batsford.(『현대 문학이론 용어사전』, 장정호 외 옮김. 동인, 2003.)

Knight, Diana (1997a) *Barthes and Utopia : Space, Travel, Writing*, Oxford : Clarendon Press.

_____ (1997b) 'Roland Barthes, or The Woman Without a Shadow' in Jean-Michael Rabaté, (ed.) *Writing the Image After Roland Barthes*, Philadelphia : University of Pennsylvania Press.

_____ (ed.) (2000) *Critical Essays on Roland Barthes*, New York : G. K. Hall.

Kristeva, Julia (1980) *Desire in Language : A Semiotic Approach to Literature and Art*, ed. Leon S. Roudiez, trans. Thomas Goram, Alice Jardine and Leon S. Roudiez, New York : Columbia University Press.

_____ (1984) *Revolution in Poetic Language*, trans. Margaret Waller, New York : Columbia University Press.(『시적 언어의 혁명』, 김인환 옮김, 동문선, 2000.)

_____ (2000) 'Barthes's Voice' in Diana Knight (ed.) *Critical Essays of Roland Barthes*, New York : G. K. Hall.

Lacan, Jacques (1989) *Ecrits : A Selection*, trans. Alan Sheridan, London : Tavistock/Routledge.

Landow, George P. (1992) *Hypertext : The Convergence of Contemporary Critical Theory and Technology*, Baltimore and London : The Johns Hopkins University

Press.(『하이퍼텍스트 2.0 : 현대 비평이론과 테크놀로지의 수렴』, 여국현 외 옮김, 문화과학사, 2001.)

_____ (ed.) (1994) *Hyper/Text/Theory*, Baltimore and London : The Johns Hopkins University Press.

Langiulli, Nino (ed.) (1997) *European Existentialism*, New Brunswick and London : Transcaction Pubs.

Lavers, Annette (1982) *Roland Barthes : Structuralism and After*, London : Methuen.

Lévi-Strauss, Claude (1966) *The Savage Mind*, London : Weidenfield & Nicolson.(『야생의 사고』, 안정남 옮김, 한길사, 1996.)

_____ (1968) *Structural Anthropology*, trans. Claire Jacobson and Brooke Grundfest Schoef, Harmondsworth : Penguin.(한국어판, 『구조인류학』, 김진욱 옮김, 종로서적, 1983.)

_____ (1992) *The Raw and the Cooked. Introduction to a Science of Mythology : 1*, trans. John and Doreen Weightman, Harmondsworth : Penguin.(『신화학 1 : 날것과 익힌 것』, 임봉길 옮김, 한길사, 2005.)

Lombardo, Parrizia (1989) *The Three Pardoxes of Roland Barthes*, Athens and London : The University of Georgia Press.

MacCabe, Colin (1997) 'Barthes and Bazin : The Ontology of the Image', in Jean-Michael Rabaté, (ed.) *Writing the Image After Roland Barthes*, Philadelphia : University of Pennsylvania Press, 71-6.

Macksey, Richard and Eugenio Donato (eds) (1972) *The Structuralist Controversy : The Language and the Sciences of Man*, Baltimore and London : The Johns Hopkins University Press.

McGraw, Betty R. and Steven Ungar (eds) (1989) *Signs in Culture : Roland Barthes Today*, Iowa : Unversity of Iowa Press.

Miller, D. A. (1992) *Bringing Out Roland Barthes*, Berkeley : University of California Press.

Miller, Nancy K. (1988) *Subject to Change : Reading Feminist Writing*, New York : Columbia University Press.

Moriarty, Michael (1991) *Roland Barthes*, Oxford : Polity Press.

Mortimer, Armine Kotin (1989) *The Gentlest Law : Roland Barthes's 'The Pleasure of the Text'*, New York : Peter Lang.

Perloff, Marjorie (1997) "What has occurred only once" : Barthes's Winter Garden/Boltanski's Archives of the Dead', in Jean-Michael Rabaté, (ed.) *Writing the Image After Roland Barthes*, Philadelphia : University of Pennsylvania Press, 32-58.

Picard, Raymond (1969) *New Criticism or New Fraud?*, trans. Frank Towne, Pullman : Washington State University Press.(『현대 비평의 혁명』, 김현 편, 홍성사, 1979에 수록.)

Propp, Vladimir (1984) *Theory and History of Folklore*, ed. Anatoly Liberman, trans. Ariadna Y. Martin and Richard P. Martin, Manchester : Manchester University Press.(『민담의 역사적 기원』, 최애리 옮김, 문학과지성사, 1990.)

Rabaté, Jean-Michael (ed.) (1997) *Writing the Image After Roland Barthes*, Philadelphia : University of Pennsylvania Press.

Ribière, Mireille (2002) *Barthes : A Beginner's Guide*, London : Hodder & Stoughton.

Robbe-Grillet, Alain (1960) *Jealousy*, trans. Richard Howard, London : John Calder.(『질투』, 박이문·박희원 옮김, 민음사, 2003.)

Ross, Kristin (1995) *Fast Cars, Clean Bodies : Decolonization and the Reordering of French Culture*, Cambridge, Mass. and London : The MIT Press.

Rylance, Rick (1994) *Roland Barthes*, Modern Critical Theorists, Hemel Hempstead : Harvester Wheatsheaf.

Sartre, Jean-Paul (1956) *Being and Nothingness : An Essay on Phenomenological Ontology*, trans. Hazel E. Barnes, New York : Philosophical library.(『존재와 무』 1, 2, 손우성 옮김, 삼성출판사, 1982.)

―――― (2001) *What is Literature?*, trans. Bernard Frechtman, intro. David Chute, London : Routledge.(『문학이란 무엇인가?』, 정명환 옮김, 민음사, 2000.)

Saussure, Ferdinand de (1974) *Course in General Linguistics*, ed. Charles Bally,

Albert Sechehaye in collaboration withe Albert Reidlinger, trans. Wade Baskin, London : Fontana.(『일반 언어학 강의』, 최승언 옮김, 민음사, 1990.)

Shawcross, Nancy M. (1997) *Roland Barthes on Photography : The Critical Tradition in Perspective*, Gainsville : University Press of Florida.

Sollers, Philppe (1986) *Event*, with and Essay by Roland Barthes, trans. Bruce Benderson and Ursule Molinaro, New York : Red Dust.

Solomon, Robert C. (1988) *Continental Philosophy Since 1750 : The Rise and Fall of the Self*, New York and Oxford : Oxford University Press.

Stafford, Andy (1998) *Roland Barthes, Phenomenon and Myth : An Intellectual Biography*, Edinburgh : Edinburgh University Press.

Thody, Philip (1977) *Roland Barthes : A Conservative Estimate*, London : Macmillan.

Todorov, Tzvetan (2000) 'Late Barthes', in Diana Knight (ed.) (2000) *Critical Essays on Roland Barthes*, New York : G. K. Hall, 123-8.

Tuman, Myron C. (ed.) (1992) *Literary Online : The Promise [and Peril] of Reading and Writing with Computers*, Pittsburgh and London : University of Pittsburgh Press.

Ungar, Steven (1983) *Roland Barthes : The Professor of Desire*, Lincoln and London : University of Nebraska Press.

Wiseman, Mary Bittner (1989) *The Ecstasies of Roland Barthes*, London : Routledge.

찾아보기

ㄱ

「가루 비누와 합성세제Soap-Powders and Detergents」 81
〈가족의 초상〉 242
거리 두기distancing 66, 67, 68
거울 단계 208
거짓 믿음 36
계열적paradigmatic 118, 119
『구조인류학Structural Anthropology』 124
구조주의 19, 26, 28, 42, 47, 65, 77, 90, 91, 92, 113, 114, 117, 124, 127, 132, 133, 134, 138, 142, 154, 162, 180, 184, 191, 200, 234, 266, 277
『그라마톨로지에 대하여Of Grammatology』 137
그럴듯한verisimilitude 115
그레마스Greimas, A. J. 122
그로츠, 엘리자베스Grosz, Elizabeth 208
글쓰기 43, 44, 46, 47, 50, 52, 53, 54, 62, 64, 65, 66, 70, 72, 73, 78, 80, 146, 151, 152, 160, 172, 178, 179, 180, 184, 190, 192, 193, 202, 205, 206, 207, 211, 244, 251, 253, 265, 266, 268, 270, 271, 277, 282

『글쓰기와 차이Writing and Difference』 137
『글쓰기의 영도Writing Dgree Zero』 26, 33, 41, 42, 43, 47, 48, 50, 57, 58, 61, 62, 64, 69, 70, 73, 78, 89, 97, 122, 144, 204, 205, 280
『기호의 제국Empire of Signs』 143, 144, 146, 151, 154, 189, 248
기호적 약호(SEM) 170
기호학 19, 26, 28, 77, 89, 91, 92, 94, 97, 98, 100, 109, 113, 114, 127, 132, 134, 136, 148, 154, 191, 223, 224, 229, 235, 277, 278, 278, 283, 286
『기호학의 도전The Semiotic Challenge』 165, 286
『기호학의 요소들Elements of Semiology』 98, 100, 106, 278
기호학자 142

ㄴ

나이트, 다이애나Knight, Diana 246
『날것과 익힌 것The Raw and the Cooked』

124

「남서부의 빛」 287

내포 104, 105, 107, 143, 223, 225

「누구의 연극이며 누구의 아방가르드인가?Whose Theatre?Whose Avant-Garde?」 70

누보 로망Nouveau Roman 67, 69, 70, 73, 277

ㄷ

데리다, 자크Derrida, Jacques 131, 137, 139, 140, 141, 142, 144, 148, 150, 154, 157, 244, 268

「도미니치 혹은 문학의 승리Dominici, or The Triumph of Literature」 81

독사the Doxa 173, 175, 183, 184, 186, 191, 192, 193, 204, 205, 213

독자적readerly 텍스트 → 읽을 수 있는 텍스트

동성애 26, 189, 190, 204, 287

「두 개의 살롱」 276

『드라마Drame』 84, 176, 178, 283,

ㄹ

라 로슈푸코La Rochefoucauld 280

라신, 장Racine, Jean 66, 67, 68, 73, 276, 277

『라신에 관하여On Racine』 66, 114, 276

라일랜스, 릭Rylance, Rick 108

라캉, 자크Jaques Lacan 200, 207, 208

랑그langue 90, 91, 118, 138, 158, 164

『랑세의 삶Life of Lancé』 280

랑송, 귀스타브Lanson, Gustave 114

랜도우, 조지Landow, George P. 263

레비, 베르나르 앙리Lévy, Bernard-Henri 285

레비스트로스, 클로드Lévi-Strauss, Claude 124

《렉스프레스L'Express》 85

렉시아lexia 169, 171, 177

「로브그리예 학파는 없다There Is No Robbe-Grillet School」 70

로브그리예, 알랭Robbe-Grillet, Alain 67, 69, 70, 175

『롤랑 바르트가 쓴 롤랑 바르트Roland Barthes by Roland Barthes』 183, 184, 186, 188, 190, 201, 202, 206, 239, 282

『롤랑 바르트를 끌어내기Bringing Out Roland Barthes』 267

「롤랑 바르트의 죽음The Deaths of Roland Barthes」 244, 268

리얼리즘 44, 51, 52, 56, 67, 73, 90, 122, 126, 169, 174, 176, 225

ㅁ

마르크스주의 33, 34, 44, 51, 61, 66, 114, 116, 139, 164, 191, 192, 193, 194, 275
『마르크스주의와 언어철학Marxism and the Philosophy of Language』 158
《마리 끌레르Marie-Claire》 97
말라르메, 스테판Mallarmé, Stephane 53
맥케이브, 콜린MacCabe, Colin 267
《모드의 정원Les Jardin des Modes》 100
『모드의 체계Système de la Mode』 100, 108, 124, 132, 143, 144, 154, 189, 224, 263, 268, 278
『목소리와 현상Speech and Phenomenon』 137
「무지카 프라티카Musica Practica」 217
『문학이란 무엇인가?What is Literature』 35, 36, 40, 48, 275
문화 연구 19, 136, 262, 265
문화산업 50
문화적 약호(REF) 170
미슐레, 쥘Michelet, Jules 61, 62, 64, 65, 68, 275
『미슐레Michelet』 62, 66, 73, 281
미테랑, 프랑수와Mitterand, François 258
밀러, 리처드Miller, Richard 281
밀러miller, D. A. 267

ㅂ

바흐친, 미하일Bakhtin, Mikhail 157, 158
반 데어 지, 제임스Van Der Zee, James 242
발레리, 폴Valéry, Paul 95, 150
발자크, 오노레 드Balzac, Honoré de 165, 173, 175, 176, 177, 178, 180, 196, 199, 279
「백과사전의 장서표」 280
보드리야르, 장Baudrillard, Jean 131
볼탕스키, 크리스티앙Boltansky, Christian 247
「뷔페가 뉴욕을 끝장내다」 276
브레히트, 베르톨트Brecht, Bertolt 67, 68, 72, 73, 277
브로시에, 장 자크Brochier, Jean-Jacques 285
「비숑과 흑인들Bichon and the Blacks」 80
『비판적 에세이들Critical Essays』 69, 97
《비판Critique》 284
『비평과 진실Criticism and Truth』 115, 116, 126, 127, 132, 278

ㅅ

「사건들」 189, 287
사드, 마르키 드Sade, Marquis de 133, 280

『사드/푸리에/로욜라Sade/Fourier/Loyola』 132

「사라진느Sarrasine」 165, 169, 172, 173, 196, 202, 279

『사랑의 단상Fragments d'un discours amoureux』 25, 183, 189, 207, 211, 212, 239, 282

『사랑하는 사람의 담론 : 단상들A Lover's Discourse: Fragments』 206

사르트르, 장-폴Sartre, Jean-Paul 33, 34, 35, 39, 40, 41, 43, 44, 48, 51, 58, 260, 262, 275

사실효과the reality effect 52

「사실효과」 26

「사진의 메시지The Photographic Message」 223

「사회학과 사회-논리Socieology and Socio-Logic」 124

상상계l'imaginaire 207, 208, 209, 210, 211

상징적 약호(SYM) 170

상호텍스트 163, 171, 176, 177, 207, 208

상호텍스트성intertextuality 28, 158, 159, 160, 162, 176, 180, 262

『새로운 비평인가 새로운 사기인가?New Criticism or New Fraud』 115, 278

생성텍스트geno-text 221

샤토브리앙Chateaubriand 280

「서사의 구조주의적 분석 입문 Introduction to the Structural Analysis of Narratives」 26, 117, 126, 154, 286

소쉬르, 페르디낭 드Saussure, Ferdinand de 89, 90, 91, 93, 98, 100, 101, 119, 138, 139, 142

『속임수Tricks』 189

손탁, 수잔Sontag, Susan 275

솔레르스, 필립Sollers, Philippe 131, 150, 175, 176, 178, 180, 196, 202, 283, 284

쇼크로스, 낸시Shawcross, Nancy 240

슈만, 로베르트 알렉산더Alexander Schumann, Robert 218

『슈만을 사랑하기Loving Schumann』 218

스태포드, 앤디Stafford, Andy 97

스투디움studium 240, 241, 242, 251, 284

시니피앙스signifiance 164, 165, 180, 202, 219, 220, 230, 232, 234, 235, 241, 268, 281

『시지프스의 신화The Myth of Sisyphus』 51

「식당차」 276

신역사주의 65

신화 66, 67, 81, 84, 85, 88, 93, 94, 95, 96, 97, 101, 107, 108, 109, 136, 149, 173, 211, 226, 277

『신화론Mythologies』 25, 26, 62, 77, 78, 88, 89, 92, 97, 107, 115, 116, 124, 133, 134, 144, 184, 189, 223, 224, 225, 253, 263, 264, 276, 278

실재계the Real 210, 211

실존주의 33, 34, 35, 44, 114, 116, 275

쓸 수 있는scriptible(작가적) 텍스트 172,

175, 176, 178, 180, 196, 217

ㅇ

아도르노, 테오도어Adorno, Theodor 50
아방가르드 39, 62, 67, 70, 73, 97, 113, 115, 172, 172, 196, 202, 205, 230, 267, 277, 283
알튀세, 루이Althusser, Louis 150, 200
앙가주망engagement → 참여
애트리지, 데릭Attridge, Derek 242
『야생의 사고The Savage Mind』 124
야콥슨, 로만Jakobson, Roman 202, 203
『억척어멈Mother Courage』 67, 68
「언어의 분할The Division of Languages」 186
「언어의 전쟁The War of Languages」 186
『S/Z』 169, 157, 165, 173, 174, 180, 189, 195, 196, 205, 217, 229, 279
에이젠슈타인, 세르게이Eisenstein, Sergei 229, 230, 234
에크리방스écrivance 187, 188
에크리튀르écriture(글쓰기) 41, 42, 58, 142, 150, 151, 187, 188, 193, 275
「에펠탑」 276
《엘르Elle》 84, 100
「역사냐 문학이냐」 277
「영화 속의 로마인들The Romans in Films」 80
『오늘날의 신화론Mythology Today』 133, 134
「오늘날의 신화Myth Today」 89, 93, 97, 100, 132
「오늘밤 팔라스에서……」 287
「오두막집 산업」 276
외연 104, 105, 107, 143, 223, 225, 226
웨싱, 코엔Wessing, Koen 240
의미작용signification 95, 101, 102, 103, 106, 124, 160, 164, 223, 241, 281
이그나티우스 로욜라Ignatius Royola 133
「이미지The Image」 191, 270
『이미지-음악-텍스트Image-Music-Text』 134, 285, 286
「이미지의 수사학The Rhetoric of the Image」 26, 223, 225, 226,
『이방인L'Étranger』 53, 56
「인문과학의 구조, 기호, 유희Structure, Sign and Play in the Discourse of the Human Sciences」 137
『일반 언어학 강의Course in General Linguistics』 89
읽을 수 있는lisible(독자적) 텍스트 172, 175, 180, 196, 230, 241

ㅈ

자기기만 34
『작가 솔레르스Sollers Writer』 187
「작가, 지식인, 교사Writers, Intellectuals, Teacher」 270
작가적writerly 텍스트 → 쓸 수 있는 텍스트
「작품에서 텍스트로From Work to Text」 162, 172, 286
작품work 152, 163
「장님에 벙어리 비평」 116
「장식 요리Ornamental Cookery」 84
「저자란 무엇인가?What is an Author?」 149
'저자의 죽음' 19, 148, 149, 153, 162, 282
「저자의 죽음The Death of the Author」 26, 125, 126, 147, 148, 149, 151, 176, 262, 266, 286
〈전함 포템킨Battleship Potemkin〉 230
전환사shifters 202, 203
『정신 수련Spiritual Exercises』 133
정신분석적 문학비평 19
정신분석학 66, 91, 114, 191, 200, 266, 275
「제3의 의미 : 에이젠슈타인의 몇 장의 사진에 대한 연구 노트」 26, 229, 240
중립le neutre 186, 189, 190, 191, 192, 193, 198, 212, 240
『질투Jealousy』 69

ㅊ

차연 142
참여commitment(앙가주망) 28, 36, 38, 39, 40, 41, 43, 46, 61, 62, 277
참여론 275
취임 수락연설 23

ㅋ

『카메라 루시다Camera Lucida』 25, 26, 217, 229, 234, 239, 240, 242, 243, 244, 246, 251, 253, 260
카뮈, 알베르Camus, Albert 51, 53, 54, 56
카뮈, 르노Camus, Renaud 190
칼베, 루이-장Calvet, Louis-Jean 20, 23, 258, 260, 262
커든Cuddon, J. A. 143
컬러, 조나단Culler, Jonathan 97
케사르, 율리우스Caesar, Julius 80
《코뮈니카시옹Communication》 98
「콜레주 드 프랑스 취임연설」 285
쾌락주의hedonism 28, 186, 195, 198, 201, 213, 264, 281
쾌락pleasure 144, 186, 194, 195, 196, 198, 199, 200, 201, 205, 212, 213, 220, 232, 234, 281
퀴어queer 26, 192, 267

퀴어queer 26, 192, 267

크리스테바, 줄리아Kristeva, Julia 131, 150, 151, 157, 159, 160, 164, 220, 264

〈크리스티앙 볼탕스키의 10개의 초상 사진〉 247

클라인, 윌리엄Klein, William 242

ㅌ

탈구조주의 19, 26, 42, 47, 65, 131, 142, 147, 148, 150, 154, 157, 162, 179, 180, 194, 200, 201, 202, 278, 279, 284

「텍스트 이론Theory of the Text」 162, 164

텍스트성 142, 149, 157, 173, 178, 179, 193, 203, 230

「텍스트의 수확Outcomes of the Text」 187

『텍스트의 즐거움Le Plaisir du Text』 183, 195, 196, 200, 204, 205, 218, 230, 235, 281, 285, 286

텍스트text 152, 163, 262

《텔켈Tel Quel》 42, 62, 149, 150, 151, 152, 175, 279, 285

토도로프, 츠베탕Todorov, Tzvetan 263, 264

통어적syntagmatic 118

통합적syntagmatic 119

ㅍ

『파란 가이드The Blue Guide』 80

파롤parole 90, 117, 118, 164

《파리 마치Paris Match》 80, 88, 96

「파리의 저녁」 287

『파리인의 삶의 풍경Scènes de la Vie Parisinenne』 165

팡제라, 샤를르Panzera, Charles 219

페를로프, 마르조리에Perloff, Marjorie 247

〈폭군 이반Ivan the Terrible〉 230, 232

푸리에, 샤를르Fourier, Charles 133, 280

「푸자드와 지식인들Poujade and the Intellectuals」 81

푸코, 미셸Foucault, Michel 23, 131, 149, 150

푼크툼punctum 240, 241, 242, 243, 247, 248, 250, 251, 284

《프랑스-디망슈France-Dimanche》 136

프로이트 200, 207, 266

프로프, 블라디미르Propp, Vladimir 121, 122

프루스트 199, 206

「프루스트와 이름들」 281

플라톤 136, 200

플레밍, 이언Fleming, Ian 120

플로베르, 귀스타브Flaubert, Gustave 50, 51, 199

「플로베르와 문장」 281
피셔-디스카우, 디트리히Fischer-Dieskau, Dietrich 219, 220
피카르, 레이몽Raymond Picard 114, 115, 116, 127, 278

ㅎ

하인즈, 루이스Heines, Lewis H. 242

해석적 약호 170
해체론 137, 142, 143, 148, 279
행위의 약호proairetic code 170
현상텍스트pheno-text 220
『황금손가락GoldFinger』 121
희열jouissance 173, 195, 196, 199, 199, 200, 201, 203, 204, 205, 230, 234, 241, 281
히스, 스티븐Heath, Stephen 132, 285, 286

문제적 텍스트 롤랑/바르트

2006년 4월 28일 초판 1쇄 발행
2015년 3월 25일   4쇄 발행

지은이 | 그레이엄 앨런
옮긴이 | 송은영
펴낸이 | 노경인 김주영

펴낸곳 | 도서출판 앨피
출판등록 | 2004년 11월 23일 제2011-000087호
주소 | 우)120-842 서울시 영등포구 영등포로5길 19 동아프라임밸리 1202-1호
전화 | (02)336-2776   팩스 | 0505-115-0525
전자우편 | lpbook12@naver.com
홈페이지 | www.lpbook.co.kr

ⓒ 앨피

ISBN 978-89-92151-01-2